AMANDA BRUNO DE MELLO

DRAMATURGIA DA TRADUÇÃO

FRANCA RAME E DARIO FO NO BRASIL

São Paulo - 2024

Estudos italianos | série teses e dissertações

O presente trabalho foi realizado com apoio da ABPI –
Associação Brasileira dos Professores de Italiano e do Istituto
Italiano di Cultura di San Paolo

Para seu Bruno, meu avô,
o primeiro fabulatore da minha vida

"Quando você vai ao teatro e vê uma tragédia, você se identifica, participa, chora, chora, chora, depois vai pra casa e diz: como eu chorei bem essa noite!, e dorme relaxado. O discurso político passou por você como a água sobre o vidro. Para rir, por outro lado, [...] é preciso inteligência, sutileza. A boca se escancara na risada, mas o cérebro também e, no cérebro, fincam-se os pregos da razão!"
Desejamos que essa noite alguém volte para casa com a cabeça cheia de pregos![1]

---

1   Rame, Franca; Fo, Dario. **Tutta casa, letto e chiesa**. Milano: Fabbri, 2006, p. 12. Tradução nossa.

SUMÁRIO

INTRODUÇÃO 11

CAPÍTULO 1
NOVENTA ANOS *ALL'IMPROVVISA*: VIDA E OBRA DE
FRANCA RAME E DARIO FO 33

  1.1. A infância e a juventude de Dario Fo..................................... 37

  1.2. A infância e a juventude de Franca Rame 40

  1.3. 1951-1958: Teatro em Milão e cinema em Roma..................... 44

  1.4. 1958-1968: A Compagnia Fo-Rame e as polêmicas com a RAI ...46

  1.5. 1968-1973: Tensão social e experiências de teatro coletivo.....53

  1.6. 1973-1977: La Comune dirigida por Dario Fo e a ocupação da
  Palazzina Liberty.. 67

  1.7. 1977: A importância da luta das mulheres e a volta à televisão ...75

  1.8. 1978-1989: Internacionalização da carreira e retorno aos
  teatros tradicionais.. 84

  1.9. 1990-1997: A sátira social e o Prêmio Nobel 92

  1.10. 1998-2016: Diversificação das atividades e participação na
  política institucional 99

CAPÍTULO 2
DRAMATURGIA DA TRADUÇÃO E TRADUÇÃO DE
DRAMATURGIA 113

  2.1. Caminhos para uma crítica produtiva: os apontamentos de
  Berman.. 115

    2.1.1. Leituras e releituras... 118

    2.1.2. Em busca do tradutor 119

2.1.3. A análise da tradução **121**

2.1.4. Escrever uma crítica de tradução...........................**128**

2.1.5. A crítica produtiva...**130**

2.2. As especificidades da tradução teatral.................................. 131

2.2.1. A tradução como mediadora cultural **138**

2.3. Traduzir Franca Rame e Dario Fo 143****

2.3.1. Traduzir o humor **149**

2.3.2. Traduzir as referências culturais, históricas e políticas... **151**

2.3.3. Traduzir a criatividade da linguagem de Dario Fo..........**155**

2.4. Dramaturgia da tradução 158****

2.4.1. Dramaturgias, no plural **158**

2.4.2. Tradução e dramaturgia.....................................**163**

2.4.3. "Brincando em cima daquilo": um exemplo de dramaturgia
da tradução **170**

CAPÍTULO 3

**AS PRIMEIRAS TRADUÇÕES E MONTAGENS DE DARIO FO
NO BRASIL (1963-1982) 191**

**3.1. "Quem rouba um pé tem sorte no amor" – tradução de Nydia
Licia (1963) **195****

3.1.1. A peça...**196**

3.1.2. A tradução **201**

3.1.3. A temporada de estreia e sua recepção **206**

**3.2. "Morte acidental de um anarquista" – tradução de Helder
Costa e Paulo Mamede (1980) e montagens de Costa (1980) e
Antonio Abujamra (1982) **208****

3.2.1. A tradução para o português **215**

3.2.2. As montagens de Helder Costa (1980) e Antonio Abujamra
(1982) **222**

3.2.3. A publicação de Maria Betânia Amoroso e a montagem de Hugo Coelho 227

3.3. "Não se paga, não se paga" – tradução de Maria Antonietta Cerri e Regina Vianna (1981) 228

3.3.1. A tradução e a primeira montagem 233

3.3.2. Outras montagens 257

CAPÍTULO 4

DA *FOMANIA* NA DÉCADA DE 1980 AOS ANOS 2000 263

4.1. "Um casal aberto… ma non troppo" – tradução de Roberto Vignati e Michele Piccoli (1984) 266

4.1.1. A tradução e as montagens... 277

4.1.2. A recepção e outras montagens 283

4.2. "Sétimo mandamento: roubarás um pouco menos" – tradução de Herson Capri e Malú Rocha (1987)........................ 285

4.2.1. A tradução brasileira 288

4.2.2. "Ladrão que rouba ladrão" e outras montagens 295

4.3. "O equívoco" – tradução de Simona Gervasi Vidal (1984?) 296

4.3.1. As montagens de "Non tutti i ladri vengono per nuocere" no Brasil 300

4.4. "Hellequin, Harlekin, Arlecchino"..................................... 302

4.4.1. *Arlecchino* – tradução de Neyde Veneziano e montagem do grupo Fora do SériO (1988).. 306

4.4.2. "O asno" – Roberto da Silva Barbosa e Neide Carvalho de Arruda 310

4.5. "Il primo miracolo" – tradução e montagem de Roberto Birindelli (1992)... 312

4.6. Monólogo da puta no manicômio...................................... 318

4.6.1. Encenações e traduções brasileiras............................... 321

4.6.2. A tradução de Michele Piccoli e Roberto Vignati 324

4.7. "Johan Padan na Descoberta da América" – tradução de Herson Capri/Alessandra Vannucci (1998) 328

CONSIDERAÇÕES FINAIS 335

REFERÊNCIAS 347

INTRODUÇÃO

Dario Fo e Franca Rame estão entre as mais importantes figuras do teatro italiano, se não mundial, da segunda metade do século XX e do início do século XXI. Eles foram grandes pensadores do teatro e agitadores culturais, além de serem conhecidos por sua carreira como atores, diretores e dramaturgos. Começaram a produzir por volta da década de 1950 e se mantiveram em atividade até o fim da vida: Franca até 2013 e Dario até 2016. Trabalharam quase sempre juntos, tanto que, ao ganhar o Nobel em 1997, Fo o dedicou a Rame, acreditando que ambos eram os responsáveis pelo trabalho premiado.[2] Seu sucesso é tanto que várias de suas

---

2 A atribuição da autoria de cada uma das peças de sua longa carreira a Dario, a Franca ou aos dois é um assunto complexo e que começou a ser estudado apenas nos últimos anos (cf. Contu, 2017). Como não é o tema central deste trabalho, atribuiremos a autoria do conjunto da obra sempre aos dois. Para cada peça, individualmente, seguiremos as indicações da publicação consultada.

peças foram vistas por um público de mais de 350 mil pessoas, e **Mistero buffo**, por mais de um milhão de espectadores (Farrell, 2014), sem contar as montagens feitas por outros grupos de teatro de seus textos.

Embora a produção dos dois tenha evoluído com o tempo e acompanhado as mudanças culturais e políticas das seis décadas e meia em que se mantiveram em atividade, na motivação de entrega do Nobel – "para Dario Fo, que emula os jograis da Idade Média ao condenar a autoridade e defender a dignidade dos oprimidos" (The Nobel [...], 2020, online, tradução nossa) – é possível ver dois dos principais traços de suas obras, que se mantiveram sempre presentes ao longo dos anos. São eles: a inspiração na tradição popular, mais especificamente nas narrativas orais e humorísticas; e o engajamento político, sempre em defesa do ponto de vista dos menos favorecidos e em ataque, muitas vezes irônico, aos mais favorecidos.

Os dramaturgos tiveram uma quantidade considerável de peças traduzidas para o português e encenadas no Brasil. Um documento não publicado que nos foi fornecido por Mariateresa Pizza (2019), então diretora do MusALab – Museo Archivio Laboratorio Franca Rame Dario Fo, aponta que houve, de 1980 a 2020, 237 temporadas de peças dos italianos no Brasil. Como essa lista foi feita tendo como base as autorizações para montagens no exterior, é de se imaginar que esse número seja ainda mais expressivo, uma vez que nem sempre esses trâmites legais são respeitados. Por outro lado, também é certo que nem todas as montagens autorizadas foram, de fato, realizadas. Ainda assim, segundo Mate (2011),

Fo foi o autor estrangeiro mais montado em São Paulo na década de 1980, junto com Samuel Beckett e Bertold Brecht.

Do processo de montagem dessas peças participaram importantes nomes da história do teatro brasileiro, seja como diretores, seja como atores. Para citar apenas alguns deles: Antônio Abujamra dirigiu **Morte acidental de um anarquista** (1982), com atuação de Antônio Fagundes, e **Um orgasmo adulto escapa do zoológico** (1983), com atuação de Denise Stoklos; Herson Capri atuou em **Pegue e não pague** (1981), **Um casal aberto... ma non troppo** (1984) e em **Ladrão que rouba ladrão** (1987); Marília Pêra atuou em **Brincando em cima daquilo** (1984); Gianfrancesco Guarnieri dirigiu **Pegue e não pague** (1981), que também contou com atuação de Renato Borghi; o grupo Parlapatões montou **O papa e a bruxa** (2009); Domingos Montagner atuou em **Mistero buffo** (2012).

O número de montagens e a importância dos artistas que delas participaram mostram como as peças de Dario Fo e Franca Rame fazem parte da própria história do teatro brasileiro, especialmente a partir dos anos 1980. No entanto, o sucesso nos palcos não foi suficiente para assegurar um alto volume de publicações de peças dos autores no país. Em 1986, foi publicado, pela Brasiliense, o livro **Morte acidental de um anarquista e outras peças subversivas**, com tradução de Maria Betânia Amoroso, que está esgotado. As outras peças subversivas são "História da Tigresa" e "O primeiro milagre do menino Jesus". A publicação seguinte se deu 30 anos depois, em 2016, com o livro **Mistero buffo**, que saiu pela Editora Sesi, com tradução parcial de Neyde Veneziano da obra italiana. Em 2019, um monólogo, "Uma mulher" só, com tradução de Ana Maria Chiarini e Julianete Azevedo, foi publicado pela Relicário no segundo volume da coletânea **Teatro e tradução de teatro**, organizada por Tereza Virgínia Ribeiro Barbosa, Anna Palma e Ana Maria Chiarini. Ao todo, há, portanto, três volumes com peças de Fo e Rame publicados no Brasil, que reúnem cinco textos diferentes.

O livro dos teatrólogos que mais tem sucesso por aqui não é, no entanto, uma peça, mas um manual para atores: **Manual mínimo do ator**, escrito por Fo e organizado por Rame, foi publicado em 1998 pela Editora Senac e encontra-se na quinta edição. Assinam a tradução Lucas Baldovino e Carlos David Szlak.

Além dos livros, houve dois trabalhos de tradução dos italianos feitos no Programa de Pós-Graduação em Estudos Literários da Universidade Federal de Minas Gerais, ambos sob orientação da professora Anna Palma: as dissertações *Dario Fo, o jogral contemporâneo em* **Mistero Buffo**: *uma proposta de tradução teatral*, com traduções de monólogos do **Mistero Buffo**, escrita por Jéssica Tamietti de Almeida (2017), e *Bela, depravada e do lar: como traduzir(am)* **Tutta casa, letto e chiesa**, *de Franca Rame e Dario Fo, no Brasil*, de minha autoria (Mello, 2019).[3] No Instituto de Letras da UFBA, há um TCC, escrito por Cristiana Almeida de Sousa

---

3   Este livro é fruto de uma pesquisa de doutoramento realizada no Programa de Pós-Graduação em Letras: Estudos Literários da UFMG e financiada pela CAPES. Agradeço profundamente às duas instituições, bem como à minha orientadora, Anna Palma, e à minha coorientadora, Mariateresa Pizza, que foram fundamentais para a escrita da tese. Também agradeço aos professores que participaram das bancas de qualificação e de defesa pela leitura atenta, pelo debate e pelas sugestões apresentadas. São eles: Paulo Vinicius Bio Toledo, Maria Fernanda Gárbero de Aragão, Sara del Carmen Rojo de la Rosa, Ernani de Castro Maletta e Andréia Guerini.

em 2018, sobre a tradução de **La mamma fricchettona** feita por Sérgio Nunes Melo. O Catálogo de Teses e Dissertações da Capes indica a existência de outras três dissertações sobre Dario Fo, que não tratam, porém, da tradução de sua obra para o Brasil: *O texto teatral de Dario Fo no Brasil: epitextos públicos*, de Bárbara Cristina Mafra dos Santos, defendida em 2019 na UFSC; *Dario Fo no Brasil: a relação gestualidade-palavra nas cenas de* **A Descoberta das Américas de Júlio Adrião e Il primo miracolo** de Roberto Birindelli, de Melize Deblandina Zanoni, defendida em 2018 na UDESC; *Arlequim na dramaturgia performativa de Dario Fo*, de José Augusto Lima Marin, defendida em 2002 na USP.

É possível chegar a diversas suposições a partir da constatação do abismo existente entre o número de montagens e o número de publicações da obra dos italianos: para o teatro, o mais importante é o palco, não a página; não há tradição de publicar peças de teatro – especialmente comédias contemporâneas traduzidas – no Brasil; poucos tradutores de profissão são contratados ou consultados em traduções teatrais, nicho frequentemente relegado ao improviso. É importante frisar que o *corpus* deste trabalho não é constituído pelos livros publicados, mas pelas traduções encontradas em um acervo de traduções de textos teatrais, o da Sociedade Brasileira de Autores Teatrais (SBAT), cujo catálogo pode ser consultado no site da Biblioteca Nacional.[4] O quadro a seguir traz todas as entradas relativas a obras de Franca Rame e Dario Fo e as

---

4   Agradeço à SBAT e ao Sergio Santos por possibilitarem o acesso aos manuscritos estudados neste trabalho.

demais informações disponíveis no catálogo da instituição. Foram acrescentados apenas os títulos em italiano e algumas informações complementares, as últimas sempre entre parênteses. Pontos de interrogação nas datas indicam que nao há certeza, apenas indícios da datação proposta.

Quadro 1 – Peças de Franca Rame e Dario Fo no Brasil disponíveis no acervo da SBAT

Título em italiano	Título traduzido	Tradução de	Data	Outras informações
Chi ruba piede è fortunato in amore	*Quem rouba pé tem sorte no amor*	Nydia Licia	1963	
Coppia aperta, quasi spalancata	*Um casal aberto... ma non troppo*	Roberto Vignati, Michele Piccoli	1983	
Morte accidentale di un anarchico	*Morte acidental de um anarquista ou preto no branco*	Helder Costa	(1980)	
Non si paga, non si paga	*Não se paga, não se paga*	Maria Antonietta Cerri, Regina Vianna	(1981)	
Tutta casa, letto e chiesa; Brincando em cima daquilo	*Um orgasmo adulto escapa do zoológico ou Brincando em cima daquilo*	Denise Stoklos e Antônio Abujamra, (pesquisas apontam que a tradutora é, na verdade, Zilda Abujamra Daeier)	(1983)	(O arquivo disponibilizado pelo acervo não corresponde ao título – é idêntico a "Temos todas a mesma história" na tradução de Vignati)
Lo stupro	*O estupro*	Roberto Vignati, Michele Piccoli	1983	

Tutta casa, letto e chiesa	*Brincando em cima daquilo*	Roberto Vignati	1984	
Una donna sola	*Uma mulher sozinha*	Roberto Vignati, Michele Piccoli	(1984)	
Abbiamo tutte la stessa storia	*Temos todas a mesma história*	Roberto Vignati	(1984)	
Il Risveglio	*O despertar*	Roberto Vignati, Michele Piccoli	(1984)	
La mamma fricchettona	*A mãe "porra louca"*	(Michele Piccoli, Roberto Vignati)	(1984)	
Monologo di una puttana in manicomio	*Monólogo da puta no manicômio*	Michele Piccoli, Roberto Vignati	(198?)	
Non tutti i ladri vengono per nuocere	*O equívoco*	Simona Gervasi Vidal	(1984?)	
Settimo ruba un po' meno	*Sétimo mandamento: roubarás um pouco menos*	Herson Capri, Malú Rocha	(1987)	Observação: peça não idêntica
Hellequin, Harlequin, Arlecchino	*L'arlecchino*	Neyde Veneziano	(1988)	(Episódios disponíveis: "Prólogo"; "Gatus Mutantis" e "Os coveiros")
Hellequin, Harlequin, Arlecchino	*O asno*	Roberta da Silva Barbosa, Neide Carvalho Arruda		
Il primo miracolo del bambino Gesù	*O primeiro milagre do menino Jesus*	Roberto Birindelli	(1992)	
Johan Padan a la descoverta de le Americhe	*Johan Padan na descoberta da América*	Herson Capri Freire	1998	(Tradução reivindicada por Alessandra Vannucci)

La tigresa y otras historias	*A tigresa e outras histórias*	Millôr Fernandes		(O título em espanhol sugere uma tradução indireta. Não tivemos acesso ao documento porque não está digitalizado.)
La fine del mondo	*La fine del mundo*			(Texto em italiano)
La marijuana della mamma è la più bella		Mallu Rocha		(Texto em italiano)

Neste trabalho, analisamos as traduções feitas para a cena de peças de Dario Fo e Franca Rame para o português brasileiro, buscando compreender qual é a poética que norteia cada tradução e, de forma geral, as traduções feitas para o palco. Além disso, propomos o conceito de dramaturgia da tradução, mais complexo que o de mera tradução de dramaturgia. A este último conceito equivalem os sentidos correntes das palavras, ou seja, a transposição de um texto teatral de uma língua de partida a uma língua de chegada. Por outro lado, a dramaturgia da tradução englobaria as escolhas feitas no momento de transposição de um texto de uma língua a outra que carregam em si uma concepção tanto estética como ideológica sobre o conteúdo do texto e sobre sua forma de organização.

Entendemos que, além das montagens citadas, também as traduções das peças participam do sistema cultural brasileiro, uma vez que aqui circulam em menor ou maior grau e compõem as encenações. Estudar as traduções de Dario Fo e Franca Rame para o português brasileiro é, por um lado, estudar o teatro italiano e um de seus desdobramentos no mundo, mas também é estudar teatro brasileiro e, especialmente, o texto teatral que circula no nosso país. Nesse sentido, o nosso trabalho dialoga com os esforços empreendidos pela professora Anna Palma, que está coordenando a organização de um acervo virtual sobre a obra dos italianos no Brasil.[5]

Embora a pesquisa específica sobre a tradução para o teatro ainda seja escassa, como atestam Rosa Currás-Móstoles e Miguel Ángel Candel-Mora (2011), que mostram como a maior parte de textos sobre o assunto é breve e se encontra dentro de compêndios gerais sobre a tradução, este trabalho parte da necessidade de reflexões e ferramentas teóricas específicas para pensar a tradução teatral, tendo em vista o duplo estatuto de um texto dramático: é, a uma só vez, independente e suficiente a si mesmo, podendo circular na sociedade, entre leitores, e ponto de partida para a encenação, ocasião em que à sua linguagem verbal somam-se outras, multissemióticas, e na qual o texto dramático circula entre espectadores que não o leem, mas o escutam. Nesse sentido, este trabalho dialoga com o esforço conjunto feito pelo Grupo de Pesquisa de Tradução de Teatro (CNPq/UFMG), coordenado pela Prof.ª Dr.ª Tereza Virgínia Ribeiro Barbosa, que pensa de forma crítica a tradução teatral, levando em consideração as suas especificidades.

Ao duplo estatuto dos textos teatrais, que são ao mesmo tempo literatura e ponto de partida para o teatro, parecem

---

5 Disponível em: https://darioefranca.com.br/.

corresponder também duas possibilidades distintas de tradução, vinculadas a campos distintos do saber.

> Existem dois tipos de pesquisadores no campo da tradução teatral: aqueles que, provenientes de outros campos de estudo, como a filologia, a literatura comparada ou a linguística, se ocupam da tradução (em sentido global e específico) de obras dramáticas e por isso, de uma parcela dos estudos da tradução; e do outro lado, os profissionais do campo dramático (atores, diretores, técnicos, dramaturgos, tradutores dramáticos, etc.) que refletem sobre suas tarefas dentro do teatro, apesar de que desses últimos se desaprova que ignorem as contribuições da semiologia do teatro, e que se centrem na representação e nos aspectos não verbais da mesma em detrimento do texto literário. (Currás-Móstoles; Candel Mora, 2011, p. 38, *apud* Mello et. al., 2016, p. 2)

Como apontado por Currás-Móstoles e Candel Mora, os textos traduzidos por profissionais do campo das Letras parecem ter como objetivo exclusivo a publicação de um livro, o que parece trazer como consequências para a tradução a falta de pensamento cênico, a alteração em menor profundidade dos significados do texto de partida e uma vida mais duradoura dos textos de chegada. Por outro lado, quando a transposição do texto a uma nova língua é feita por profissionais do teatro, costuma ter como objetivo a montagem da peça, sua transposição para a cena, e por isso frequentemente não resulta na publicação do texto traduzido, que tem vida mais efêmera e altera em maior escala os significados do texto de partida.

No Brasil, haja vista os dados citados, parece existir de fato essa divisão e parecem predominar, quando se trata de comédias contemporâneas, as traduções feitas no campo das

Artes Cênicas. Essa disparidade numérica parece confirmar tanto a maior fecundidade da atividade tradutória ligada à encenação em relação àquela ligada à editoração, como também a sua maior agilidade.

Frente a essa realidade, cabe verificar se à tradução para os palcos corresponde de fato uma maior preocupação em preparar para a cena, adaptando eventualmente a estrutura do texto às condições locais e/ou ao resultado pretendido, em processos de dramaturgia da tradução. Nesse caso, a própria tradução operaria como mecanismo dramatúrgico, ou seja, como processo de escolha formal para a construção de uma fábula (Pavis, 2008a). Também parece interessante investigar se há simples tradução da dramaturgia também em textos vertidos com o objetivo do palco.

O estudo dos mecanismos dramatúrgicos inerentes à própria tradução parece adequado não apenas ao contexto brasileiro, em que se traduz muito com o objetivo da cena, mas se publica pouco, como também à obra dos autores em questão, uma vez que se colocam no cenário posterior ao início da crise do drama tradicional, como apontam Szondi (2001) e Sarrazac (2017), o que, entre outras questões, faz com que a encenação ganhe forte independência em relação ao texto escrito pelos dramaturgos. Nesse contexto, o drama é lacunar, vazio, e suas lacunas podem ou não ser preenchidas por outras semioses do palco, como o gesto, a voz, o cenário, o figurino, entre outras. Dada a semelhança do trabalho de passagem de um texto da página para o palco com o trabalho de passagem de um texto de uma língua para outra, como aponta Patrice Pavis (2008a), é de se imaginar que seja pelo menos possível que o drama tenha suas lacunas preenchidas justamente pela tradução linguística, ainda que seja preciso duvidar da possibilidade de simples tradução linguística: "[...] não se traduz simplesmente um texto linguístico para outro: confronta-se, e faz-se comunicar graças ao palco, as situações de enunciação e de cultura heterogêneas, separadas pelo espaço e pelo tempo" (Pavis, 2008a, p. 124).

Nesse sentido, haveria sempre e necessariamente, em uma encenação de uma peça estrangeira, uma comunicação entre duas culturas diferentes, o que faz com que o texto traduzido tenha um estatuto duplo, uma vez que é produto tanto da cultura de origem como da cultura de recepção e, sobretudo, do diálogo entre as duas, que acontece também graças à tradução. Por isso, parece lógico pensar que a tradução de um texto teatral possa ser ancorada em um pensamento dramatúrgico que dialoga com o pensamento dramatúrgico da cultura de partida, mas não necessariamente é idêntico a ele. Em seu **Dicionário do teatro**, o professor francês define 'dramaturgia' como "o conjunto das escolhas estéticas e ideológicas que a equipe de realização, desde o encenador até o ator, foi levada a fazer" (Pavis, 1999, p. 113). Aqui, pretendemos nos ater apenas à dramaturgia operada pelos profissionais ligados ao texto, o autor, o tradutor e, eventualmente, o adaptador.

As obras de Dario Fo e Franca Rame foram escolhidas, em primeiro lugar, pela importância incontestável dos dramaturgos, que têm um papel importante não apenas no cenário cultural estrangeiro, como também no teatro brasileiro, como apontam os números expressivos de montagens no país, além da participação de figuras reconhecidas na elaboração de tais peças. Além disso, a quantidade de traduções permite que se crie um *corpus* razoável a partir do qual desenvolver as nossas análises.

Outra característica marcante da obra de Fo e Rame é a escolha da chave humorística para o tratamento de temas políticos e sociais complexos. O humor, para Fo (s. d.), porém, não era um objetivo em si, mas sim um meio para garantir a comunicação com o povo e impedir a catarse do público e sua consequente pacificação com a sociedade; ou seja, o humor, assim como o teatro, estava a serviço da política e da transformação social. Por isso, o tom usado é frequentemente grotesco.

Uma vez que o humor é, como diz Pirandello, o "sentimento do contrário" (Pirandello, 1908) ou, como afirma Bergson (2004), o resultado de um movimento de aproximação (ou identificação), seguido de um movimento de distanciamento (ou desidentificação), este também parece ser um terreno fértil para a investigação acerca da tradução dos autores para o português. Por um lado, é evidente o senso comum de que uma tradução deve se manter próxima ao texto de partida. Por outro, para que consiga provocar o riso em espectadores que estão inseridos em outro sistema cultural, ela precisa se aproximar deles, o que possivelmente demandará algum nível de afastamento do texto estrangeiro. Isto posto, entendemos que a análise das soluções propostas pelos tradutores para o enfrentamento dessa dicotomia fornece dados importantes sobre as concepções dramatúrgicas do processo tradutório, tanto do ponto de vista estético, como do ponto de vista político, uma vez que o humor de Fo e Rame não pode ser dissociado de seu pensamento social. A investigação sobre a forma como o humor é traduzido pode indicar o ponto de vista adotado na concepção da tradução. Afinal, como afirma Mendes (2008), a comédia opera um rebaixamento da visão. Ela explica que

> o baixo não é tanto *aquilo que se representa* (vícios, desvios, falhas, referência a "partes inomináveis" etc.) quanto o ângulo de onde parte a visão. O olhar cômico desconfia das "altitudes" e produz um gesto de *rebaixamento*, no sentido de que *puxa para baixo* tudo que caia no seu ângulo de visão.

> Tudo o que está no alto é visto "de baixo". Podemos ver assim a ação cômica, não como o "retrato" do que *é* inferior na ética dos comportamentos ou na posição de poder das personagens, mas como um movimento irresistível em tudo que *descamba*, pois *está sendo* atraído para baixo pela força desse olhar que a tudo desestabiliza, que percebe e instala rachaduras, que faz estalar as cascas, os vernizes, os brasões. (Mendes, 2008, p. 85)

Em suma, acredita-se que esta pesquisa se justifique pela importância dos autores que constituem seu *corpus*; por estar inserida em projetos maiores ligados à tradução de teatro e à obra de Rame e Fo no Brasil; por seu ineditismo crítico – não temos conhecimento de outras pesquisas realizadas sobre este *corpus* no Brasil –; por seu ineditismo teórico, uma vez que propõe a criação de um novo conceito, a dramaturgia da tradução; pela possibilidade de fornecer categorias de análise para outros estudos sobre dramaturgia e tradução; por permitir, através da análise dos projetos de tradução, uma reflexão sobre parte da cultura e da mentalidade brasileiras das últimas décadas, em especial do teatro nacional, contribuindo com os estudos de Literatura Comparada, de Tradução e de Teatro e com a consolidação dos estudos de tradução teatral.

A nossa metodologia consistiu, em grandes linhas, nas seguintes etapas:

1. Levantamento de dados sobre as traduções de Dario Fo e Franca Rame no Brasil que foram publicadas ou encenadas e estão disponíveis em acervos.
2. Estabelecimento de uma cronologia dessas traduções contendo, pelo menos, o nome dos principais tradutores e as informações das primeiras montagens.
3. Estudo do texto de partida de todas as peças de Dario Fo e Franca Rame disponíveis no acervo da Sociedade Brasileira de Autores Teatrais, mencionadas no Quadro 1;
4. Depreensão dos princípios gerais da tradução para a encenação de Dario Fo e Franca Rame no Brasil.

Inicialmente, empreendemos uma pesquisa em acervos visando reunir as traduções que constituiriam o *corpus* de estudo deste trabalho. Consultamos os acervos da Sociedade Brasileira de Autores Teatrais e da Biblioteca Jenny Klabin Segall[6], conhecidos por possuírem não somente

---

6   Biblioteca que faz parte do Museu Lasar Segall, em São Paulo. Agradeço a Paulo Simões por ter possibilitado o acesso a documentos fundamentais para esta pesquisa.

muitas publicações relacionadas ao campo do teatro, como também muitos manuscritos datilografados. Buscamos, no primeiro, as traduções de textos teatrais de autoria de Dario Fo e Franca Rame. No segundo, buscamos principalmente programas de peças, recortes de jornal e revistas especializadas em teatro que abordavam peças de Rame e Fo, uma vez que todas as peças disponíveis em cópia datilografada na Biblioteca Jenny Klabin Segall também estão disponíveis no acervo da SBAT. Não levamos em consideração obras constituídas apenas em pequena parte por textos de Fo e Rame. Findo o levantamento de dados, reunimos informações ligadas às primeiras montagens dessas traduções e às pessoas que delas participaram. Essas informações, que apresentam um panorama do nosso *corpus*, formado por 12 textos, podem ser consultadas no quadro abaixo.

Quadro 2 – *Corpus* da pesquisa: traduções disponíveis no acervo da SBAT e suas primeiras montagens

Peça	Estreia Itália	Estreia Brasil	Grupo	Direção	Tradução
Quem rouba um pé tem sorte no amor	1961	1963	Companhia Nydia Licia	Nydia Licia	Nydia Licia
Morte acidental de um anarquista	1970	1980	Teatro dos Quatro	Helder Costa	Helder Costa (e Paulo Mamede?)
	1970	1982	Companhia Estável de Repertório	Antonio Abujamra	(Helder Costa e Paulo Mamede?)

Pegue e não pague (A primeira montagem teve como título **Não se paga, não se paga**)	1974	1981	Gianfrancesco Guarnieri	Regina Vianna e Maria Antonietta Cerri
Um casal aberto... ma non troppo	1983	1984	Grupo Viagem	Roberto Vignati	Roberto Vignati e Michele Piccoli
Brincando em cima daquilo (Monólogos "Uma mulher sozinha"; "A mãe 'porra louca'"; "O estupro"; "O despertar"; "Temos todas a mesma história")	1977	1984	Roberto Vignati	Roberto Vignati e Michele Piccoli
O equívoco	1958	Não temos registro de que esta tradução tenha sido encenada		Simona Gervasi Vidal
Ladrão que roubá ladrão (A primeira montagem teve como título **Sétimo mandamento: roubarás um pouco menos**)	1964	1987	Grupo Viagem	Gianni Ratto	Herson Capri e Malú Rocha
Arlecchino (Monólogos "Prólogo"; "Gatus Mutantis"; "O coveiro". Talvez a primeira montagem fosse composta também por "A chave e a fechadura", que não está disponível no acervo da SBAT)	1985	1988	Grupo Fora do sério	Neyde Veneziano	Neyde Veneziano (o site do grupo aponta Sara Lopes)

O asno	1985	Não temos registro de que esta tradução tenha sido encenada			Roberto da Silva Barbosa e Neide Carvalho de Arruda
Il primo miracolo	1977	1992		Roberto Birindelli	Roberto Birindelli
Monólogo da puta no manicômio	1977	1993		Ramiro Silveira	Roberto Vignati e Michele Piccoli
La barca d'América	1992	2000		Herson Capri	Herson Capri (autoria reivindicada por Alessandra Vannuci)

Ao longo da pesquisa, também encontramos informações sobre outras traduções às quais não tivemos acesso ou que acabaram não compondo o nosso *corpus* por terem sido escritas apenas após a estreia – já, portanto, com modificações feitas a partir da encenação. Essas traduções estão listadas no quadro a seguir.

Quadro 3 – Traduções brasileiras da obra de Rame e Fo que não compõem o *corpus* deste trabalho e suas primeiras montagens

Peça	Estreia Itália	Estreia Brasil	Grupo ou produção	Direção	Tradução
Um orgasmo adulto escapa do zoológico	1977	1983		Antonio Abujamra	Zilda Daeier
A tigresa e outras histórias	1978	1985		Maurice Vaneau	Millôr Fernandes

A chave e a fecha-dura	1985	1988	Grupo Fora do sériO	Neyde Veneziano	
O asno	1985	1994	Grupo Fora do sériO	O grupo	Neyde Veneziano e Sarah Lopes
O fabuloso obsceno	1982	1994		Roberto Vignati	Roberto Vignati
Johan Padan na Descoberta da América	1991	2005		Alessandra Vannucci	Alessandra Vannucci
Casamento aberto, quase escancarado	1983	2009		Otávio Muller	Alessandra Vannucci
Um dia (quase) igual aos outros	1986	2009		Neyde Veneziano	Neyde Veneziano
O papa e a bruxa		2009	Parlapatões	Hugo Possolo	Luca Baldovino
Nem todo ladrão vem pra roubar	1958	2010	Coletivo Teatral La Commune	Augusto Marin	Augusto Marin
Mistério Bufo	1969	2012	LaMínima	Neyde Veneziano	Neyde Veneziano e André Carrico
Não vamos pagar! (Não sabemos se o texto de partida foi Non si paga, non si paga ou Sotto paga? Non si paga!)	(1974 ou 2008)	2014	Virginia Cavendish	Inez Viana	José Almino
Morte acidental de um anarquista	1970	2015		Hugo Coelho	Roberta Barni
Sétimo: roube um pouco menos		2016	Teatro Universitário – UFMG	Fernando Linares	Soraya Martins
Carne de mulher (Monologo della puttana in manicomio)	Não temos registro de que esse texto tenha sido encenado por Franca Rame.	2016	Paula Cohen	Paula Cohen	Paula Cohen

Depois de estabelecer o *corpus* da tese, também foi uma etapa importante identificar quais foram os textos de partida das traduções, uma vez que as peças de Rame e Fo são continuamente atualizadas e republicadas. Para isso, consultamos as publicações disponíveis em livro, mas também o *Archivio Franca Rame-Dario Fo*, que conta com versões datilografadas dos espetáculos que mostram seu estágio inicial ou o estágio intermediário entre uma publicação e outra.[7]

No primeiro capítulo deste trabalho, apresentamos um panorama sobre aspectos da vida e da obra dos autores, comentando pontualmente os eventos sócio-histórico-políticos fundamentais da Itália da segunda metade do século XX e partindo principalmente dos estudos de Joseph Farrell (2014), da biografia escrita pelo casal (Fo; Rame, 2009), de uma entrevista concedida por Rame a Farrell (2013) e dos inúmeros artigos de jornal presentes no *Archivio Franca Rame-Dario Fo*.

No segundo, retomamos algumas noções importantes para esta tese acerca da crítica de tradução, da tradução de teatro e de sua relação com a dramaturgia. Em relação à crítica da tradução, nos referimos principalmente a Antoine Berman (1995), que nos dá indicações metodológicas importantes. Em relação à tradução de teatro, são fundamentais os trabalhos de Pavis (2008a e 2008b) e, mais especificamente acerca da obra de Rame e Fo, os de Adriana Tortoriello (2001), Monica Randaccio (2016), Miquel Edo (2018) e, principalmente, Laetitia Dumont-Lewi (2012; 2016; 2020). Para investigar a relação

---

7   O *Archivio Franca Rame-Dario Fo* pode ser consultado em http://archivio.francarame.it.

entre tradução teatral e dramaturgia, nos valemos dos trabalhos já mencionados de Pavis e daqueles de Bernard Dort (1986) e Joseph Danan (2010). Por fim, propomos o conceito de dramaturgia da tradução e o apresentamos através do exemplo de **Brincando em cima daquilo** e, em particular, do monólogo "O estupro".

Cabe, aqui, dizer que não há julgamento de valor positivo ou negativo inerente à noção de dramaturgia da tradução ou de tradução de dramaturgia. Este último seria equivalente à recriação da proposta de dramaturgia dos autores do texto de partida – entendida como o conjunto do projeto estético e político que antecipa a encenação e pretende criar certos tipos de relação, através da peça, com o público e com a realidade. Já a ideia de dramaturgia da tradução se refere ao movimento de sobreposição do viés político e estético do tradutor àquele do autor do texto de partida, criando, já no texto traduzido, uma dramaturgia que é diferente daquela de partida, que antecipa uma encenação esteticamente e politicamente outra, ainda que aspectos centrais do texto de partida – como a fábula ou os personagens – permaneçam, de forma geral, os mesmos.

Os últimos dois capítulos são dedicados à apresentação e à análise das traduções disponíveis no acervo da SBAT, cujos dados apresentamos no Quadro 2. No terceiro capítulo, abordamos o período de 1963 a 1982, durante o qual foram produzidas as primeiras montagens de Franca Rame e Dario Fo no Brasil, responsáveis pelo processo inicial de translação da obra dos dramaturgos da Itália para o nosso país. No quarto capítulo, abordamos o período a partir de 1984, durante o qual o casal italiano já era conhecido em terras brasileiras. Para recuperarmos as datas, os agentes responsáveis pelas produções e as críticas das primeiras montagens, procuramos informações principalmente na Hemeroteca Digital da Biblioteca Nacional e no acervo do jornal *Folha de São Paulo*. Críticos como Sábato Magaldi, Macksen Luiz, Jefferson del Rios e Carmelinda Guimarães foram fundamentais para a nossa pesquisa.

CAPÍTULO 1

NOVENTA ANOS *ALL'IMPROVVISA*: VIDA E OBRA DE FRANCA RAME E DARIO FO

Este capítulo dedica-se a uma revisão bibliográfica sobre a vida e a obra de Franca Rame e Dario Fo, que têm íntima relação com os acontecimentos históricos e políticos italianos desde o segundo pós-guerra até a primeira década do século XXI. A síntese biográfica que trazemos aqui tem o objetivo de apresentar melhor para o público brasileiro quem foram os autores e quais foram suas principais contribuições para o mundo do teatro e da política ao longo das décadas em que estiveram em atividade, principalmente por causa da falta de referências bibliográficas em português sobre sua vida e obra. **A cena de Dario Fo: o exercício da imaginação** (2002), escrito por Neyde Veneziano como resultado de uma pesquisa de pós-doutorado, é o primeiro e, antes deste texto, era o único livro publicado no Brasil sobre a obra dos italianos. Trata-se de um estudo pertinente e importante, que se concentra principalmente sobre a figura de Fo como ator, sobre o seu processo criativo à época em que Veneziano frequentou os seus ensaios e espaços de criação e sobre as origens de sua poética. Acreditamos que pode ser proveitoso dedicar algumas páginas à vida e à obra de Rame e Fo, uma vez que nosso cerne é seu trabalho como dramaturgo e o livro de Veneziano não apresenta uma biografia sistemática do escritor (fulcro deste capítulo), além de reservar pouco espaço a Franca Rame, a quem pretendemos dar mais relevo, a despeito da gritante assimetria entre a importância dada a ela e a Fo nos trabalhos sobre a vida e a obra do casal.

Não pretendemos abordar a carreira do casal de forma exaustiva, muito menos fazer a crítica de todas as peças, uma vez que isso seria quase impossível. O próprio Joseph Farrell, que escreveu a biografia mais completa[8] dos italianos a que tivemos acesso e que constitui a principal fonte para esta parte do nosso trabalho, atenta para o exagerado volume de informações que há sobre a vida e a obra dos dois, ou que sua própria vida e obra constituem:

> [...] será sempre impossível escrever uma biografia satisfatória de um dos casais mais surpreendentes da história do teatro italiano e europeu. Dario e Franca fizeram demais, escreveram demais, falaram demais, deram entrevistas demais, oficinas demais, fizeram programas televisivos demais, estiveram envolvidos em polêmicas demais, subiram no palco com frequência demais, apresentaram em países demais, espetáculos demais foram traduzidos para línguas demais e viajaram demais para

---

8   O livro **Dario Fo & Franca Rame: Harlequins of the Revolution** foi publicado pela primeira vez em 2001 pela editora Methuen. Nós consultamos a versão atualizada da biografia intitulada **La biografia della coppia Fo-Rame attraverso la storia italiana**, publicada em 2014 pela Ledizioni, com tradução de Carlo Milani.

que qualquer livro possa fornecer uma documentação completa de sua vida e obra. (Farrell, 2014, p. 2, tradução nossa)

Outras fontes importantes para este capítulo são uma entrevista concedida por Franca a Farrell (**Franca Rame: non è tempo di nostalgia**, 2013); sua autobiografia, escrita em parceria com Dario (**Una vita all'improvvisa**, 2009) e os artigos de jornal e demais documentos presentes no *Archivio Franca Rame-Dario Fo*.[9]

1.1. A infância e a juventude de Dario Fo

Dario Luigi Angelo Fo nasceu em Sangiano, cidadezinha situada no norte da região da Lombardia, em 24 de março de 1926. Seu pai era chefe de estação e, embora a família tenha mudado de cidade algumas vezes, se manteve sempre perto do Lago Maggiore. Em suas memórias, ressalta sempre a presença dos contadores de histórias locais, em especial dos pescadores e de seu avô materno, Bristìn, a quem se referiu como "o primeiro Ruzzante" com quem teve contato (Corriere della Sera, 1993 *apud* Farrell, 2014, p. 27). O contador de histórias popular, com sua verve imaginativa e cômica, mas que esconde às vezes um amargor em relação à vida, é o primeiro modelo teatral de Fo.

---

9   Em fevereiro de 2024, foi publicado, pela Bulzoni, o livro **La famiglia Rame**, de Alessio Arena. Infelizmente não tivemos acesso à publicação em tempo hábil para a redação deste capítulo.

Apesar de sua família ser de esquerda, também se esforçava para não criar problemas com o regime fascista, seguindo, por exemplo, a obrigação de mandar as crianças para as organizações juvenis fascistas. Durante a Segunda Guerra Mundial, essa relação pró-forma da família com o fascismo se tornou mais complexa. Felice, pai de Dario, por exemplo, que era um dos expoentes locais do Comitato di Liberazione Nazionale (Comitê de Liberação Nacional – CNL), parece ter ajudado fugitivos a atravessar a fronteira com a Suíça e os *partigiani*, inclusive cedendo sua casa para que escondessem combustível.

Depois do desembarque dos Aliados na Sicília, que aconteceu em julho de 1943, e do armistício da Itália em 1943, a situação se complicou ainda mais, uma vez que Mussolini fugiu para o norte da Itália, onde fundou a República Social Italiana (RSI), também conhecida como República de Salò, já que a capital era a cidade homônima, que ficava no Lago di Garda, também na Lombardia, que se tornou um verdadeiro campo de batalha. Talvez por isso, numa tentativa de proteger a própria vida e a da família, Fo tenha decidido obedecer à convocação que recebeu para servir ao exército da RSI. Conforme narra, naquela época,

> Ir com os *partigiani* não era fácil porque naquele momento os grupos da região estavam arruinados pelas perseguições contínuas dos alemães. Fugir para a Suíça tinha se tornado muito complicado. Preferi escolher uma posição de espera e tentar me livrar da convocação com um truque. (Valentini, 1977, p. 24 *apud* Farrell, 2014, p. 31, tradução nossa)

De toda forma, ainda que não tenha conseguido escapar do alistamento, conseguiu evitar tanto servir à Alemanha como participar das perseguições contra os *partigiani*. Desertou duas vezes e a resistência se tornou um tema frequente em sua obra (Farrell, 2014).

Terminada a guerra, Fo se matriculou tanto em Arquitetura no Politecnico di Milano quanto em Artes na Accademia di Brera. Ele e seus irmãos iam todos os dias para Milão e, como passatempo, começaram a apresentar recitais no trem. Pouco depois, mudaram-se para a cidade e Dario pôde participar de toda a efervescência cultural da época. Particularmente importante é o seu contato com as ideias de Gramsci (Farrell, 2014), sobre o qual falaremos mais adiante. Embora ainda não pensasse em ser ator, assistia frequentemente aos espetáculos que estavam em cartaz na cidade e convivia com Strehler, que, em 1947, junto com Paolo Grassi e Nina Vinchi, fundou o Piccolo Teatro di Milano, o primeiro teatro estável da Itália.[10] Embora naquela época já tivesse ambições e concepções de teatro diferentes das de Strehler, foi dele que Fo recebeu uma introdução ao fazer teatral. Naqueles anos, Dario começou a improvisar cenas e sketches com os colegas da Accademia di Brera. Escreveu sua primeira peça, **Ma la Tresa ci divide**, em 1948.

---

10   Teatros estáveis são companhias financiadas por dinheiro público e dotadas de elenco, direção artística e sede estáveis. A estabilidade e a forma de financiamento fazem com que o objetivo da prática teatral não seja o de buscar lucro. O sucesso do Piccolo, de acordo com Chiara Merli (2007), se deve à junção de dois fatores: de um lado, a concepção gramsciana de teatro como serviço público; do outro, uma gestão empresarial que garante uma oferta frequente de produtos artísticos de forma acessível.

Em 1949, muito ocupado com atividades extracurriculares e desanimado com os estudos, deixa o Politecnico. No ano seguinte, conhece Franco Parenti, ator de teatro e locutor radiofônico que, ao perceber o talento de Fo, apresenta-o para produtores radiofônicos. Foi assim que conseguiu a sua primeira encomenda, uma série de doze monólogos de humor que foram ao ar entre 1950 e 1951. Com o título de **Poer nano**, eles também foram apresentados em 1952 como parte de um espetáculo de variedades.

1.2. A infância e a juventude de Franca Rame

Franca Pia Rame nasceu em 18 de julho de 1929 em Parabiago, na região metropolitana de Milão, em uma família de atores itinerantes cuja tradição remonta ao século XVII. Inicialmente faziam um teatro de fantoches e marionetes, mas Domenico e Tommaso Rame, seu pai e seu tio, respectivamente, decidiram abandonar os objetos, mas preservar os demais aspectos de seu teatro, como os cenários e os *canovacci*. Essa mudança fez com que a companhia encontrasse bastante sucesso, e a família Rame chegava a se apresentar 363 dias por ano (Fo; Rame, 2009). Se, por um lado, segundo conta, Franca nunca estudou para ser atriz, por outro, a prática teatral sempre esteve presente em seu cotidiano, tanto que estreou nos palcos quando tinha oito dias de vida, fazendo o papel da filha da personagem interpretada por sua mãe. Começou a representar papéis de personagens que tinham falas aos três anos de idade, antes de aprender a ler, e sua mãe lhe passava oralmente os textos que deveria decorar (Fo; Rame, 2009).

O principal trunfo da companhia dos Rame era a habilidade de seus membros como atores, sua familiaridade com a profissão, na qual eram inseridos desde os primeiros dias de vida. Seu repertório era vastíssimo, ia de melodramas e farsas mais conhecidos a adaptações da Bíblia, de Shakespeare, Tchekhov, Ibsen, D'Annunzio, ou qualquer outro romance que Domenico Rame estivesse lendo naquele momento (Farrell, 2014). Muito frequentes também eram trechos baseados nos acontecimentos marcantes da localidade na qual estivessem se apresentando. Cultura popular e cultura da elite se misturavam e eram adaptadas sem nenhuma cerimônia. Como não dispunham de muito tempo para ensaiar, em geral

> [...] Domenico se encarregava de distribuir os papéis, explicava a cada membro da companhia familiar o que exatamente se esperava de cada um, estabelecia um *canovaccio* geral que continha os detalhes das cenas essenciais e indicava todas as várias entradas e saídas de cena. O esquema era afixado nos bastidores e dele a família tirava as indicações necessárias entre uma saída e outra. (Farrell, 2014, p. 50, tradução nossa)

Em uma entrevista concedida a Farrell e publicada em 2013, no livro *Non è tempo di nostalgia*, é possível ver a impressão que essa forma de criação causa na própria Franca.

> Era uma coisa incrível, não sei se eu conseguiria fazer isso de novo. Como já disse, meu pai lia um romance, reunia a companhia, nos contava o que tinha lido e todos

nós tomávamos nota. Enquanto isso, minha mãe, minha tia, as costureiras, as conhecidas preparavam o figurino, e depois de dois dias e um número mínimo de ensaios, estreávamos, com uma simples escaleta dos acontecimentos pregada na coxia, por exemplo 'o pai encontra a filha, demonstrar frieza'. Eu lia rapidamente as instruções da escaleta e pronto... para o palco! Sinceramente, não sei como eu conseguia. Hoje eu poderia facilmente subir no palco e inventar por duas horas um espetáculo improvisado, mas não conseguiria mais fazer uma comédia cuja história eu ouvi na noite anterior, ainda mais com outros atores envolvidos. (Farrell, 2013, p. 205-206, tradução nossa)

Para fazer funcionar um teatro assim, os atores tinham que dispor de uma excelente capacidade de improvisação, fundamentada no conhecimento do ofício e na intimidade com o palco, mas também na memorização de "uma série de diálogos e falas relativas a situações que poderiam acontecer em vários espetáculos diferentes" (Farrell, 2014, p. 49, tradução nossa). Esse modelo de teatro será sem dúvida uma referência fundamental para o que Rame e Fo viriam a fazer nos anos seguintes.

Evidentemente, o período da Segunda Guerra Mundial foi difícil para a família de Rame, assim como para outras companhias itinerantes. Entre outras adversidades, Franca e a família foram detidas pela SS por uma noite e liberadas na manhã seguinte. Depois ficaram sabendo que eram reféns que seriam fuzilados caso a incursão nazista daquele dia desse errado (Fo; Rame, 2009). Além disso, o irmão de Franca foi deportado para um campo de concentração na Alemanha, onde ficou durante dois anos, e sobreviveu justamente porque era ator e falava alemão, então organizou espetáculos para a família dos nazistas que moravam nos campos (Farrell, 2013).

Em 1947, Domenico teve um derrame que o deixou parcialmente paralisado, o que inviabilizou o prosseguimento da companhia. Por isso, a família decidiu que Franca deveria estudar para se tornar enfermeira, mas não foi considerada adequada para a profissão (Fo; Rame, 2009). Não parecia restar outra alternativa senão seguir a carreira de atriz. Fez testes e foi rapidamente aprovada para fazer espetáculos de revista em Milão. Além do talento e da experiência, dois elementos que claramente tinha de sobra, muitas vezes era escolhida também pela sua beleza.

A mudança para Milão foi fundamental para a sua maturidade política e intelectual. Segundo conta em **Una vita all'improvvisa**, nunca tinha lido um jornal e não costumava se informar antes de se mudar para a capital da Lombardia. Chegando lá, a situação mudou e ela passou a valorizar a leitura e os estudos.

> Naqueles anos, descobri o que significa viver como uma pessoa informada, consciente de cada situação: descobri que existiam lutas pela dignidade e a justiça, descobri que a política não é coisa de grupos fechados e nem um fato de opiniões diferentes, mas é a chave fundamental para a emancipação civil.
>
> Assim eu aprendi a comparar nos jornais artigos diferentes sobre o mesmo tema, a discernir entre a propaganda descarada e uma dialética honesta, a entender as linguagens e os valores das ideias. (Fo; Rame, 2009, s. p., tradução nossa)

1.3. 1951-1958: Teatro em Milão e cinema em Roma

Em Milão, Franca e Dario frequentavam mais ou menos o mesmo círculo social, que se reunia nos cafés de Brera, bairro onde se encontrava a Accademia. Jornalistas, escritores, tradutores, artistas e diretores, homens e mulheres se encontravam para falar de política e de fatos do cotidiano. No entanto, foi só em 1951 que Fo e Rame se encontraram pela primeira vez, quando ambos faziam parte do elenco de **Sette giorni a Milano**, espetáculo de revista de Spiller e Carosso montado pela companhia Nava-Parenti (Soriani, 2006). A partir de então, a carreira e o cotidiano dos dois estariam intimamente ligados.

Em 1953, Dario Fo, Franco Parenti e Giustino Durano fundaram o grupo I Dritti, que estreou com a peça **Il dito nell'occhio**, composta por 21 esquetes satíricas que invertiam o olhar sobre personagens de elite de diferentes períodos históricos. Fo e Parenti foram os responsáveis pela dramaturgia e Fiorenzo Carpi pela música, Rame fazia parte do elenco. Com o apoio de Strehler, que foi responsável pela iluminação, Dario também projetou o figurino e o cenário. Além disso, fundamental foi a participação de Jacques Lecoq – ator, mímico, professor e preparador físico –, que tinha se mudado em 1951 para Milão para fundar uma escola de atuação no Piccolo. Ele assistiu aos ensaios e acabou, de certa forma, fazendo a direção do espetáculo. Lecoq é, sem dúvida, fundamental para a formação de Fo como ator, uma vez que o ajudou a aperfeiçoar seus recursos físicos, especialmente em relação ao gesto e à voz. **Il dito nell'occhio** foi apresentado em várias cidades italianas, obtendo sucesso de público e de crítica (Farrell, 2014). Em Milão, fizeram uma temporada que manteve o Piccolo lotado por três meses (Fo; Rame, 2009).

Em 1954, Franca Rame e Dario Fo se casaram. No mesmo ano, I Dritti estrearam, sem a presença de Franca, que estava grávida, **I sani da legare**, que também era um espetáculo satírico composto por canções e esquetes. Naquela época, os textos tinham que ser previamente aprovados pela censura do subsecretário do primeiro-ministro (quem estava no cargo naquele momento era Giulio Andreotti, com quem o casal viria a ter outros episódios de inimizade). **Il dito nell'occhio** já tinha atraído certa antipatia das autoridades políticas e religiosas, mas **I sani da legare** foi severamente censurado e teve trechos inteiros cortados. Além disso, a Igreja também tinha sua própria forma de exercer controle sobre a vida cultural de então, e cada paróquia emitia uma lista com filmes e peças aprovados e desaprovados. A peça em questão, assim como várias outras de Fo e Rame, figurou em muitas dessas listas, e teve um sucesso menor do que a anterior na turnê, embora a temporada em Milão, novamente de três meses, tenha tido a plateia cheia (Fo; Rame, 2009). Depois da turnê, a companhia se dividiu por discordâncias entre seus principais membros.

Jacopo Fo, filho do casal, nasceu em Roma, para onde tinham se mudado em 1955 para tentar a sorte no cinema. O primeiro roteiro original de Dario, **Lo svitato**, foi considerado promissor pelos produtores, que pediram, no entanto, que fosse retocado e que tivesse partes reescritas por profissionais mais experientes no cinema. O filme, que acabou contando com seis roteiristas, foi lançado em 1956, mas foi considerado um fiasco. Continuaram em Roma até 1958, Franca trabalhando como atriz no cinema e no teatro, Dario como autor de *gags*, sem muito sucesso.

1.4. 1958-1968: A Compagnia Fo-Rame e as polêmicas com a RAI

Decidiram voltar para Milão, onde poderiam se dedicar ao que sabiam fazer de melhor, e criaram a Compagnia Fo-Rame. A primeira peça foi um conjunto de quatro farsas em ato único chamada **Ladri, manichini e donne nude**, que estreou no Piccolo durante a temporada de verão, e foi seguida por outro conjunto de quatro farsas em ato único, dessa vez inspiradas nos *copioni* do repertório da família Rame, **Comica finale**. O sucesso foi tanto que a primeira foi transmitida pela televisão e uma das farsas da segunda, **Non tutti i ladri vengono per nuocere**, teve os direitos cedidos para uma produção off-Broadway. Foi a partir desses trabalhos que Dario se firmou tanto como ator quanto como escritor, e passou a ser definido como um fenômeno (Farrell, 2014). Tanto ele como Franca se tornaram celebridades, cuja vida, além da obra, era interesse do público.

O período que vai de 1959 a 1968 é frequentemente chamado de "período burguês" da obra de Fo e Rame. Farrell (2014), no entanto, observa que o rótulo de burguês talvez não seja o mais adequado para a produção daquele período.

Se, por um lado, é certo que a sua produção não era revolucionária; por outro, também estava longe de corresponder às expectativas de um público burguês, tanto que Franca e Dario sofreram não poucas reações severas ao conteúdo satírico de suas peças: em primeiro lugar, recebiam visita frequente dos censores durante as apresentações e corriam sempre o risco de que os espetáculos não fossem autorizados, ou que fossem autorizados com muitos cortes; uma de suas apresentações foi cancelada por suspeita de um atentado a bomba no local; foram alvo de um ataque de neofascistas em Roma e Dario foi denunciado por difamação às forças armadas e chamado para um duelo contra um ex-oficial da cavalaria. Sem dúvida, burgueses eram os espaços nos quais se apresentavam, teatros tradicionais do circuito comercial. A imagem de si construída por Dario foi fundamental para que ele pudesse ser aceito, ainda que com ressalvas, dentro do sistema: ele se fazia perceber como um palhaço mais do que como um iconoclasta. Como afirma Farrell (2014, p. 78, tradução nossa), "o palhaço do circo conhece perfeitamente as regras, assim como o bobo da corte: ambos sabem que correm o risco de serem chicoteados se forem longe demais".

Durante esse período, Fo escreveu majoritariamente comédias acompanhadas de música, assim definidas mais pelo tamanho do que por uma diferença fundamental de estilo ou de tema em relação às farsas que escrevera antes (Farrell, 2014); geralmente ao ritmo de uma por temporada, com estreia no Odeon: **Gli arcangeli non giocano a flipper** (1959), **Aveva due pistole con gli occhi bianchi e neri** (1960), **Chi**

ruba un piede è fortunato in amore (1961), **Isabella, tre caravelle e un cacciaballe** (1963), **Settimo: ruba un po' meno** (1964), a primeira a contar com Franca no papel da protagonista, **La colpa è sempre del diavolo** (1965) e **La signora è da buttare** (1967).

O último ano da década de 1950 e os primeiros da década de 1960 marcaram também a relação de Fo e Rame com a televisão. Em 1959, depois de ter participado de uma comédia televisiva, Dario se tornou personagem de *Carosello*, um programa de meia hora dedicado a publicidades inseridas em uma moldura narrativa. Como à época o controle estatal e clerical sobre a programação era muito forte (e a RAI é uma televisão pública, gerida por funcionários do governo), a liberdade de *Carosello* fez com que se tornasse o programa de entretenimento mais popular da televisão italiana, o que aumentou ainda mais a fama de Fo. Embora Farrell (2014) não cite a presença de Rame no programa televisivo, ela também atuou em alguns comerciais, que podem ser encontrados no YouTube (Archivio [...], 2013; ENI [...], 2012). Sua colaboração parece ter tido alguma frequência, embora não tenhamos encontrado fontes para quantificar a sua participação. No YouTube, há dois comerciais diferentes, sem indicação de data; no arquivo virtual dos dramaturgos, há fotos de outros três comerciais, dois em 1961 e um em 1963, além de um comercial feito para a Lancia em 1960, mas não fica claro se se trata de um *carosello* (Archivio [...], s. d.). Foi só em 1962, com a formação de um governo de centro-esquerda, cuja coalizão contava com a presença do Partido Socialista Italiano (PSI), que a composição dos dirigentes da RAI começou a mudar.

No mesmo ano, foi fundado o canal RAI 2, dedicado a uma programação mais experimental, que contou com a presença de Dario e Franca já no seu início. Foram exibidas cinco das farsas em um ato de Fo e o casal ficou encarregado de alguns episódios do programa de variedades *Chi l'ha visto?*.

O sucesso da experiência na RAI 2 fez com que fossem convidados para apresentar o programa *Canzonissima* no canal principal. Tratava-se de um programa semanal de variedades que acompanhava a loteria e cujo foco era a competição musical. Exibido nas noites de sábado, era responsável pela maior audiência da emissora. Após alguma hesitação, aceitaram o convite e escreveram antecipadamente as esquetes para todos os episódios, menos o final.[11] Todos os textos foram inicialmente aprovados e, segundo contam Dario e Franca (2009), o primeiro episódio ganhou a simpatia até de críticos mais conservadores.

À medida que iam ao ar, porém, as esquetes chocavam cada vez mais a imprensa, os políticos, a Igreja e a classe dominante, que esperavam um entretenimento leve e acrítico e receberam as sátiras de Fo e Rame. Após criticarem a máfia, que era um tabu tão grande à época que sua existência mal podia ser mencionada na Itália, começaram a receber ameaças, inclusive para o filho Jacopo, que então tinha apenas seis anos. Mesmo realizando cortes e modificações nos textos, a situação se tornou insustentável quando o casal se negou a abrir mão de uma esquete que criticava os

---

11   Em relação ao número de episódios, Farrell (2014) aponta que seriam treze no total, enquanto Franca Rame, em entrevista a Farrell (2013), afirma que seriam doze.

empresários da construção civil e iria ao ar justamente durante uma greve dos funcionários do setor. Foram forçados a deixar os estúdios quando o sétimo episódio estava prestes a começar.

Nos dias que se seguiram, especulou-se que o episódio tenha acontecido no interior de uma manobra política: a direção do Ministério dos Correios e das Telecomunicações mudaria dentro de poucos dias e iria para a *Democrazia Cristiana* (DC);[12] para proteger seu cargo e evitar polêmicas, Ettore Barnabei, então diretor geral da RAI, teria se adiantado e expulsado os atores (Consulich, 1962). Décadas depois, ele disse não ter se arrependido da decisão, numa fala que mostra não apenas o compromisso com a censura, como a tentativa explícita de impedir a luta de classes:

> Não sei se podemos chamar de censura. Além disso, não tenho medo das palavras. Sim, eu censurei Dario Fo, não queria que ele usasse a televisão para colocar as partes sociais uma contra a outra.
>
> Não me arrependi de nada e se voltasse atrás eu o censuraria de novo.
>
> Quem tem o trabalho de dirigir um canal televisivo ou, de toda forma, órgãos de comunicação tão potentes, tem que ter muito senso de responsabilidade e prevenir feridas e reações violentas. (Lo censurai [...], 1999, s. p., tradução nossa)

---

12   A *Democrazia Cristiana* (DC) foi um partido democrata-cristão fulcral para a segunda metade do século XX na Itália, que fez parte de todos os governos de 1944 a 1994, frequentemente elegendo um primeiro-ministro das próprias fileiras.

A RAI destruiu as gravações dos episódios de *Canzonissima* e de *Chi l'ha visto?* protagonizadas pelo casal. Embora não nos seja possível ter acesso ao material que foi transmitido, há descrição de alguns episódios na autobiografia **Una vita all'improvvisa** (Fo; Rame, 2009) e quase cinco mil documentos, entre resenhas, artigos de jornal e esboços do roteiro de quase todos os episódios, no arquivo dedicado à obra do casal (Archivio [...], s. d.). Eles não voltariam a trabalhar na televisão até 1977.

Esse episódio fez com que se tornassem ainda mais famosos, e seu público aumentou não apenas em quantidade, como também em fidelidade e consideração (Fo; Rame, 2009). Além disso, foi importante para marcar a firmeza de suas posições políticas. Em nossa dissertação de mestrado, explicamos que

> O que poderia ter parecido o anúncio do fim da carreira promissora dos dois parece ter sido, na verdade, a primeira grande ocasião de afirmar que não estavam dispostos a abrir mão dos princípios que guiavam as suas escolhas estéticas e políticas em nome de espaço na cena artística convencional ou de segurança pessoal. (Mello, 2019, p. 17)

A ocasião parece ter servido também para que Dario Fo se tornasse mais consciente sobre sua importância não só como artista, mas também como pensador da esquerda. Em 1963, afirma que **Isabella, tre caravalle e un cacciaballe** "tinha como objetivo revelar os compromissos feitos pelos intelectuais de esquerda que, depois da 'abertura à esquerda', tinham caído na tentação de entrar em um acordo com o poder estabelecido" (Farrell, 2014, p. 93, tradução nossa).

Em 1966, a fama de Dario Fo era tão grande que sua obra estava em cartaz em quatorze cidades europeias e a primeira turnê internacional da Compangia Fo-Rame passou por dezesseis países (Farrell, 2014). No mesmo ano, estreia **Ci ragiono e canto**, espetáculo inspirado na canção popular feito em parceria com o Nuovo Canzioniere Italiano e dirigido por Fo. Para o dramaturgo, foi uma ocasião de aprofundar seus estudos sobre a cultura popular (Binni, 1977 *apud* Farrell, 2014).

Ao longo da década de 1960, o clima político italiano foi se acirrando cada vez mais. O milagre econômico, que tinha sido capaz de produzir algum nível de entusiasmo e um aumento significativo dos indicadores econômicos, não tinha sido acompanhado de redução da desigualdade social ou de mudanças na moral e na política italianas, fortemente influenciadas pela presença da Igreja Católica no país e pelos Estados Unidos, ainda determinados, em plena Guerra Fria, a impedir que a esquerda chegasse ao poder (Crainz, 2012). Além disso, faltavam investimentos do governo em infraestrutura e serviços públicos (Il miracolo [...], s. d.).

Nesse cenário, crescem os protestos, primeiro entre os jovens e estudantes, depois também entre operários, que culminariam nos acontecimentos de 1968. O marxismo volta à moda, talvez por, como afirma Hobsbawm (*apud* Farrell, 2014), ser a única alternativa ideológica ao consumismo e ao materialismo; artistas e intelectuais são chamados a tomar partido e a fazer do próprio trabalho um veículo para a revolução. Para isso, procuram novas formas de expressão e crescem os experimentos de vanguarda.

É nesse contexto que a Compagnia Fo-Rame estreia, em 1967, **La signora è da buttare**, considerado por alguns (como Behan, 2000), sua última peça do período burguês. De fato, foi apresentada em teatro tradicional, o Teatro Manzoni, de Milão, mas, segundo Farrell (2014), politicamente a peça não tem nada de burguês, uma vez que é uma crítica feroz ao consumismo e à invasão do Vietnã pelos Estados Unidos. A peça marca a influência de Maiakovski no trabalho de Fo, visto principalmente no seu interesse pelos *clowns*: o cenário do espetáculo é um picadeiro e todos os personagens são *clowns*.

1.5. 1968-1973: Tensão social e experiências de teatro coletivo

La signora è da buttare foi o último trabalho da Compagnia Fo-Rame. Franca conta que

> Sempre dávamos desconto para estudantes e operários, mas o nosso público continuava sendo burguês e não entendia a sátira, não percebia que estava sendo zombado. O Teatro Manzoni foi o último teatro onde nos apresentamos, aqui em Milão. Havia tanta gente, havia tudo o que era necessário, mas nós estávamos insatisfeitos. Num dia de verão meu marido disse: 'Por que não vamos embora do teatro normal?'. Ele estava me propondo aquilo que eu sempre tinha feito com a minha família, então para mim estava ótimo. Foi em 1968. (Farrell, 2013, p. 560, tradução nossa)

Dario dá um depoimento parecido sobre a decisão de dissolver a companhia e interromper as apresentações nos teatros do circuito comercial: "Estávamos cansados de ser os jograis da burguesia, para quem as nossas críticas só tinham o efeito de uma pastilha efervescente: por isso resolvemos nos tornar os jograis do proletariado." (Farrell, 2014, p. 106, tradução nossa). O modelo da nova fase de sua produção é, portanto, a tradição medieval dos jograis, representante ancestral da classe popular, capaz de misturar "riso e raiva" (Farrell, 2014, p. 107).

Nasce, assim, a Nuova Scena, uma associação teatral fundada em conjunto com o grupo Teatro d'Ottobre, e cujos principais membros eram, além de Fo e Rame, Nuccio Ambrosino, Vittorio Franceschi e Nanni Ricordi. As decisões do coletivo eram tomadas em conjunto, todos tinham igual poder de voto e a companhia era aberta a quem quisesse participar, inscrevendo-se mediante o pagamento de uma cota. Um de seus objetivos principais era o de levar as apresentações para o povo, e para isso decidiram fazer parte do circuito alternativo das Casas do Povo e da Associazione Culturale Ricreativa Italiana (ARCI), uma associação ligada aos partidos de esquerda, especialmente ao Partido Comunista Italiano (PCI), que organizava atividades culturais em sedes próprias e em diversos outros locais, como praças, sedes do partido, fábricas etc. Com a inserção nos circuitos da ARCI, esperavam também sofrer menos censura, uma vez que os espetáculos eram destinados aos membros da associação. Embora os locais de apresentação fossem os mais diversos, havia uma preocupação da parte da Nuova Scena de montar uma estrutura adequada para o teatro, com palco e iluminação, para não dar a impressão de que se tratava de um teatro menor.

Foi nesse contexto que Fo desenvolveu o que Farrell (2014, p. 111, tradução nossa) chama de "farsa didascálica, ou seja, um divertimento somado à política, tudo numa atmosfera carnavalesca". Em geral, as peças eram constituídas de dois atos e seguidas por um debate com o público.

Na temporada 1968-1969, o grupo liderado por Fo montou **Grande pantomima con bandiere e pupazzi grandi e medi**, espetáculo que criticava intelectuais e políticos revisionistas, e **Ci ragiono e canto 2**; Ambrosino, por sua vez, apresentou a peça **Dato che**. O sucesso foi enorme: 370 apresentações em 125 lugares diferentes, com 240 mil espectadores, 90% dos quais tinham ido ao teatro pela primeira vez, enquanto o público total dos teatros na Itália era de 3 milhões de espectadores (Farrell, 2014). Segundo conta Franca (Farrell, 2013), a Nuova Scena chegou a ter 80 mil inscritos, enquanto o Piccolo Teatro, por exemplo, tinha 12 mil. Apesar do sucesso, começam os primeiros desentendimentos. Ambrosini e o Teatro d'Ottobre, que tinham achado **Ci ragiono e canto 2** pouco revolucionário para o momento, deixam o coletivo. Dario começa a se perguntar se ele e Franca não pecaram por excesso de utopia na proposta de igualdade da associação: era principalmente o casal, que tinha se tornado conhecidíssimo depois dos episódios da *Canzonissima*, o responsável por atrair um público tão grande (que, aliás, ficava decepcionado por não vê-lo em destaque no grupo), e a habilidade nos palcos também não era igual para todos.

Para a temporada seguinte, acordaram com a ARCI a produção de cinco espetáculos, dos quais Dario escreveria três.

Em assembleia, a Nuova Scena deliberou que era importante responder à crise política daquele ano: o outono de 1969 ficou conhecido como *autunno caldo* ("outono quente") devido à grande mobilização estudantil e principalmente proletária daqueles anos, com ocupações em fábricas, greves, protestos e numerosos conflitos com a polícia. Assim como em outros lugares do mundo, nesse período nascem novos grupos de extrema-esquerda, resgatando o espírito da esquerda revolucionária, adormecido durante o milagre econômico. Ao contrário do que acontece em outros países, porém, na Itália também nascem e se fortalecem movimentos neofascistas de extrema-direita (Farrell, 2014).

O contexto político daqueles anos é um dos mais complexos de toda a história italiana. No dia 12 de dezembro de 1969, houve atentados a bomba em Roma e em Milão; na capital italiana não houve mortos ou feridos graves, em Milão, no entanto, a bomba que explodiu na Piazza Fontana, no Banco Nacional da Agricultura, deixou 16 mortos e mais de 90 feridos. Foi o primeiro grande atentado depois da Segunda Guerra Mundial, e marcou o início do período que ficou conhecido como *Anni di Piombo* (Anos de Chumbo), caracterizado por grande polarização política, repressão policial e violentos atentados que até hoje não foram completamente elucidados (Satta, 2016). Essa situação perdurou até o início da década de 1980 e parece ter sido fruto também de uma política da OTAN e dos Estados Unidos para impedir o crescimento da esquerda e sua chegada ao poder político institucional, à qual se deu o nome de Estratégia da Tensão. Segundo Mirco Dondi, essa estratégia

> se traduz na subversão da vida política da nação através de episódios violentos, atos terroristas que falharam ou que se realizaram, seguidos de modalidades narrativas planejadas. Os estrategistas da tensão propõem provocar reações aos atos que criaram e, em qualquer caso, decide-se determinar uma forte mudança de consenso para os partidos que são defensores da ordem ou a favor de novas formas institucionais. A estratégia da tensão abre espaço para mais de uma saída e aqueles que conseguem manter um maior peso político governam seu deslocamento. (Dondi, 2015, p. 412, tradução nossa)

Embora tanto Rame quanto Fo tenham se aproximado de grupos de extrema esquerda e tenham mantido a crítica aos revisionistas e o incentivo à revolução, eram contra a violência armada e também contra a sujeição absoluta do palco a uma plataforma política. Mais do que a uma plataforma, como conta Franca, estavam ao serviço do público, e é da conversa com os espectadores que nascem algumas das ideias para as peças (Farrell, 2013).

As peças escritas por Dario para a temporada de 1969-1970 foram **Legami pure che tanto io spacco tutto lo stesso, L'operaio conosce 300 parole e il padrone 1000, per questo lui è il padrone** e **Mistero Buffo**. Franca ficou responsável pela montagem das duas primeiras e Dario pela terceira, que até hoje é uma de suas obras mais conhecidas, apresentada por ele mesmo em todos os continentes, traduzida em várias línguas e montada por grupos de diferentes países. Ela consiste em uma série de cenas inspiradas em episódios bíblicos contados por jograis medievais. Fo tinha ficado impressionado pela mistura de temas sociais e religiosos dessas narrativas e reconheceu nessa prática a própria estética.

As três peças escritas pelo dramaturgo italiano para essa temporada atraíram severas críticas e chocaram diferentes esferas do poder. **Mistero buffo** ofendeu o Vaticano e a *Democrazia Cristiana*. **Legami pure che tanto io spacco tutto lo stesso**, que agrupava dois espetáculos de um ato diferentes, denunciava a indiferença do PCI em relação aos mortos e feridos em acidentes de trabalho e à exploração no trabalho doméstico. Mas a peça que realmente irritou o PCI foi **L'operaio conosce 300 parole e il padrone 1000, per questo lui è il padrone**, porque criticou a União Soviética, comparando a invasão da Tchecoslováquia à guerra do Vietnã, e o compromisso histórico.[13]

Os atritos com o PCI, cujos filiados cobravam explicações a cada etapa da turnê e chegaram a impedir as apresentações em diversas cidades, com as mais diversas desculpas, tornaram a situação de Rame e Fo insustentável no circuito da ARCI, que, embora fosse independente, era intimamente ligada ao partido. Franca, em particular, que ainda era filiada ao PCI, ficou, além de desgastada pela situação, muito decepcionada. O quadro evoluiu até que ela teve um esgotamento nervoso e desmaiou durante uma apresentação.

Ela ainda tentaria conversar com Berlinguer, membro importante do partido (do qual foi secretário-geral de 1972 a 1984), que ficou do seu lado e tentou reverter a situação,

---

13 O "compromisso histórico", também chamado de "alternativa democrática", foi uma estratégia de aproximação do PCI à DC, durante criticada por grande parte da esquerda da época, que objetivava proteger a democracia italiana e evitar o perigo de golpes por parte da direita e da extrema-direita (Mello, 2019).

enviando uma diretiva para que os espetáculos da associação fossem bem recebidos. Ainda assim, o incômodo dos dirigentes locais continuou. Segundo Fo e Rame, ele se devia não apenas às discordâncias com as linhas políticas gerais do partido expressas nas peças, mas principalmente

> como consequência dos debates que nasciam espontaneamente no final dos espetáculos, [quando] invariavelmente se produziam críticas: alguns companheiros da base, nesse clima, denunciavam certas situações de exploração de seu trabalho que envolviam as cooperativas e níveis altos e intermediários do próprio partido. (Fo; Rame, 2009, s. p., tradução nossa)

Alguns momentos desses debates, gravados ao longo da turnê, foram publicados em dois volumes no livro **Compagni senza censura**. Para Franca, o contato com essas pessoas foi fundamental para que aprofundassem o seu conhecimento sobre como vive a "classe oprimida" e como é explorada de diferentes formas pelos patrões (Fo; Rame, 2009).

Em janeiro de 1970, a ARCI comunicou que não renovaria o acordo com Fo e avisou a *Nuova Scena* de que teria que modificar as dramaturgias caso quisesse continuar sendo bem-vinda no circuito. No interior do coletivo teatral também havia debates e brigas que tornavam insustentável a presença do casal. Dario Fo, Franca Rame e Nanni Ricordi decidem romper com a *Nuova Scena*, que continua a se apresentar no circuito da ARCI até a temporada 1973-1974 (Farrell, 2014).

Junto com Paolo Ciarchi, os três dissidentes da *Nuova Scena* fundaram o coletivo La Comune, uma cooperativa que também se organizou em circuitos autônomos espalhados por toda a Itália e tomava suas decisões em votações abertas, mas, dessa vez, com uma secretaria centralizada. La Comune chegou a ter setecentos mil sócios (Farrell, 2014). É importante salientar que, a despeito das cisões na *Nuova Scena*, o sectarismo de esquerda era algo que incomodava os membros da Comune. Em um documento da cooperativa datado de 1970, consta que seu objetivo era "colocar o nosso trabalho a serviço do movimento de classe: mas para nós 'a serviço' não significava se enfiar em um prato já preparado; significava contribuir com o movimento, estar presente, colaborar com as suas lutas, com as suas exigências reais" (Binni, p. 263 *apud* Farrell, 2014, p. 128, tradução nossa).

A sede da companhia era o Capannone, um galpão industrial localizado em um bairro operário de Milão. Além das atividades teatrais, o Capannone abrigou também outros projetos, especialmente de cunho político, nos quais a figura de Franca se destacou. Informalmente, ela começou a criar uma rede de apoio para presos políticos, que muitas vezes eram levados para cidades distantes sem que a família fosse informada. Às vezes recolhia algum dinheiro depois das apresentações para mandar para a família do encarcerado, às vezes pedia que mandassem cartas ou postais em solidariedade.

A atividade foi crescendo e, em 1972, Franca criou Soccorso Rosso (Socorro Vermelho), que depois se tornou Soccorso Rosso Militante, uma organização internacional que objetivava garantir condições dignas, inicialmente para os presos políticos, depois para todos os presos, oferecendo principalmente assistência legal e econômica, mas também fazendo um trabalho de contrainformação. Em três meses, os colaboradores eram mais de dez mil.

Por sua atividade de assistência social, Rame tornou-se um dos principais inimigos públicos da Itália, pois era considerada pela imprensa, pela justiça e pela polícia, além de aliada de "criminosos", uma incentivadora do terrorismo. Fazer esse trabalho se tornou tão perigoso que, em um determinado momento, ela preferiu dissolver a organização e continuar sozinha. Foi também por causa do apoio aos encarcerados que ela e Dario tiveram o pedido de visto para os Estados Unidos negado. Franca se lamenta que tenham declinado a solicitação mencionando apenas Fo e dizendo que a causa era o trabalho de Soccorso Rosso, organização da qual ele nunca participou.

Cabe ressaltar, por fim, que, embora tenha de fato defendido o direito "a um encarceramento civilizado" (Farrell, 2013, p. 826) para todas as pessoas, inclusive para as acusadas de terrorismo, ela sempre se posicionou contra a violência e a luta armada. Em missão extraoficial pelo Ministério da Justiça, chegou, inclusive, a ir conversar com as *Brigate Rosse* (Brigadas Vermelhas) anos mais tarde, em 1978, quando sequestraram Aldo Moro, e tentou convencer seus membros a abandonarem a luta armada e a liberarem o ex-primeiro-ministro e então presidente da DC (Dario [...], s. d., online; Farrell, 2013).

No que diz respeito às atividades teatrais, a primeira produção do grupo foi **Vorrei morire anche stasera se dovessi pensare che non è servito a niente** (1970), espetáculo que fazia um paralelo entre a resistência italiana e a palestina, discutindo principalmente os episódios do Setembro Negro e criticando a moral contraditória que louva a primeira e condena a segunda. O teatro produzido pela Comune se torna cada vez mais didático e intenciona participar da disputa da opinião pública, servindo como um contraponto às opiniões veiculadas pela grande imprensa e pelos governantes.

Durante a turnê, Dario começou a recolher material para a peça seguinte, **Morte accidentale di un anarchico**, um espetáculo sobre a morte de Giuseppe Pinelli, anarquista a quem a polícia atribuiu, junto com Pietro Valpreda (absolvido anos depois), a autoria do atentado da Piazza Fontana antes mesmo de realizar investigações suficientes. Pinelli foi detido na noite do atentado para prestar depoimento na delegacia de Milão e, entre os dias 15 e 16 de dezembro, seu corpo caiu do quarto andar do prédio. A primeira versão oficial da causa de sua morte foi suicídio devido ao sentimento de culpa, mas logo foi desacreditada e ganhou força a hipótese de queda acidental da janela (o delegado Calabresi, um dos responsáveis pelo interrogatório, já era famoso por fazer interrogatórios obrigando os suspeitos a ficarem empoleirados no parapeito da janela), assim como as várias hipóteses de homicídio, entre elas que Pinelli tenha sido empurrado ou que tenha morrido em decorrência de tortura e em seguida jogado pela janela. Já na época também começaram a correr as suspeitas de que o atentado não tivesse sido obra dos anarquistas, e sim de grupos neofascistas protegidos e incentivados por setores das forças armadas e dos serviços secretos, hipótese que se revelou verdadeira somente muitos anos mais tarde (Farrell, 2014). O episódio suscitou enorme comoção popular e as investigações, com suas muitas vicissitudes, foram acompanhadas pela maior parte da população italiana.

Morte accidentale di un anarchico se passa na delegacia onde se deram os fatos citados. O personagem de um louco examina os documentos elaborados pela polícia para explicar a morte "acidental" do anarquista e revela as suas incoerências e os seus absurdos. Talvez mais ainda que nas outras peças, a dramaturgia é atualizada quase que diariamente, acompanhando as novidades das investigações oficiais e extraoficiais. O depoimento de Rame pode nos ajudar a entender melhor a importância da peça na difusão de informações.

> Durante o processo Calabresi-Lotta Continua, os advogados do processo vinham de noite ao teatro e nos contavam as últimas notícias. Então nós entrávamos em cena e o público ficava sabendo por nós aquilo que leria no dia seguinte no jornal. O texto de *Morte acidental* era modificado todas as noites, seguindo as notícias trazidas pelos advogados. (Farrell, 2013, p. 655, tradução nossa)

Essa é a peça de maior sucesso internacional de Fo, junto com **Mistero buffo**. Também gozou de grande sucesso nacional, ainda que a turnê tenha sido marcada por episódios de repressão, com proibições do uso de alguns teatros, ameaças de atentados e outras dificuldades causadas pela polícia e pelos magistrados. Há uma anedota que diz que as cidades para a turnê eram escolhidas de acordo com o local onde haveria audiências dos mais de quarenta processos sofridos por causa de **Morte accidentale** (Fo; Rame, 2009).

No ano seguinte, estreou **Tutti uniti! Tutti insieme! Ma scusa, quello non è il padrone?** (1971), que, pelo olhar de

Antonia, uma costureira interpretada por Franca que só foi se interessar por política quando seu marido foi assassinado por fascistas, analisa o nascimento da esquerda italiana e se interroga sobre a perda de suas origens revolucionárias. Rame gostava particularmente desse texto, mas as apresentações foram interrompidas – fato que considerou uma falta de respeito por parte de Dario – para a montagem de um novo texto, **Pum! Pum! Chi è? La polizia!** (1972), sobre o assassinato do delegado Calabresi. No mesmo ano estreia **Fedayn**, mais uma peça sobre a questão palestina, para a qual Franca recrutou guerrilheiros no Líbano, que entraram na Itália com passaportes falsos. O espetáculo criticava Al-Fatah, o grupo de maior força dentro da Organização para a Liberação Palestina, acusando-o de estar nas mãos, assim como o PCI, de dirigentes perversos. Por isso, Dario e Franca foram muito criticados e atraíram ainda mais inimizade da esquerda; a companhia admitiu posteriormente o próprio erro (Farrell, 2014).

Os anos de chumbo italianos foram anos duríssimos também para a Comune, e em especial para Franca e Dario, que ganharam inimizades no campo da esquerda e foram mantidos sob vigilância pela polícia, inclusive com grampos telefônicos e perseguições; foram alvo de inúmeros processos e viam entraves serem cotidianamente colocados não apenas sobre seu trabalho, como também sobre sua vida pessoal. Por seu trabalho no Soccorso Rosso, havia "um decreto ministerial que estabelecia a rejeição sistemática de qualquer solicitação feita por Rame" (Farrell, 2014, p. 144, tradução nossa); alguns juízes tinham certeza de que Dario estava por trás das

Brigate Rosse, organização terrorista de extrema-esquerda em atividade naqueles anos, muito embora o casal sempre tenha sido contrário à violência e à luta armada (mais tarde, a suspeita era de que Franca fosse a financiadora da organização). Foram despejados do Capannone e da própria casa. O esgotamento era ainda maior para Franca, que, além de primeira atriz da companhia e líder do Soccorso Rosso, também era a principal administradora e faz-tudo da Comune, atividades que ainda tinha que conciliar com as responsabilidades de mãe e esposa. Além de Dario não ter sido capaz de dividir as responsabilidades domésticas com Franca, faltava também privacidade, uma vez que a casa deles funcionava como uma continuação do escritório e recebia frequentemente a visita de amigos e companheiros para debater política (Farrell, 2014).

Em 1973, La Comune estreia **Ci ragiono e canto 3** em Genova. Em Milão, continuavam em busca de uma sede, mas parecia impossível encontrar um proprietário disposto a tê-los como inquilinos. Conseguem a aprovação do proprietário do cinema Rossini, porém ele desiste depois de a polícia lembrar que ele só tinha autorização para funcionar como cinema. A companhia acaba ocupando o edifício, e há muitas reações: cartas ameaçadoras são enviadas a Dario e Franca, um coquetel molotov é lançando em uma das janelas da casa deles em Cernobbio, bombas são encontradas nas imediações dos teatros onde o grupo se apresenta. É um ano particularmente difícil, no qual a repressão e a vigilância a Fo e Rame se agravam, as disputas internas dificultam a existência da Comune e Dario começa a sentir a falta de reconhecimento dos circuitos oficiais pelo seu trabalho.

Mas nada disso se compara ao que aconteceria em março: enquanto se dirigia ao cabeleireiro, Franca foi sequestrada por vários homens que a levaram para dentro de um furgão. Enquanto dirigiam a esmo por Milão, ela foi torturada e violentada. À época, as investigações não tiveram nenhum resultado. Foi somente em 1998, quando o juiz Guido Salvini investigou a responsabilidade de grupos neofascistas por vários episódios não resolvidos de violência durante os anos de chumbo, que provou-se que o estupro e a agressão tinham sido encomendados por funcionários de alta patente da polícia. Foi também levantada a possibilidade de envolvimento do próprio Ministério da Defesa ou do Ministério do Interior (Farrell, 2014). Aparentemente, o objetivo era fazer com que as atividades de Soccorso Rosso fossem interrompidas. É difícil encontrar palavras para comentar tamanha agressão e crueldade, ainda mais quando se trata de terror estatal, não apenas tolerado, como planejado pelas instituições que deveriam proteger os próprios cidadãos. Foi, é claro, um duro golpe para Franca, que denunciou as agressões e o sequestro, mas só foi falar a respeito do estupro dois anos depois, quando escreveu o monólogo **Lo stupro**, apresentado pela primeira vez em 1978. Apenas em 1987 ela revelou, durante uma apresentação na RAI, que o texto era um relato da própria experiência. Dario também fez uma esquete sobre o tema, **L'avvocato inglese**.

Apesar de todas as consequências do episódio sobre sua saúde mental, em maio ela voltou aos palcos com **Basta con i fascisti!**, peça sobre algumas mulheres *partigiane* cujas apresentações foram interrompidas porque ela teve uma crise de choro durante a estreia. Franca, ainda convalescente, e Dario, também marcado pelas violências cometidas contra a esposa, viram a situação na Comune piorar muito: entre as várias disputas de facções internas, um dos grupos de extrema-esquerda que participavam da cooperativa, Avanguardia Operaria, tentou cooptá-la e transformá-la em um anexo do próprio movimento. Fo e Rame continuaram se recusando a se submeter a uma linha política ditada por uma organização. Além disso, as disputas por "igualdade" eram cada vez mais frequentes, membros do grupo queriam que o casal diminuísse a própria participação na companhia para que outros pudessem ter tanta relevância quanto eles, a despeito de outras características como talento e experiência com o teatro.

1.6. 1973-1977: La Comune dirigida por Dario Fo e a ocupação da Palazzina Liberty

Em julho de 1973, Franca e Dario decidem sair da Comune, e ficam profundamente abalados. Não reivindicam nenhum dos bens da companhia e não tentam impedir que sua conta bancária seja saqueada. Continuam a usar o nome da cooperativa, modificado para Collettivo Teatrale La Comune diretto da Dario Fo. La Comune também seguiu em atividade por mais algum tempo.

O modelo de funcionamento cooperativista fazia com que a maior parte das apresentações do coletivo se desse em locais privados e fosse exclusiva para associados. Em junho, o Ministério do Turismo promulgou uma lei que ficou conhecida como Lei Dario Fo, que estabelecia que financiamentos teatrais só poderiam ser entregues a companhias que se apresentassem em locais públicos ou abertos ao público mediante a compra de ingressos (Farrell, 2014), o que significava, na prática, que Fo não conseguiria financiamento para as próprias peças. Isso dificultou não apenas a manutenção do coletivo, mas também o aluguel de espaços para apresentações. Uma vez que continuava recebendo pedidos de ajuda de sindicatos e grevistas, começou a fazer o que chamou de *messe da campo* ("missas de campo"), peças improvisadas sobre temas locais.

Em setembro de 1973, o golpe sofrido por Salvador Allende no Chile impacta toda a esquerda italiana, inclusive Fo, que vê grandes paralelos entre a Itália e o país latino-americano. O PCI reforça a política do compromisso histórico e se aproxima cada vez mais da DC, atitude muito criticada pelo dramaturgo. Ele escreve e encena **Guerra di popolo in Cile**, que estabelece esses paralelos entre os dois países e traz trechos sobre antifascistas chilenos e italianos. Usa um expediente novo, que impressiona e acende polêmicas ao mesmo tempo: sirenes começam a tocar perto do teatro e um policial sobe no palco para anunciar a suspensão do espetáculo. Tudo encenação, mas com um nível de realismo que faz com que pessoas tomem atitudes drásticas, como engolir uma agenda, tentar pular pela janela, ameaçar com uma faca o personagem policial. Em novembro, em Sassari, na Sardenha, ocorreu algo semelhante ao que encenavam: depois de se recusar a submeter o texto do espetáculo à aprovação da polícia e de impedir a entrada de policiais na apresentação, Dario foi preso durante um ensaio. Imediatamente se estabelece um comitê pela sua liberação e militantes dos mais variados grupos se reúnem em vigília na frente do presídio. Um protesto realizado no dia seguinte reúne partidos, sindicatos, estudantes e até pastores. Franca e outros colegas começaram a se apresentar sobre um carro aguardando a liberação de Fo, que aconteceu no prazo mínimo estabelecido pela lei, tamanha foi a dimensão que as manifestações ganharam. O autor, que vinha sendo criticado e descreditado desde a divisão da Comune, voltou a ganhar força na opinião pública e apoio tanto da mídia como de intelectuais importantes, inclusive da parte de alguns desafetos (Farrell, 2014). Como bem notado pelos jornalistas de *Panorama*, era a primeira vez no século XX que um ator era preso no teatro, antes de começar a apresentação, por aquilo que ele estava prestes a dizer, o que mostra a força tinham Fo e Rame como personagens políticos (Fo; Rame, 2009).

Em 1974, Dario começa a estabelecer contato com intelectuais de outros países, como o ator e diretor Jean-Louis Barrault e Sartre. A falta de uma sede continua a incomodá-lo; por isso, entra em contato com a prefeitura de Milão para saber se seria possível alugar um dos edifícios vazios da cidade para transformá-lo em teatro. Escolhe a Palazzina Liberty, prédio construído na década de 1930 para receber um mercado, mas que estava abandonado. Além de pagar o aluguel, a companhia ficaria responsável por restaurar o edifício e supervisionar a oferta de vários serviços para a comunidade, entre os quais "uma biblioteca, uma creche, salas para reuniões e atividades várias" (Farrell, 2014, p. 170, tradução nossa).

Quando o prefeito anunciou o acordo na Câmara Municipal, os membros da DC, que faziam parte da coalizão de governo, ficaram furiosos. A Câmara pediu, então, que Dario devolvesse as chaves e esvaziasse os edifícios. Ele se recusou a fazê-lo e ocupou a Palazzina, formando um comitê para a utilização popular e democrática do edifício. A ideia não era transformar o prédio ocupado apenas em sede da companhia teatral, mas também em um "centro de produção artística popular aberto para todos" e em "um centro de debate cultural e político aberto, a serviço dos trabalhadores" (Farrell, 2014, p. 172, tradução nossa). A prefeitura continuou tentando impedir a utilização da Palazzina e chegou a oferecer um reembolso (recusado) pelas obras já feitas, a enviar operários para construir uma cerca em volta do edifício (que não o fizeram porque chegaram à conclusão de que eram todos membros da mesma classe social) e a mandar cortar a energia (o que não impediu a continuidade do projeto, uma vez que receberam a doação de um gerador). Policiais à paisana eram frequentemente vistos na região e bananas de dinamite foram encontradas próximas ao local. Dario chegou a afirmar que "a Ocupação da Palazzina Liberty é um dos espetáculos mais importantes que já fizemos" (Farrell, 2014, p. 176, tradução nossa).

Em junho, a ocupação sediou um congresso sobre a cultura, do qual participou um público diverso e numeroso. Para Dario, foi uma oportunidade importante para elaborar de forma mais profunda a sua concepção de cultura popular. Voltaremos mais adiante a esse assunto.

No mesmo mês, houve um atentado terrorista em Brescia contra o comitê antifascista e alguns sindicatos. La Comune realizou um processo popular em Milão e usou os depoimentos colhidos para fazer um novo espetáculo, que estreou em Brescia. Em 1974 foi a vez de estrear **Non si paga! Non si paga!**, peça sobre a inflação e suas consequências na vida dos mais pobres apresentada inicialmente nas fábricas de Milão. As críticas feitas pelos operários foram usadas para aperfeiçoar o texto do espetáculo. Nesta farsa em dois atos, que Fo definiu como *pochade*, é retratada a busca policial em um bairro operário depois de um episódio de "expropriação proletária", no qual mulheres, incapazes de arcar com o aumento dos preços da comida no supermercado, se organizam para saqueá-lo. É um texto rápido, com várias reviravoltas, mas também com personagens mais equilibrados e com maior importância dada à principal personagem feminina, Antonia, que é representada como uma mulher independente. Farrell (2014) considera esta como a primeira peça feminista de Fo, ainda que em um sentido marxista, em que a opressão é devida à classe, não ao gênero. **Non si paga!** foi reapresentada na Palazzina em 1980, na RAI em 1988 e modificada em 2008, com o título de **Sotto paga? Non si paga!**, para tratar da crise bancária. É uma de suas peças mais famosas nacional e internacionalmente.

Em dezembro uma bomba explodiu do lado de fora da Palazzina. A liberdade de expressão continuava em risco, expressar ideias que contestavam aqueles que estavam no poder era perigoso; por outro lado, porém, Franca e Dario ganhavam cada vez mais apoio popular (depois das reformas da Palazzina, La Comune chegou a ter mais de 85 mil sócios), reconhecimento institucional e de outros acadêmicos. Dario foi indicado para o Nobel pela primeira vez em 1975, ano em que o prêmio foi atribuído a Eugenio Montale; Sartre convidou-o para colaborar com uma encomenda que ele tinha recebido de elaborar uma série de programas de TV sobre a história europeia do século XX. Rame, Fo, Beauvoir e Sartre chegaram a se encontrar em Paris, mas a série foi cancelada.[14] Houve outra colaboração frustrada com o filósofo francês: Fo começou a traduzir a obra **Un théâtre de situations**, de Sartre, que o tinha impressionado muito, mas os direitos de tradução lhe foram negados.[15] Segundo Farrell (2014), no entanto, a obra enriqueceu a estética do italiano.

Naquele ano, Dario voltou à televisão para participar dos programas do Partito di Unità Popolare (PdUP), mas logo o parlamento proibiu música e teatro nos programas políticos. Não foi o suficiente para impedir que a esquerda crescesse naquelas eleições: em várias capitais, inclusive em Milão, os prefeitos eram membros do PCI, ou o PCI participava do governo. O presidente da RAI era Beniamino Finocchiaro, do Partito Socialista Italiano (PSI), e ele convidou Fo a voltar à televisão, mas o convite inicialmente não foi aceito.

---

14   Farrell (2014) atribui a mudança de planos a um veto do presidente Pompidou, mas deve haver ou um erro de datação ou uma confusão com relação ao então mandatário da França: em 1975, Pompidou já tinha morrido e o presidente era Valéry Giscard d'Estaing. Em entrevista a Farrell (2013), Franca dá outra versão: Sartre afirma que o projeto não foi adiante porque era muito caro e, quando ela propõe uma campanha europeia para financiá-lo, ele hesita, provavelmente por medo.

15   A obra, de 1973, não foi traduzida no Brasil. A tradução literal do título é **Um teatro de situações**.

Em seguida, o ator-autor estreou **Il Fanfani rapito**, peça de menor sucesso que imagina o sequestro do político Fanfani, membro da DC que era considerado, à época, o maior inimigo da nova esquerda e um dos responsáveis por utilizar a guerra ao terror para militarizar o país. No espetáculo, seu sequestro é imaginado não como obra das Brigate Rosse, mas da própria DC, que teria visto nessa medida drástica a única forma de ganhar as eleições.

Entre agosto e setembro de 1975, a família Fo, junto com um grupo de membros da Comune, faz uma viagem para a China. Àquela época, sabia-se muito pouco ou quase nada sobre os gravíssimos e numerosos crimes de Mao e de seus correligionários; portanto, para a esquerda revolucionária europeia, diante do fracasso do bolchevismo e da socialdemocracia, a China parecia fornecer o único modelo de revolução capaz de responder à grave crise política e econômica. Dario era particularmente atraído pela ideia de revolução cultural, sobre a qual havia debatido muito nos anos anteriores, e voltou do país com ótimas impressões. É preciso salientar, como faz Farrell (2014), que, além de haver poucas informações sobre o que de fato acontecia lá, Fo parece ter viajado com o objetivo de encontrar o que procurava, ou seja, uma resposta para o seu idealismo ingênuo, que ansiava por uma sociedade que correspondesse às suas expectativas, principalmente no que diz respeito ao resgate da cultura popular e à atribuição de um papel de destaque para a cultura, dando a todos a possibilidade de se formar intelectualmente, de se divertir e de expressar a própria criatividade. Na volta, ele não apenas faz comentários elogiosos e relata ter encontrado tudo isso, como também entra em polêmica com Michelangelo Antonioni, que tinha feito, em 1972, o filme **Chung Kuo**, acusando-o de ter passado uma imagem ingênua dos chineses.

Naqueles anos, Milão continuou sendo marcada por disputas políticas e pela ação militante de diversos coletivos de esquerda. Dario e Franca continuaram sofrendo várias tentativas de repressão – de processos a ameaças e perseguições –, assim como seu entorno. Para algumas pessoas, essa situação foi particularmente difícil. O editor Giorgio Bertani, por exemplo, teve seu depósito incendiado mais de uma vez. Além disso, ele e sua família foram ameaçados e ele chegou a tentar suicídio.

A ocupação da Palazzina Liberty ainda era debatida na câmara municipal, e Dario chega a concordar em desocupá-la quando prometem, em troca, a construção de uma sede perto de Piazzale Cuoco. Ele volta atrás, no entanto, quando os moradores da região expressam sua contrariedade, temendo tanto a vigilância da polícia quanto a violência dos inimigos da Comune. Rame e Fo continuam apoiando diversas mobilizações, especialmente a ocupação de prédios vazios do Centro de Milão, manifestações em favor de presos políticos e campanhas a favor do aborto. A Palazzina segue sendo sede de debates e atividades relacionadas a essas mobilizações.

Rame e Fo também se interessam pelo tema polêmico das drogas: por um lado, representam uma última possibilidade de fuga do cotidiano massacrante, especialmente para os proletários, e quem as defende também era herdeiro do mesmo movimento de liberação que eclodiu em 1968 e marcou a guinada à esquerda do teatro do casal; por outro, a máfia estava se tornando cada vez mais rica e poderosa graças ao tráfico; e as pessoas, especialmente jovens, viviam com as consequências duras da dependência, quando não perdiam a vida.

É nesse contexto que estreiam **La marijuana della mamma è la più bella** (1976), uma farsa didática considerada confusa, que atraiu a discordância do público jovem da Comune, que via na maconha o símbolo da revolta de sua geração (Farrell, 2014). O coletivo teatral passou o mês de junho em Roma apresentando espetáculos que nunca tinham sido representados na cidade, e também lá a nova comédia atraiu críticas negativas. Ainda assim, o respeito por Dario entre seus pares continuava grande, tanto que ele foi eleito presidente da federação de dramaturgos italianos.

1.7. 1977: A importância da luta das mulheres e a volta à televisão

Fo e Rame assistem com desgosto a aproximação entre DC e PCI. Naquele ano, a DC ganha as eleições, mas o PCI fica em segundo, com uma margem mínima, e o partido cristão entende que só pode governar com o apoio dos comunistas. Propõe, então, consultá-lo para a formação do governo em troca de apoio externo. A participação do PCI no governo faz com que o controle da DC sobre os meios de comunicação, inclusive a RAI, diminua, uma vez que, depois das eleições, a direção do canal é atribuída ao Partido Socialista Italiano (PSI).

Dario aceita o convite para voltar à televisão em 1977. A ideia inicial era retomar os episódios censurados de *Canzonissima*, mas só então ficaram sabendo da destruição do material gravado. Ele escolhe, então, gravar algumas peças da década de 1960 – com a condição de que as filmagens acontecessem na própria Palazzina –, temendo que o impacto das peças dos anos 1970 fosse muito forte para o público televisivo, nada acostumado com o estilo de encenação da Comune e, antes, acostumado com a forte vigilância à qual a programação televisiva era submetida. Foram gravados **Mistero buffo, Ci ragiono e canto, Settimo: ruba un po' meno, Isabella, tre caravelle e un cacciaballe, La signora è da buttare** e **Parliamo di donne**. O material total contava com 18 horas de gravação, e muitos dos textos foram modificados para a ocasião.

Mais do que a exibição de qualquer outra de suas obras, é a de **Mistero buffo** que causa polêmica na sociedade italiana, fortemente ligada não apenas à fé cristã, como também à Igreja Católica e a seu poder secular. A reação escandalizada das várias instituições políticas, religiosas e midiáticas (inclusive das figuras hierárquicas centrais) surpreendeu o próprio Fo, que chegou a ser rotulado como "o mais blasfemo dos escritores" (Farrell, 2014, p. 231, tradução nossa) e comparado até aos nazistas que queimaram livros e atacaram religiosos. Dezenas de denúncias contra ele por ultraje à religião foram enviadas ao pretor Rosario di Mauro, que as rejeitou; o próprio conselho da RAI se viu dividido: o espetáculo era composto por dois episódios, e metade do conselho ameaçava se demitir caso o segundo episódio fosse ao ar, a outra metade, caso não fosse.

Ao contrário do teatro, que já não era mais censurado, a televisão continuava, no mínimo, sob forte patrulhamento, e, ainda que a DC não estivesse mais no comando direto, ela continuava exercendo forte poder. Claramente, o potencial da televisão sobre a consciência crítica e política do povo era muito maior, e ela fazia parte das estratégias de manter a hegemonia cultural do lado de quem tinha conseguido manter o poder político e religioso nos últimos anos. Farrell (2014, p. 239, tradução nossa) considera que a histeria coletiva a respeito desse episódio foi "um reconhecimento tardio de um poder em via de dissolução", e também uma prova de que Fo era uma "ameaça para a ordem instituída e para as hierarquias da Igreja e do Estado", embora não para a fé cristã em si (Farrell, 2014, p. 237, tradução nossa).

O fim da década de 1970 e o início dos anos oitenta são marcados por anos de refluxo político, em que o debate público vai perdendo cada vez mais importância, assim como a ação direta. Mesmo que Dario e Franca não mostrem simpatia por essas ideias, sua forma de produzir e de interagir com a sociedade também muda. Em entrevista concedida a Anita Pensotti em 1980 (p. 102, tradução nossa), ela chega a dizer que não cansa de lutar, mas que "frequentemente me sinto desalentada. Se me perguntassem a minha opinião política nesse momento, eu não saberia responder. Não temos mais nada diante de nós, nenhum modelo comunista ou socialista. Eu penso, penso...". Com a diminuição da urgência da revolução (ou com o desânimo decorrente da percepção de que ela não está tão assim na ordem do dia), surge espaço para outras pautas, como o feminismo, nem sempre consideradas tão urgentes pelo pensamento marxista mais ortodoxo.

À época, Franca começa a tomar consciência do papel que lhe foi reservado ao longo dos anos no teatro e das oportunidades perdidas por causa do sexismo. No começo da carreira, tanto no teatro de revista como nas peças de Fo dos anos 1950 e do início da década de 1960, ela havia interpretado *femmes fatales* ou personagens bobas, sem consciência de si ou opinião sobre o mundo. A esse respeito, ela comenta, talvez relevando alguns papéis da primeira década de trabalho com Dario:

> Eu levei comigo essa espécie de hipoteca sexista por muitos anos. Mesmo nos espetáculos de Dario, não me pediam de forma alguma talento, profissionalismo, noção de cena... bem, se eu tivesse, melhor... isso por parte da crítica, não por parte de Dario, que sempre tentou fazer personagens precisos e concretos, além de humanos. Naturalmente, ele não podia me transformar em uma corcunda, mas um mínimo de cérebro ele me concedia. (Farrell, 2014, p. 244, tradução nossa)

Embora tenha assistido a reuniões de diferentes grupos feministas e acompanhado os debates da época, Franca tinha certa dificuldade de se considerar feminista (na entrevista já citada a Pensotti, ela diz, por exemplo, que não é uma militante feminista, mas que se identifica com o movimento) ou de apoiar completamente os ideais e as formas de ação das principais associações da época. Primeiramente, de forma consoante a sua formação marxista materialista, não consegue ver no machismo uma opressão derivada apenas das questões relativas ao gênero, mas enxerga uma relação estreita entre a opressão de classe e a submissão da mulher. Talvez por essa premissa básica, nunca consegue militar no que considera um feminismo "separatista" ou, para usar um termo dela, "anti-homem" (o que não a impediu de encarnar várias personagens que se rebelaram, inclusive violentamente, quando necessário, contra os homens que as oprimiam). Além disso, também encontra dificuldades no tom vitimista, de autopiedade com os quais se falava sobre a condição da mulher na sociedade, e quer falar sobre o tema de forma séria, sem vitimismo, no tipo de reflexão acompanhada por risadas que o teatro Rame-Fo é capaz de provocar.

Parliamo di donne, única peça inédita entre aquelas exibidas pela televisão, era composta por monólogos sobre a condição da mulher e foi um marco na carreira do casal. Foi a partir dele que Franca ganhou cada vez mais importância, apesar da recepção majoritariamente negativa da crítica e, principalmente, do público feminista, que não se via representado naquelas personagens. Havia, certamente, uma diferença geracional grande entre os dramaturgos e seu público. A recepção negativa agravou o mal-estar que Rame sentia naquela época em relação à carreira e à vida pessoal. Ela estava exausta, acumulava responsabilidades na gestão de Soccorso Rosso, da Comune e da Palazzina, para não falar da sua própria casa. Mais de uma vez ela havia declarado não amar particularmente a carreira de atriz, mas tê-la seguido simplesmente porque nasceu em uma família de atores (Farrell, 2014). Ela fez uma greve (sobre a qual há várias versões, que não reproduziremos aqui por motivos de síntese) e a família Fo resolveu flexibilizar a regra moral que a impedia de ter funcionários.

Foi nesse contexto que Dario escreveu **Tutta casa, letto e chiesa**, um espetáculo composto por cinco monólogos para uma atriz – um deles era *Il Risveglio*, único aproveitado, com modificações, de **Parliamo di donne**. Aparentemente, ele estava preocupadíssimo com a possibilidade de que Franca pudesse abandonar os palcos, e o sucesso da peça foi fundamental para que ela ganhasse segurança e prosseguisse com a própria carreira. De fato, Dario atuava sozinho desde 1969, enquanto ela ainda não tinha experiências do tipo.

Tutta casa, letto e chiesa (que já foi objeto de nosso estudo em Mello, 2019) tinha como figura central a figura materna, o que é, curiosamente, uma novidade em relação ao teatro feminista então em voga, cujas protagonistas em geral eram jovens independentes. Assim como em outras peças do casal, é a tradição popular, nesse caso, especificamente da cultura mediterrânea e da mitologia (Farrell, 2014), a fonte de inspiração para as personagens, além dos próprios desejos de Franca, que não via a família como inimigo a ser eliminado, mas instituição a ser reconstruída para que as mulheres encontrassem nela a prática da igualdade, do companheirismo. Aconteceu com essa peça o mesmo fenômeno que **Mistero buffo** já tinha presenciado: foi ganhando novos textos com o passar do tempo, e se tornou uma espécie de antologia (publicada, aliás, em 1989) que servia de fonte de monólogos para diferentes representações. Também teve grande sucesso no exterior, onde Franca conseguiu conquistar reconhecimento inclusive desvinculado da figura de Fo. Farrell (2014) ressalta, por fim, como alguns monólogos mais trágicos, como *Medea* e *Una madre*, mostram a habilidade de Franca como atriz em territórios mais distantes da comicidade pouco explorados ao longo de sua carreira.

Falaremos mais adiante sobre a questão da autoria na obra dos dois, mas é importante ressaltar que, embora **Tutta casa, letto e chiesa** não tenha sido um divisor de águas no formato de colaboração entre os dois para a elaboração do texto, "Franca começou a falar do 'nosso' teatro e, a partir daquele período, os cartazes, os programas e as capas dos livros começaram a reconhecer-lhe o justo mérito" (Farrell, 2014, p. 248, tradução nossa). Além disso, foi também com esse espetáculo que Franca finalmente sentiu que estava em pé de igualdade com Dario:

> Agora sim, porque com esse espetáculo demonstrei aos outros que sei caminhar sozinha, mas demorei uma
>
> vida para chegar aqui e tive que superar tantos conflitos, tantas dilacerações. **Tutta casa, letto e chiesa** teve para mim o valor de uma aposta. Eu disse para mim mesma: "Se não der certo, paro depois de três dias e abro um orfanato" (isso de orfanato é uma ideia fixa que eu tenho). Deu certo e agora posso te responder que a minha relação com Dario é de igualdade. Ou quase, porque existe sempre uma diferença substancial: o juízo do próximo. (Pensotti, 1980, p. 104, tradução nossa)

Voltando à situação política da Itália, o terrorismo continuava sendo um problema e, para várias pessoas, um problema tão grande quanto o próprio capitalismo. Havia um clima geral de derrota, uma vez que o governo conseguia manter sob controle os impulsos revolucionários. Em 1977, houve um encontro em Bolonha cujo principal objetivo era reorganizar a esquerda extraparlamentar. Na ocasião, Dario estreou **Storia**

di una tigre, que teve grande sucesso e se tornou um de seus trabalhos mais conhecidos. A peça conta a história de um soldado chinês que ficou ferido durante a Grande Marcha e foi abandonado pelo exército porque estava atrasando o grupo. Ele se refugia em uma gruta, achando que vai morrer, mas uma tigresa lambe a ferida até curá-la e eles desenvolvem uma relação de amizade, até que o soldado decide ir para o lugarejo mais próximo. Depois de alguns dias, a tigresa vai atrás dele e acaba ficando para ajudar a proteger o vilarejo dos ataques de japoneses e de grupos nacionalistas. A despeito das tentativas dos burocratas de exigir primeiro que os tigres fossem expulsos de volta para a floresta, depois que fossem enclausurados em um zoológico, os habitantes se recusam a obedecer.

O ataque ao PCI é evidente, mas há também na peça um convite a assumir a responsabilidade pelas próprias decisões e ações políticas e uma valorização da vida. Muitos aproximaram a trama àquela de **A medida**, de Brecht, mas o estilo do espetáculo é todo de Fo: para Farrell (2014), **Storia di una tigre** permite que Dario mostre toda a sua habilidade de ator, centrada na expressão física e oral, mais ainda que **Mistero buffo**[16]. A peça é representada num gromelô[16] típico de Fo, composto por uma mistura de vários dialetos.

---

16   Segundo Dumont-Lewi (2012, p. 2, tradução nossa), o gromelô "consiste em falar em uma língua estrangeira inventada, isto é, seja numa língua completamente imaginária, seja em uma língua cujas sonoridades e ritmos remetam a uma língua real em particular, sem que nenhuma palavra existente na língua em questão seja pronunciada". A autora defende que não há grande diferença de projeto no uso de um ou de outro tipo de gromelô na obra de Fo.

Junto com o crescimento da fama de Dario Fo e Franca Rame, especialmente depois da volta à RAI, cresceu também o interesse pela sua biografia e pela sua vida privada. Muito dessa curiosidade vinha de revistas e jornais interessados em informações supérfluas, mas houve um escrutínio que perturbou Fo: seu alistamento voluntário durante a juventude no exército da RSI veio à tona, o jornal *Il Nord* chamou-o de fascista e vários boatos de que ele teria participado de perseguições e massacres contra *partigiani* começaram a correr. Embora alguns jornais tenham pedido desculpas, *Il Nord* não o fez, e Dario abriu um processo contra o autor do artigo e o diretor do periódico. O dramaturgo apresentou provas de que não participou de assassinatos de *partigiani* e de que seu pai abrigou combatentes da liberação e ajudou prisioneiros de guerra e judeus a atravessar a fronteira com a Suíça, afirmando que seu alistamento era uma forma de encobrir o que estava acontecendo na sua casa e de obter informações privilegiadas sobre as movimentações do exército. O processo foi ganho, mas não havia muito o que comemorar: por ter entrado voluntariamente no batalhão, foi considerado "moralmente corresponsável por todas as atividades e cada escolha operada por aquela escola na qual ele, por livre eleição, decidira entrar" (Farrell, 2014, p. 286, tradução nossa), ou seja, foi considerado responsável inclusive pelas coisas que não aconteceram em sua presença ou com a sua concordância. O termo *repubblichino*, diminutivo pejorativo usado para indicar apoiadores da República de Salò e, portanto, também de Mussolini, foi usado por diversos jornais para fazer referência a Fo. Até quando recebeu o reconhecimento do Nobel, como lembra Farrell, vários jornais anunciaram que se tratava do primeiro *repubblichino* a ganhar o importante prêmio.

1.8. 1978-1989: Internacionalização da carreira e retorno aos teatros tradicionais

1978 foi um ano de tragédias pessoais e coletivas. Em janeiro, Franca foi atropelada em Gênova, ficou internada por várias semanas e teve lesões na coluna, no braço, na mão e no sistema nervoso central, algumas das quais nunca foram completamente curadas. Voltou a atuar no outono e atribui sua melhora à dedicação e ao amor de Dario e Jacopo.

Em março, Aldo Moro foi sequestrado pelas Brigate Rosse, no que deve ter sido o episódio mais dramático da história italiana do pós-guerra. Fo ficou profundamente abalado pela situação e escreveu, sobre o assunto, a única tragédia da sua carreira, **Il caso Moro**, com a qual ele nunca ficou satisfeito.

Contaminados pela perda de energia e de entusiasmo, Rame começa a considerar uma volta ao circuito oficial e à utilização de teatros ditos burgueses, desde que mantivessem as próprias convicções. Dario pode testar essa proposta quando recebe e aceita o convite para dirigir uma montagem do Teatro alla Scala do espetáculo cênico-musical **A história do soldado**, de Stravinsky. Apesar de ter perdido o apoio de parte da companhia por ter alterado completamente a obra de Stravinsky e por não ter respeitado o orçamento, conseguiu atrair um público muito maior do que a companhia normalmente recebia, fazendo com que um espetáculo outrora destinado à elite ficasse acessível também a classes mais populares. Recebeu convite para fazer uma turnê em vários países, mas a companhia declinou e a turnê se encerrou em 1979.

No mesmo ano, a Comune perdeu o processo de despejo da Palazzina Liberty. A sede já não tinha a mesma importância para o coletivo, provavelmente não apenas pela dificuldade e pelo custo da manutenção, mas também pelo refluxo do movimento. O coletivo cedeu à pressão e entregou o prédio em 1981. Desde então, não tiveram mais uma sede própria.

Em 1980, Jacopo Fo abre a Libera Università di Alcatraz, centro cultural localizado na Umbria que recebe inúmeros cursos e seminários de temas diversos, e serve como sede para as aulas oferecidas por Dario e Franca. Naquele ano também vão ao ar os 20 episódios encomendados ao casal pela RAI de *Buonasera con Franca Rame*, programa em que ela ganha protagonismo, inclusive cantando solo, e ele exerce o papel de *spalla*. Foram apresentados episódios de **Parliamo di donne**, atos únicos inéditos e regravações do material destruído de *Canzonissima*.

Em contradição com o sucesso da nova parceria com a televisão, emerge cada vez mais a insatisfação de Franca. Além do desânimo com a conjuntura política, há também um descontentamento com relação a Dario. A revolução sexual liberou principalmente as mulheres jovens, enquanto Rame permanecia tradicional em relação à vida familiar, privada e sexual, e ainda tinha como ideais o amor e a fidelidade. Fo, por outro lado, se beneficiou do aumento da liberdade sexual feminina, e foi frequentemente visto na companhia de mulheres jovens.

Nesse contexto, ele escreve **Coppia aperta**, texto que aparentemente não tinha o objetivo de ser montado, mas era apenas uma tentativa de pacificação com Franca. Após lê-lo para alguns amigos, acaba sendo convencido a autorizar uma montagem em Estocolmo. É a única das suas peças que estreia fora da Itália, e também é a única cujo papel de protagonista ele rejeita (exceção feita a decisões coletivas) quando decide fazer uma montagem italiana, provavelmente porque nela havia muitos elementos autobiográficos e ele não queria ser identificado com o personagem. **Coppia aperta** explicita as contradições das relações abertas em um mundo em que os homens e as mulheres não são iguais. A peça, que foi um enorme sucesso, tem uma superfície farsesca e um fundo mais trágico, triste e amargo (Farrell, 2014).

Em janeiro de 1981, Fo estreia **Clacson, trombette e pernacchi**, peça na qual finalmente consegue encontrar a forma de abordar o tema do assassinato de Moro: inspirado em **Os Menecmos**, de Plauto, o espetáculo conta a história do imaginado sequestro de Gianni Agnelli, então dono da FIAT. Ao contrário do que aconteceu com Moro, porém, Agnelli é liberado, afinal, o Estado dispensa uma atenção muito maior à vida de um empresário do que àquela de um político. Ao longo da última farsa didática escrita por Dario, os personagens leem trechos das cartas escritas por Moro durante o sequestro. Embora a polêmica tenha sido grande e o sucesso pequeno na Itália, o sucesso no exterior foi enorme.

Fo foi convidado pelo Berliner Ensemble para dirigir uma montagem da **Ópera dos três vinténs**, de Brecht, um de seus espetáculos mais famosos, inspirado na **Ópera do mendigo**, de John Gay, e planejou uma grande mudança em relação à música, com a introdução de canções de rock (Valentini, 1980). No entanto, a autorização acabou sendo retirada, porque as mudanças foram consideradas um exagero que descaracterizava a obra de partida. Anos depois, Barbara Brecht, a herdeira dos direitos do dramaturgo alemão, disse que concederia de bom grado liberdade para que Fo adaptasse o texto, mas que a recusa do italiano em usar as músicas de Kurt Weill suscitaram a rejeição dos herdeiros deste último. Dario resolveu o impasse fazendo uma montagem italiana, **L'opera dello sghignazzo**, que era inspirada diretamente na obra de John Gay (então já em domínio público) e não foi muito bem recebida pelo público.

Em 1980, estreiam **Fabulazzo osceno**, com três monólogos de Dario e **Io**, **Ulrike**, **grido**... de Franca. Tratava-se de textos ainda em processo e em grande parte improvisados. Uma versão mais trabalhada é encenada em 1982. Naqueles anos do ápice da Guerra Fria, de volta aos palcos ditos burgueses e da diminuição do espaço para a política no teatro, o obsceno faz a sua estreia na obra de Fo e é visto por ele como uma arma liberadora da "ideia de escândalo imposto sempre terroristicamente pelo poder" (Fo, 1982 *apud* Farrell, 2014, p. 302, tradução nossa).

É na década de 1980 que acontece uma internacionalização cada vez maior do trabalho do casal, não apenas como dramaturgos (e, portanto, com montagens estrangeiras de peças traduzidas), mas também como atores, diretores e professores; é o período em que mais viajam. O visto para os Estados Unidos lhes é negado mais uma vez em 1983, ano em que passam uma temporada em Londres, no teatro Riverside, apresentando espetáculos e ministrando oficinas. Em 1984, conseguem, finalmente, o visto americano, conta-se que graças à intervenção do próprio Reagan, então presidente (Farrell, 2014), o que permitiu que assistissem a uma montagem de **Morte accidentale di un anarchico** em Nova Iorque. Naquele ano, Franca ainda visitou, sozinha, o Quebec, e foram juntos a Havana e a Buenos Aires. Ela apresentou alguns monólogos nas duas ocasiões; Dario apresentou **Mistero buffo** na Argentina, que causou uma grande indignação entre os católicos, que protestaram na frente e até dentro do teatro. Em uma das apresentações, uma bomba lacrimogênia chegou a ser lançada no palco.

Participaram também do Festival Internacional de Edimburgo, no qual foram apresentadas várias montagens de seus textos. Tanto na Escócia como nos Estados Unidos, foram ambos, mas especialmente Franca, bastante críticos aos espetáculos baseados na sua obra. Voltaremos a essa questão adiante quando discutirmos as traduções e montagens brasileiras, pois a perda de força política dos espetáculos de Fo e Rame montados em outros países parece ser uma constante, e não uma exclusividade brasileira.

Em 1984 estreia **Quasi per caso una donna**, Elisabetta, que obteve sucesso imediato e foi traduzida para várias línguas. Trata-se de uma farsa histórica que faz paralelos entre a Inglaterra elisabetana e a Itália da época e que, a partir da relação entre Elisabeth I e Shakespeare, discute "o nascimento do Estado moderno", o "tema do engajamento" e "o papel do intelectual" (Farrell, 2014, p. 306, tradução nossa).

Dario é convidado pela Bienal de Veneza e apresenta, em outubro, **Hellequin, Harlekin, Arlecchino**, uma peça sobre a história do famoso personagem que é, de certa forma, uma homenagem a uma figura importante para a trajetória criativa de Fo. Ele busca retomar o Arlecchino pré-goldoniano, considerado menos burguês, mais anárquico (Farrell, 2014).

Em 1986, Franca passa dois meses sozinha em Londres, indo ao teatro e fazendo aulas de inglês (língua que ela nunca aprenderia, no entanto), no que ela afirma ter sido o período mais feliz da sua vida (Jenkins *apud* Farrell, 2014). Conseguem novamente um visto para os Estados Unidos, dessa vez para fazer uma turnê apresentando **Parti femminili** (composto por **Una giornata qualunque** e **Coppia aperta**) e **Mistero buffo**. São recebidos com entusiasmo, mas um episódio trágico marca a turnê: Enrico, irmão de Franca, que fazia parte da comitiva de viagem, morre após um mal-estar. Franca ainda se apresentaria na Dinamarca, na Alemanha e em Edimburgo. Apesar da turbulência na relação entre os dois e da consideração frequente do divórcio, naquele ano ainda houve o retorno da Compagnia Fo-Rame e a estreia de dois textos inéditos, o monólogo já citado **Una giornata qualunque** e a comédia em dois atos **Il ratto della Francesca**, com Franca no papel da protagonista.

No ano seguinte, Dario passa períodos mais longos em Amsterdã para se dedicar à montagem que dirigiu de **O barbeiro de Sevilha**. Foi sua primeira ópera e, como em todas as suas versões de espetáculos de outros autores, aproximou a obra de Rossini da sua própria estética, inserindo piadas e situações cômicas consideradas irrelevantes pelos críticos, que apontaram também uma desarmonia entre a montagem e a música (Farrell, 2014).

Em fevereiro, Franca foi convidada para conceder uma entrevista a Raffaella Carrà, apresentadora do programa dominical *Domenica in*, no qual ela esperava falar sobre o próprio trabalho. Ao ser bombardeada por perguntas sobre sua vida pessoal e, em particular, sobre seu casamento, acabou respondendo que a relação dos dois tinha acabado. Dario, que à época ainda estava em Amsterdã, Jacopo e a própria Franca foram pegos de surpresa pela declaração súbita. Houve um período de distanciamento entre os dois, facilitado talvez pelo fato de estarem em cidades distantes, mas voltaram a se falar e a fazer declarações públicas em pouco tempo. Quando Dario voltou a Milão, retomaram o casamento.

Nos anos oitenta, segundo Farrell (2014), Fo se dedicou às questões do teatro com a mesma energia com a qual tinha se dedicado anteriormente à questão política. Em 1987, publica **Manuale minimo dell'attore**, uma coletânea de textos teóricos sobre o teatro (e não apenas sobre o ator) editados e organizados por Franca a partir de materiais escritos por ele para oficinas ministradas em diferentes países.

Em seguida, ele vai a Boston dirigir uma montagem de **Gli arcangeli non giocano a flipper**, que, porém, conta com um texto atualizado que não faz muito sucesso. Ainda assim, a sua presença e a de Franca nos Estados Unidos faz com que ganhem mais notoriedade no país. Na Itália, por outro lado, surgia a impressão de que tinham perdido força, e de que talvez ficassem para trás com o passar do período de maior polarização política. Contrariando as expectativas, eles se mostram conscientes das mudanças do período histórico que vivem e capazes de se adaptar a ele. Em uma entrevista, Franca afirma:

> Para mim, hoje, fazer teatro quer dizer principalmente falar da vida das pessoas. No plano político, circula muito desespero, muita debandada. Algumas palavras como "luta", como "engajamento" também me impressionam, quase não consigo pronunciá-las. Não porque as coisas na Itália estejam melhor, aliás, estão pior. Há dois milhões de desempregados e a única diferença em relação ao passado é que ninguém mais quer ouvir falar disso. Mas uma certa forma de fazer política se desgastou, não se pode mais ressuscitá-la. Enquanto é muito mais fácil comunicar se você falar com as pessoas sobre a sua vida, sobre os seus problemas cotidianos. (Valentini, 1987 *apud* Farrell, 2014, p. 322, tradução nossa)

No fim do ano, uma semana após a apresentação de **Lo stupro** no programa de Adriano Celentano, Dario compareceu à emissão para encenar **Il miracolo del Gesù bambino**, novo monólogo inspirado em um evento bíblico. Mais uma vez, a peça atraiu a fúria dos religiosos. Nos anos seguintes, ele escreveria outros monólogos inspirados na tradição cristã, em uma chave diferente da usada em **Mistero Buffo**.

Voltam à televisão em 1988 com **Trasmissione forzata**, um programa de oito episódios composto principalmente por gravações de trabalhos anteriores. Em junho de 1989, depois dos eventos do Massacre da Praça da Paz Celestial, Dario escreve **Lettera dalla Cina**, texto em que, de certa forma, se retrata das suas posições maoístas. É também o ano da vinda ao Brasil para a turnê de **O barbeiro de Sevilha**, além da apresentação de monólogos de cada um deles.

Em dezembro, estreiam **Il Papa e la strega**, em que Franca faz os dois protagonistas. A interação entre o papa e a bruxa leva o primeiro a "repensar vários dogmas, em particular aqueles relativos ao controle dos nascimentos, ao uso de drogas e à política pública em relação aos toxicodependentes" (Farrell, 2014, p. 324, tradução nossa). Foi outro texto polêmico que levou a um sucesso enorme de público.

1.9. 1990-1997: A sátira social e o Prêmio Nobel

Em 1990, Fo passou alguns meses em Paris para a montagem de **Le médecin malgré lui** e **Le médecin volant**, duas farsas escolhidas por ele em aceite ao convite da Commédie Française para dirigir uma montagem de Molière. Como sempre, ele introduz elementos próprios na montagem e exige muito dos atores. Dessa vez, no entanto, o espetáculo é um sucesso – talvez pelo fato de Fo se inserir na mesma tradição do dramaturgo francês e de incluí-lo em seu panteão particular. A recepção, tanto da crítica como do público, é calorosa. Colette Godard (1990, tradução nossa), jornalista do *Le Monde*, chega a dizer, por exemplo, que o espetáculo é "inquietante e emocionante. Dario Fo realizou um milagre."

No fim daquele ano, estreia **Zitti! Stiamo precipitando!**, que é, segundo Farrell (2014) e segundo o próprio Dario, a peça que marca a sua mudança do teatro majoritariamente político para o teatro de sátira social. O fim da década de 1980 e o início da década de 1990, com a queda da URSS e o consequente encerramento da Guerra Fria, levam a um sentimento de que não há mais grandes pautas políticas pelas quais lutar, e uma sensação geral de desilusão cai sobre os militantes de esquerda. A política italiana, porém, assunto que retomaremos logo abaixo, impede que o teatro de Rame e Fo se abstenha dos assuntos mais especificamente políticos.

Em 1991, estreia **Johan Padan a la descoverta delle Americhe**, um texto encomendado pela Exposição Universal de Sevilha, que comemoraria, no ano seguinte, os quinhentos anos de "descoberta" das Américas. Ainda que já houvesse, naquele momento, alguma consciência crítica da parte da organização do evento, que sabia que, em decorrência dos horrores da colonização, não era possível simplesmente comemorar os feitos de Colombo e suas consequências, a peça de Dario foi recusada, pois foi considerada, segundo Farrell (2014, p. 327, tradução nossa), "perigosamente iconoclasta". O crítico afirma, ainda, na mesma página, que duas novidades nessa obra, a "licenciosidade rabelaisiana e o vigor audaz, às vezes erótico", estariam presentes a partir daquele momento no trabalho de Fo, seja no teatro, seja na pintura, que retoma com prazer.

Franca continua fazendo espetáculos que falam de temas ligados à condição da mulher e, naquele ano, estreia os atos únicos **L'eroina e La donna grassa** (que também será apresentado sob os títulos de **Grassa è bello** ou **Grasso è bello**), reunidos no espetáculo **Parliamo di donne**. No primeiro, inspirado em fatos reais, a protagonista é a mãe de três toxicodependentes, dos quais dois já morreram, um de aids, outro de overdose. Para evitar que a terceira morra e garantir pelo menos que tenha acesso a uma droga de melhor qualidade e seringas não compartilhadas, acaba se tornando vendedora ambulante e se prostituindo. No segundo, a protagonista é uma mulher que começa a comer compulsivamente depois de ser abandonada pelo marido e lida com a sua solidão (Farina, 1992). Fo e Rame continuaram a sofrer com diferentes tipos de censura: a apresentação de **Parliamo di Donne** em Bolzano foi proibida pelo pároco responsável pelo Teatro Concordia e, além disso, na temporada 1991-1992, suas peças ficaram de fora da programação dos teatros geridos pelo Ente Teatrale Italiano – ETI (Chinzari, 1991).

Em 1992, com o início da operação Mani Pulite, os personagens e partidos que tinham dominado a cena política italiana desde o fim da Segunda Guerra Mundial começam a cair, com o desvelamento da corrupção política e industrial. Rame e Fo repropuseram, então, **Settimo: ruba un po' meno**, em uma versão com atuação solo de Franca, que mencionava os políticos e os empresários descobertos pelas investigações. A operação anticorrupção foi, na verdade, apenas um dos vários elementos que levaram a uma mudança radical na política italiana nos primeiros anos da década de 1990.

Embora não tenha havido mudança constitucional, o sistema político deixou de ser proporcional e se tornou majoritário, e os três principais partidos que tinham dominado a cena desde o fim da Segunda Guerra Mundial, a DC, o

PCI e o PSI, se dissolveram. Em 1991, como consequência da queda da URSS, o PCI decidiu mudar de nome e de estratégias, transformando-se no Partito Democratico della Sinistra (Partido Democrático da Esquerda – PDS). A DC sofreu com a condenação de alguns de seus membros mais poderosos na Mani Pulite, e mais ainda com a condenação de Andreotti por associação mafiosa. O partido se dissolveu em 1994 e seus membros fundaram o Partito Popolare Italiano (Partido Popular Italiano – PPI) e o Centro Cristiano Democratico (Centro Cristão Democrático – CCD). O saldo do PSI após os julgamentos da operação anticorrupção também é bastante negativo, e o partido enfrentou grandes dificuldades econômicas. Ele se dissolveu em 1994 para dar origem ao Socialisti Italiani (Socialistas Italianos – SI) e ao Partito Socialista Riformista (Partido Socialista Reformista – PSR). Nenhum desses novos partidos, no entanto, protagonizou o cenário político das décadas seguintes. Apesar de ter havido uma bipolaridade entre coalizões de direita e de esquerda (Sette, 2017), os grandes protagonistas da nova república foram Berlusconi e seu partido Forza Italia. Segundo Pombeni (2012, p. 6), na passagem da Primeira para a Segunda República os partidos perdem a capacidade de agir como criadores e difusores de cultura política entre a população geral, e deixam de ser instituições que possibilitam a participação em uma "democracia difusa", perdendo sua capacidade de mobilização. É uma época de perda de poder das grandes ideologias, de distanciamento entre a população e a política e do aumento da personalização, para a qual a televisão contribui de forma importante.

Voltando à vida e obra dos dois dramaturgos em questão, em 1993, Fo estava envolvido no processo de montagem de **I dialoghi di Ruzante**, um espetáculo que ele dirigiria e que contaria com atores da Compangia Fo-Rame e do *Teatro degli Incamminati*, uma companhia pública, quando começou a circular um comunicado ministerial que lembrava a existência de uma lei que proibia coproduções entre grupos públicos e privados. Sem a participação dos *Incamminati*, a peça estreou com o título de **Dario Fo incontra Ruzante**, e no ano seguinte foi adaptada para ser um monólogo, com o nome de **Fo felicita Ruzante**. Essa obra, junto com a direção para a Commédie Française das farsas de Molière e o espetáculo **Hellequin, Harlekin, Arlecchino**, é, segundo Farrell (2014), uma forma de homenagem às maiores inspirações de Fo.

Em 1994, Dario dirigiu **L'Italiana in Algeri**, outra ópera de Rossini, e Franca estreou **Sesso? Grazie, tanto per gradire**, um monólogo que funcionava como uma espécie de "manual de instruções" para a vida sexual e que foi inspirado no livro **Lo Zen e l'arte di scopare**, de Jacopo Fo.

O casal começou o ano de 1995 com viagens para atividades educativas ou de memória de seu trabalho e com o planejamento de uma grande turnê internacional. No verão, depois de ter passado o dia trabalhando com Ron Jenkins, seu tradutor americano, Fo teve um derrame. Embora tenha se recuperado rapidamente, continuou com danos à memória e à visão por mais tempo, e as atividades de ler e escrever se tornaram mais difíceis para ele, o que acabou sobrecarregando Franca. Enquanto estavam em turnê com um espetáculo composto por monólogos extraídos de **Mistero**

buffo e de **Sesso? Grazie, tanto per gradire** e ensaiavam **Il diavolo com le zinne** (uma peça que fala da corrupção durante a Inquisição, fazendo um paralelo com a questão que afligia a Itália naquela época), Rame teve ataques de pânico e foi orientada a pausar a turnê até que se sentisse melhor. Retornam aos palcos no ano seguinte, quando estreiam **La Bibbia dei villani**, mais um texto inspirado em episódios religiosos apócrifos (Manin, 1996).

Em 1997, Dario participou, na companhia da atriz, cantora e apresentadora Ambra Angiolini, do programa televisivo *Milano-Roma*, da RAI 3, que consistia essencialmente na filmagem da interação entre duas pessoas famosas em uma viagem de carro de Milão a Roma. Foi nessa ocasião, em 9 de outubro de 1997, que Dario ficou sabendo que tinha ganhado o Prêmio Nobel de Literatura, sendo avisado por jornalistas que seguiam o carro dos atores.

A atribuição do prêmio a Dario foi a ocasião para que intelectuais e jornalistas da Itália discutissem, mais uma vez, seu papel na cultura do país. Embora ele tenha recebido apoio de pessoas como Vincenzo Consolo e Umberto Eco, a maior parte das reações foi de incredulidade, quando não de indignação ou inveja. As principais críticas e suspeitas em relação à justiça da premiação vinham de dois elementos centrais na sua obra: o fato de ele ter sido um ator-autor levava à suspeita de que sua habilidade como ator pudesse tê-lo levado a ganhar um prêmio como autor; além disso, a maior parte dos críticos não conseguia considerar o que ele fazia como literatura e, portanto, tinha dificuldade de vê-lo como um escritor (Farrell, 2014).

Fo, por sua vez, aceitou de bom grado o prêmio (surpreendendo alguns, que esperavam dele uma recusa como a de Sartre), entendendo-o como um reconhecimento tardio a toda a tradição de jograis na qual se inseria, especialmente de Molière e de Ruzante, mas que incluía também Shakespeare, Maiakovski e os contadores de histórias que viviam às margens do Lago Maggiore. Seu discurso, que pode ser considerado uma aula sobre sua poética (e ao qual voltaremos na segunda parte deste capítulo), cita todos esses nomes, junto com Franca, que Dario diz mais de uma vez ser merecedora tanto quanto ele daquele reconhecimento. De fato, aqueles que reconheciam que Fo merecia o prêmio questionaram por que não havia sido uma premiação conjunta dele e de Franca, como havia acontecido com Marie e Pierre Curie.

Após o Nobel, Rame e Fo receberam também vários outros prêmios, juntos ou separadamente, incluindo cidadanias honorárias de cidades italianas, diplomas *honoris causa*, prêmios internacionais dedicados a artistas ou a militantes dos direitos humanos. Ainda que, nessa fase da carreira e nessa idade, muitas pessoas se acomodem e vivam do que produziram no passado, Franca e Dario continuariam trabalhando praticamente até o fim da vida, expandindo ainda mais os campos de atuação. Além disso, continuaram militando em prol de causas sociais e participaram da política institucional, tema do qual falaremos mais adiante.

1.10. 1998-2016: Diversificação das atividades e participação na política institucional

Em 1998, Franca funda a organização Nobel dei disabili, que tinha como objetivo distribuir o dinheiro recebido com o prêmio, equivalente a cerca de 850 mil euros, a pessoas com deficiência e respectivas instituições assistenciais. Além desse valor, parte do lucro obtido com a bilheteria dos espetáculos e com a venda de litogravuras e fotolitos de Fo também foi destinado à organização, assim como doações recebidas de empresas, como a Volkswagen e a Banca Popolare di Milano. Qualquer associação ou pessoa com deficiência podia solicitar contribuição para diferentes finalidades – comprar equipamentos como carros e computadores adaptados ou cadeiras de rodas, financiar os estudos ou os cuidados com a saúde, ajudar na manutenção das famílias, entre outros. As solicitações eram analisadas por Franca e pelo restante do comitê e, caso estivessem em conformidade com o patrimônio do requerente e com as suas necessidades, o dinheiro ou os equipamentos eram encaminhados (Nobel [...], 2000). Chegaram a oferecer uma contribuição mensal para cerca de trinta famílias que se encontravam em situação de maior necessidade até 2002 (Fo; Rame, 2009).

No mesmo ano, Dario e Franca estreiam **Marino libero! Marino innocente**, uma conferência-espetáculo que volta a tratar dos episódios judiciários que sucederam o atentado de Piazza Fontana e o homicídio de Luigi Calabresi. Marino, ironicamente chamado de inocente no título da peça, havia se entregado à polícia em 1988 e, depois de um acordo com esta, confessado o envolvimento no homicídio de Calabresi, apontando Ovidio Bompressi, Adriano Sofri e Giorgio Pietrostefani como responsáveis pelo assassinato. A sua confissão apresenta inúmeras contradições e, mesmo assim, foram suficientes para condenar Bompressi, Sofri e Pietrostefani a longas penas. O texto de Fo estreia no contexto de uma campanha pela liberação de Sofri.

No fim da década de 1990, Franca intensifica o seu trabalho de editora, preparando originais, organizando a publicação de vários livros do marido ou dos dois, traduzindo. Em geral, é ela a responsável não apenas por registrar diferentes versões de uma mesma peça, como também pela decisão de quais mudanças devem ser incorporadas ou rejeitadas no momento da publicação (Farrell, 2014). Além disso, começa a digitalizar o acervo do casal, que inclui uma quantidade astronômica de documentos do mais variado tipo – de telegramas, cartas e artigos a traduções estrangeiras e críticas sobre as peças, passando por desenhos de Dario e fotos de eventos, além de recibos e relatórios – e é uma fonte primordial para pesquisa sobre a vida e a obra do casal. Segundo a biografia do casal disponível no próprio arquivo, são mais de 2 milhões de documentos que começaram a ser digitalizados em 1998, com ajuda de Marco Scordo e outros arquivistas (Archivio [...], s. d.).

No ano seguinte, Dario apresenta o monólogo **Lu Santo jullàre Françesco**, inspirado em diversas anedotas sobre a vida de São Francisco de Assis, figura católica que Fo admira por sempre ter criticado os erros da Igreja e por nunca ter cedido à tentação do poder. Além disso, assim como o dramaturgo, ele se considerava um jogral (no caso do santo, um jogral de Deus). Apesar de ter havido algumas poucas polêmicas em relação à veracidade histórica dos fatos narrados, em geral a recepção do espetáculo foi muito positiva, inclusive por parte da Igreja Católica (Farrell, 2014). Outros temas religiosos apareceriam também nas obras de Dario dedicadas à história da arte, sobre as quais falaremos mais adiante.

Outros temas, especialmente relacionados à política ecológica, começam a aparecer na militância e nas peças de Rame e Fo. Eles se posicionam contra o aquecimento global, a poluição, os transgênicos e a clonagem. Dario já havia publicado, em 1998, **Per opporsi al brevetto di geni non occorre essere dei geni**, contra uma decisão do parlamento que permitiria o patenteamento de órgãos humanos, e transforma o livro em uma peça, **L'uomo porco e il porco uomo** (Farrell, 2014). Em 2007, estreia **L'apocalisse rimandata, ovvero Benvenuta catastrofe!**, texto sobre o meio ambiente que parte da situação hipotética de que um dia a humanidade acorda e percebe que o petróleo havia acabado. A causa ecológica também está presente nos programas das investidas do casal na política institucional. Dario pensa em se candidatar a prefeito de Milão em 2001, mas acaba desistindo da candidatura. No mesmo ano, Franca participa de uma lista independente nas eleições municipais.

Um dos fatores que faz com que o casal volte a fazer sátiras políticas e se aproxime da política partidária é, certamente, a indignação contra o berlusconismo. De fato, o personagem que Fo e Rame mais criticam naqueles anos é

Berlusconi, ironizado em vários espetáculos: o primeiro, **Il grande bugiardo**, de 2001; o segundo, de 2002, foi o monólogo **Ubu bas**, com uma caricatura do premiê inspirada no **Ubu Roi** de Alfred Jarry. O texto foi apresentado no espetáculo **Da Tangentopoli all'irresistibile ascesa di Ubu Bas** (2002) junto com uma nova versão de **Settimo, ruba un po' meno**, protagonizada por Franca (Cannone, 2002). Em seguida, foi a vez de **Ubu Bas va alla guerra**, contra as guerras do Afeganistão e do Iraque. Em 2003, Berlusconi é criticado em outro espetáculo, **L'anomalo bicefalo**, que revela como, mesmo no século XXI, a arte ainda não está completamente livre da censura. Fo e Rame foram processados pelo senador Marcello Dell'Utri, que ameaçou inclusive a emissora Planet, que já tinha um contrato para exibição da peça. A solução inicialmente encontrada pelo canal foi passar a gravação sem o áudio, mas acabou cedendo à pressão e fazendo a transmissão completa (Farrell, 2014). O espetáculo foi um sucesso de público, mas a crítica o recebeu com menor entusiasmo (Zanotelli, 2003). Berlusconi ainda é tema, indiretamente, de **Viaggio a Reims**, ópera de Rossini dirigida por Fo na Finlândia em 2002 que estreou na Itália no ano seguinte, com grande sucesso. Ele reescreveu parte do libreto para criticar Carlos X e, indiretamente, toda a corrupção política (Convince [...], 2003).

Dario e Franca continuam empregando esforços na montagem de novas peças, mas também chegam naquele momento da carreira e da vida em que é importante refletir sobre o que fizeram e conquistaram e celebrar a própria obra. Em 2002, comemoram 50 anos de parceria profissional com uma turnê. Dario publica no mesmo ano **Il paese dei mezeràt: i miei primi sette anni (e qualcuno in più)**, uma autobiografia editada por Franca sobre a sua infância. Em 2007, publica, com Giuseppina Manin, **Il mondo secondo Fo**, uma longa entrevista sobre sua vida no teatro (Archivio [...], s. d.). Em 2009, foi a vez de lançarem uma autobiografia de Franca, escrita em parceria com Dario, intitulada **Franca Rame: una vita all'improvvisa**, que tem didascálias e indicações de cenário como se fosse uma peça, além de começar com o típico "Andiamo a incominciare", "vamos começar" (Rame; Fo, 2009, s. p.), com o qual ela costumeiramente passava do prólogo à representação dos monólogos. O texto, no entanto, nunca foi montado.

Em 2004, descobriu-se que Luciano Silva, principal funcionário da Nobel dei disabili, tinha desviado cerca de 400 mil euros em benefício próprio (Truffa [...], 2006). Franca ficou profundamente abalada pelo ocorrido e a longa batalha judicial (cuja parte criminal se encerrou apenas em 2007 e ainda foi seguida por uma parte civil) a desgastou ainda mais, prejudicando sua saúde. Ainda assim, continuou a trabalhar em todas as frentes nas quais atuava.

No ano seguinte, o monólogo **Peace Mom**, inspirado nas cartas de Cindy Sheehan, mãe de um jovem soldado americano morto no Iraque que se tornou líder de um movimento americano pela paz, estreia em Londres, com atuação de Frances de la Tour (Nissirio, 2005). Dario e Franca assistem à estreia, e Dario aproveita para angariar o apoio do então prefeito de Londres, Ken Livingstone, para a sua candidatura à prefeitura de Milão no pleito de 2006. Fo, porém, perde as prévias da coalizão de esquerda L'Unione, e não chega a disputar as eleições. Nos anos seguintes, de forma coerente com seu espírito, que é mais dissidente e anárquico-utopista que marxista, se aproxima cada vez mais de Beppe Grillo e do seu Movimento 5 Stelle, apoiando-o em suas candidaturas (Farrell, 2014).

Enquanto Dario disputava as primárias, Franca recebe e aceita um convite para integrar, como independente, a lista do partido L'Italia dei Valori para o Senado. Seu programa era pautado pelo respeito ao meio ambiente, pela oposição a Berlusconi e às políticas personalistas, pelo repúdio à guerra (defendia, inclusive, o retorno imediato dos soldados italianos no Iraque), ao desperdício de recursos públicos e à corrupção, entre outros temas que, como bem observa Farrell (2014), sempre estiveram presentes nas peças de teatro do casal Fo-Rame. Ela foi eleita, mas nunca se sentiu confortável no Palazzo Madama: era tudo impessoal demais, artificial demais, e ela nunca seria capaz de participar ou de conviver com o jogo sujo que presenciou.

No livro **In fuga dal Senato** (2013), publicado postumamente, ela conta detalhes da experiência que descreveu como "a geladeira dos sentimentos, nunca um sorriso sequer naquela sala, e uma solidão que não dá pra imaginar. Dezenove meses na prisão, os piores da minha vida" (L'Espresso *apud* Farrell, 2014, p. 406, tradução nossa). No ano e meio que resistiu no Senado antes de se demitir, viu proporem mais de trezentas emendas em seu nome com uma assinatura falsificada, e ficou horrorizada com o gasto ostensivo de dinheiro público por parte dos seus colegas, que sequer usavam a verba que tinham à disposição para contratar de forma regular os próprios assessores, e tampouco se dignavam a cumprimentar os garçons que trabalhavam na lanchonete e no restaurante do Senado (Fo; Rame, 2009). No primeiro turno das eleições presidenciais de 2006, recebeu 24 votos, tornando-se a mulher mais votada para a presidência até então. Doou a maior parte do salário que recebia como senadora; elaborou um projeto de lei para que seus colegas contratassem assessores de forma legal e desperdiçassem menos dinheiro público e outro sobre os perigos do amianto, além de participar da campanha "10 leis para mudar a Itália"; criou um blog para manter contato com a população a respeito de suas atividades como senadora; militou contra a guerra do Iraque e pela garantia de cuidados estatais aos soldados contaminados por urânio empobrecido, mas não resistiu ao que chamou, na sua carta de demissão, de instituições "impermeáveis e refratárias a todo olhar, proposta e solicitação externa, ou seja, não proveniente de quem é expressão orgânica de um partido ou de um grupo de interesse organizado" (Fo; Rame, 2009, s. p., tradução nossa). Além disso, não escondeu sua decepção com o governo Prodi, que, embora fosse de oposição a Berlusconi, não conseguia desfazer todo o aparato legal e institucional berlusconiano e, consequentemente, não deixava de representar certa continuidade com o governo anterior. Depois da sua demissão, retomou a sua militância anterior, caminho natural para quem disse, sobre a experiência no Senado:

> eu me senti "emprestada" temporariamente à política institucional, enquanto pretendi passar toda a minha vida na batalha cultural e na social, na política feita pelos movimentos, como cidadã e mulher engajada. E

esse era e é o mandato que eu senti que me foi conferido pelos eleitores: levar uma contribuição, uma voz, uma experiência, que, vindas da sociedade, fossem escutadas e talvez ocasionalmente recebida pelas instituições parlamentares. (Fo; Rame, 2009, s. p., tradução nossa)

Com a diminuição das apresentações teatrais em função da idade avançada, da saúde do casal e do empenho de Franca em atividades políticas, Dario se dedica a escrever e a ilustrar livros, normalmente organizados pela esposa, que não chegam necessariamente a ganhar o palco. Em 2007, publica **L'amore e lo sghignazzo**, livro de contos povoado por personagens típicos do universo fantástico dos jograis (Manin, 2007). Em **L'osceno è sacro**, analisa a importância da obscenidade, dos insultos e dos palavrões para a cultura e a história de um povo, trazendo exemplos de escritores famosos de diferentes épocas (Manin, 2010).

Voltam aos palcos em 2009, depois de seis anos sem atuarem juntos, com a peça **Sant'Ambrogio e l'invenzione di Milano**, que é lançada contemporaneamente em livro. O espetáculo, sucesso de público e de crítica, conta a história de Santo Ambrósio, padroeiro de Milão, apresentado como um precursor dos comunistas, e um homem de poder que comunica com os mais pobres, falando em vulgar, e que acredita na justiça (Bandettini, 2009).

Em 2012, Dario publica nova parceria com Giuseppina Manin, **Il paese dei misteri buffi**. Inspirando-se no modelo das *giullarate* de **Mistero buffo**, contam a história da Itália dos últimos 50 anos, tendo políticos famosos como personagens (Bozzi, 2012). No mesmo ano, Franca sofre um derrame e sua saúde vai se deteriorando cada vez mais.

Estavam preparando um espetáculo em homenagem a Maria Callas quando Franca morreu, no dia 29 de maio de 2013, aos 83 anos. Seu corpo foi velado do lado de fora do Piccolo Teatro Strehler por uma multidão de vermelho que entoava "Bella Ciao" e "A Internacional". Ainda naquele ano, foi publicado **In fuga dal Senato**, livro sobre a sua experiência no Senado, que serviu como base para um espetáculo de Dario e Jacopo Fo. Novamente foram censurados: o Vaticano lhes negou o uso do Auditorium della Concilizazione di Roma, onde deveria acontecer a peça (Zangarini, 2013). No ano seguinte, estreia **Una Callas dimenticata** (Villani, 2014).

É preciso salientar que os livros sobre a vida de Dario e Franca foram publicados antes da morte dele, então há poucas informações sobre seus últimos anos de vida. Também é notável como, depois da morte de Franca, a despeito da quantidade de colaboradores que continuam trabalhando com Fo, diminuem as informações incorporadas ao arquivo criado por Franca sobre a vida e a obra do casal. O que relatamos aqui foi elaborado com base em informações bem mais escassas consultadas no *Archivio Franca Rame-Dario Fo* e em outras fontes jornalísticas.

Depois da morte de Franca, Dario continua trabalhando incansavelmente como artista visual e como escritor, além de continuar com a militância política, especialmente em apoio ao Movimento 5 Stelle. Publica uma série de romances inspirados em personagens históricos: em 2014, **La figlia del papa**, seu primeiro romance, sobre a vida de Lucrécia Borgia; em 2015, com Florina Cazacu, **Un uomo bruciato vivo**, reconstituição da história do pai de Florina, Ion Cazacu, romeno incendiado pelo seu patrão ao pedir os salários atrasados e um contrato regular (Calvini, 2015); no mesmo ano, **C'è un re pazzo in Danimarca**, sobre a história do rei Cristiano VII (Capuano, 2015); em 2016, **Razza di zingaro**, sobre o pugilista rom Johan Trollmann, morto em um campo de concentração na Alemanha nazista (Rastelli, 2016); em 2017, postumamente, **Quasi per caso una donna: Cristina di Svezia**, sobre a monarca sueca (De Vincenzo, 2016). Em 2016, Fo publica a sua última colaboração com Manin, **Dario e Dio**, com reflexões acerca da religião e de Deus (Foschini, 2016).

Suas últimas peças são uma reescrita de **Françesco: lu santo jullare** para a RAI, com participação especial do cantor Mika (Iovane, 2014); **Ciulla, il grande malfattore**, que escreveu com Piero Sciotto, sobre um artista que, não conseguindo meios para sobreviver, começa a falsificar notas de dinheiro que acaba distribuindo aos mais pobres (Sciotto, 2015) e **Storia proibita dell'America**, inspirada no livro homônimo, que retoma e aprofunda temas já tratados em **Johan Padan** (Marino, 2016).

Faremos agora um pequeno desvio para falar brevemente da carreira de Dario nas artes visuais, que quase não abordamos ao longo deste capítulo, e que certamente merece um olhar mais atento.

1.10.1. Dario artista, historiador e crítico de arte

Depois do derrame que sofreu em 1995, ler e escrever ficou cada vez mais difícil para ele, então passou a se dedicar mais intensamente à pintura, uma atividade que lhe permitia exercer a criatividade e que era menos penosa. Também retomou com mais afinco, de forma geral, a divulgação científica e cultural e, de forma específica, a história da arte, tema pelo qual tinha grande admiração. Redigiu livros e passou a se apresentar em aulas-espetáculo sobre esse assunto, nas quais frequentemente acabava discorrendo também sobre religião. Suas produções sobre história da arte são fruto da sua enorme erudição, do seu senso crítico afiado, mas também da sua vontade de popularizar o conhecimento e o acesso à cultura, guiada pela concepção de origem humanista de que esta última, assim como o engajamento político, constituem as bases fundadoras da civilização (Farrell, 2014). É importante notar que, para as obras de caráter crítico, assim como para o restante da sua produção artística (em qualquer meio de expressão), os argumentos não são tratados em tom objetivo ou de forma sistemática.

Em 1999, é convidado pelo Ministério dos Bens Culturais para discursar na inauguração da Última Ceia restaurada e, em 2001, faz uma aula-espetáculo sobre Leonardo da Vinci. Entre aulas-espetáculo, livros e documentários para a RAI 3, aborda artistas como Giotto (*Giotto non Giotto*, 2009), Caravaggio (*Caravaggio al tempo di Caravaggio*, 2003), Mantegna (*Mantegna: il trionfo e lo sghignazzo*, 2006), Michelangelo (2007), Correggio (*Sotto il cielo di Parma*, 2007), Raffaello (*Bello figliolo che tu se', Raffaello*, 2006) e Picasso (*Picasso Desnudo*, 2012), além de publicar um livro sobre a história de Ravenna (*La vera storia di Ravenna*, 1999) e de falar sobre a Catedral de Modena (*Il tempio degli uomoni liberi*, 2004) e a história da máscara (Farrell, 2014; Archivio [...], s. d.).

Em 2004, prepara com Giorgio Albertazzi uma série televisiva sobre a história do teatro. O episódio piloto havia estreado em 2003 e havia sido muito elogiado pela crítica (Gregori, 2004), mas os autores ficam decepcionados quando a RAI comunica que a série seria transmitida após a meia-noite, o que limitaria muito o público. Ainda assim, novos episódios vão ao ar em 2005 e em 2009 (Archivio [...], s. d.).

Em relação à divulgação científica de caráter mais geral, grava, em 2011, a partir do monólogo apresentado no Museu de História Natural de Milão, o DVD **Dio è nero: Il fantastico racconto dell'evoluzione**; em 2016, publica o livro **Darwin: ma siamo scimmie da parte di padre o di madre**, fruto de uma exposição organizada por ele em Cesenatico em que contava a história do famoso biólogo e de sua teoria da evolução a partir de telas, bonecos e esculturas, entre outras obras (Foschi, 2016).

Como artista visual, ele produziu, durante toda a carreira no teatro, ilustrações para cartazes, programas, livros e panos de fundo. Embora tenha pintado também ao longo desses anos, sua primeira exposição, intitulada **Il teatro nell'occhio**, aconteceu apenas em 1984, e foi somente na década passada que tiveram lugar exposições mais completas, que incluíam, além das telas de temas diversos, também máscaras, marionetes e figurinos de Dario Fo. A última, **Lazzi sberleffi dipinti**, ocorrida em 2012, no Palazzo Reale di Milano, pode ser considerada, de certa forma, definitiva, e contou com mais de 400 obras. Houve também exposições menores, na Itália e em outros países, mas Dario ainda é pouco conhecido como artista e sua obra pouco foi examinada pela crítica.

Em 2016, com a inauguração do MusALab – Museo Archivio Laboratorio Franca Rame Dario Fo, no Arquivo de Estado de Verona, parte das obras de Fo passam a estar disponíveis para apreciação do público, assim como diversos outros materiais da carreira do casal, como fotografias, cartazes, livros, artigos, figurino, bonecos, marionetes, cenários etc. (Archivio [...], 2016). Em 2022, foi feito um acordo para a criação, na cidade de Pesaro, do Museu Dario Fo e Franca Rame (Quinto, 2022).

Dario Fo morreu no dia 13 de outubro de 2016 em Milão, onde estava internado por problemas respiratórios decorrentes de uma fibrose. Seus funcionários contam que, alguns dias antes de ser internado, cantou por horas seguidas. Foi velado no Piccolo Teatro Strehler e depois houve uma cerimônia laica em sua homenagem na Piazza del Duomo (Matteucci, 2016).

Após discorrer sobre aspectos da vida e da obra de Franca Rame e Dario Fo – que nos fazem acompanhar também a história recente da Itália e suas disputas políticas –, passaremos, no próximo capítulo, ao tema da tradução teatral. Nele, apresentaremos a nossa metodologia de análise do *corpus* e proporemos o conceito de dramaturgia da tradução, analisando, como exemplo, a peça **Brincando em cima daquilo** e, mais especificamente, o monólogo "O estupro".

CAPÍTULO 2

DRAMATURGIA DA TRADUÇÃO E TRADUÇÃO DE DRAMATURGIA

2.1. Caminhos para uma crítica produtiva: os apontamentos de Berman

Pour une critique des traductions foi escrito por Berman em seus últimos meses de vida e publicado postumamente em 1995. Na obra, além de apresentar um estudo aprofundado sobre as traduções de John Donne para o francês, o estudioso explicita, também, a metodologia de crítica das traduções que foi aprimorando ao longo da carreira e que serve de base para o trabalho com a obra traduzida do poeta inglês. Esse livro traz contribuições metodológicas importantes que extrapolam a crítica da tradução de poemas e podem se estender, pelo menos em suas linhas gerais, para a crítica da tradução de qualquer gênero literário. Embora a tradução de textos teatrais tenha algumas particularidades (às quais daremos mais atenção na segunda parte deste capítulo), devidas principalmente à multissemiose e à predominância da oralidade que caracterizam as montagens de peças de teatro, acreditamos que três das sugestões do tradutólogo francês apontam caminhos que podem ser pertinentes também para a crítica do nosso *corpus*, a saber: analisar a tradução *em si*, e não apenas em comparação com o texto original,[17] como se não constituísse uma obra com vida autônoma nas culturas de chegada; considerar o horizonte dos tradutores e o contexto sociocultural no qual se inserem; fazer da crítica da tradução um texto acessível e reflexivo, que tem vida própria e não precisa ser acompanhado da leitura dos textos de partida e chegada ou da comparação entre eles. A nossa análise das traduções das peças de Rame e Fo será baseada principalmente nessas sugestões do método de Berman, pelo prisma do que será discutido nas demais seções deste capítulo. Por esse motivo, daremos particular atenção ao método por ele sugerido, complementando com as adaptações que faremos em virtude da especificidade dos textos teatrais. Como o livro não está traduzido para o português, retomaremos, embora de forma resumida, todos os principais pontos apontados por Berman, e não apenas os que são pertinentes a esta pesquisa, como uma forma de contribuir para o acesso ao pensamento do tradutólogo pelo público brasileiro.

Uma das maiores preocupações de Berman é fazer com que a crítica não seja um mero julgamento ou uma mera avaliação positiva ou negativa das traduções sobre as quais se debruça, mas sim uma "[...] análise rigorosa de uma

---

17   Em geral, preferimos a expressão "texto de partida" ao longo deste livro, mas, como Berman usa o termo "original", seguiremos a sua preferência exclusivamente ao nos referirmos ao seu trabalho.

tradução, de seus traços fundamentais, do projeto que lhe deu origem, do horizonte no qual ela surgiu, da posição do tradutor", uma atitude de *"trazer à tona a verdade de uma tradução"* (1995, p. 13-14, destaque do autor, tradução nossa). Esse tipo de trabalho, segundo Berman, ainda é incipiente e pouco valorizado, mas merece a mesma atenção dada à crítica literária, uma vez que esta é fundamental para a vida das obras e o objetivo de toda tradução é alcançar o estatuto de obra.

Durante muito tempo, a crítica, majoritariamente *source-oriented*, se desenvolveu principalmente em uma direção negativa, ou seja, na busca pelos defeitos das traduções, inclusive daquelas consideradas boas ou que alcançaram sucesso na cultura de chegada. O autor elogia as análises descritivas de orientação sociocrítica da escola de Tel-Aviv e de estudiosos como Toury, que conseguiram situar as traduções "no conjunto complexo de jogos de línguas e de culturas, que é seu espaço histórico e faz delas o que elas são" (Berman, 1995, p. 52, tradução nossa). Ele critica, no entanto, o determinismo dessa escola, que considera que as transformações operadas pelas traduções se baseiam em normas advindas do polissistema literário e cultural de chegada, desconsiderando os sujeitos tradutores e sua autonomia, que podem se conformar completamente a essas normas ou não. Sua proposta metodológica tenta levar em consideração questões sócio-históricas-culturais, mas também o *horizonte do tradutor*, retomando uma de suas expressões. Tentaremos sintetizar a seguir as etapas do seu método.

2.1.1. Leituras e releituras

Se uma tradução visa alcançar o estatuto de obra, faz sentido começar a sua análise da forma como sugere Berman, ou seja, não pelo original, mas pela leitura e releitura da própria tradução. Ele propõe que o olhar do crítico seja receptivo, engajando-se na leitura do texto que tem diante de si, resistindo "à compulsão de comparação [...]. Porque apenas essa leitura da tradução permite intuir se o texto traduzido 'funciona'" (Berman, 1995, p. 65, tradução nossa). É preciso verificar o funcionamento da tradução em dois níveis: o primeiro, em relação às convenções de escrita na língua de chegada, ou seja, se funciona como um *escrito*; o segundo, em relação à organicidade de seus constituintes, ou seja, se funciona como *texto*. Essa primeira etapa, portanto, verifica a "consistência imanente" e a "vida imanente" da tradução, de forma independente do original. Além disso, é importante também perceber as zonas "fortes" e "fracas" do texto traduzido.

A segunda etapa é constituída pelas leituras do original, que devem, inicialmente, deixar de lado a tradução, para que se percebam os traços estilísticos fundamentais e para que seus trechos mais significativos possam ser selecionados (aqueles de maior "necessidade" da obra, nos quais ela atinge seus objetivos, e que não poderiam ter sido escritos de outra forma). Trata-se, segundo Berman (1995, p. 67, tradução nossa), do "mesmo trabalho de leitura que o tradutor fez, ou deveria ter feito, antes e durante a tradução".

2.1.2. Em busca do tradutor

Berman sugere que, para analisar a tradução, é fundamental observar alguns aspectos relativos à figura do tradutor. Sua vida não nos diz respeito, mas devemos nos atentar para características suas ou de seu trabalho que possam influenciar a forma como traduz ou nos contar sobre a forma como traduz. Algumas dessas características são sua nacionalidade, as línguas com as quais trabalha, se é bilíngue ou não, se tem outra(s) profissão(ões), o que ele traduz normalmente, o que já traduziu, se também escreve textos reflexivos ou críticos. Além disso, devem ser estudados três elementos, não necessariamente de forma sequencial ou separada: sua *posição tradutória*, o *projeto de tradução* e o *horizonte do tradutor*.

O primeiro diz respeito à concepção ou percepção que o tradutor tem da tradução, que é em parte oriunda da sua subjetividade, mas também marcada por discursos históricos e sociais sobre tradução e escrita.

> A posição tradutória é, por assim dizer, o "compromisso" entre a forma como o tradutor, enquanto sujeito tomado pela *pulsão de traduzir*, percebe a tarefa da tradução e a forma como ele "internalizou" o discurso ambiente sobre o ato de traduzir (as "normas"). (Berman, 1995, p. 74-75, tradução nossa)

As posições tradutórias são diferentes de tradutor a tradutor e podem ou não ser enunciadas, mas podem ser

> *reconstituídas* a partir das próprias traduções, que as dizem implicitamente, e a partir das diversas enunciações que o tradutor fez sobre suas traduções, o ato de

traduzir ou todos os demais "temas". Além disso, elas estão ligadas à *posição linguageira* dos tradutores: sua relação com as línguas estrangeiras e a língua materna, seu ser-em-línguas [...] e a sua *posição escritural*. (Berman, 1995, p. 75, tradução nossa)

Como já trabalhamos com algumas traduções de Fo e Rame na dissertação intitulada *Bela, depravada e do lar: como traduzir(am)* **Tutta casa, letto e chiesa**, *de Franca Rame e Dario Fo, no Brasil* (2019), sabemos que a figura do tradutor de peças teatrais que visam a encenação (e não prioritariamente a publicação) pode ser muito invisibilizada, e que pode ser difícil obter informações externas à tradução sobre ele. Por isso, neste trabalho, a posição tradutória será majoritariamente reconstituída a partir das próprias traduções. Além disso, como o *corpus* aqui analisado é constituído por textos destinados ao palco, imaginamos que conte não apenas a posição escritural do tradutor, como também a sua *posição teatral*: qual é a sua relação com o teatro, se faz ou não parte de um ou mais grupos, quais são as características da cena teatral na qual se insere, se a tradução faz parte de um projeto de um coletivo (e, nesse caso, qual é a posição teatral desse coletivo).

Também é preciso analisar o *projeto de tradução*, que é influenciado pela posição tradutória e pelas especificidades da obra traduzida. O projeto é outro elemento que não precisa ser teorizado ou enunciado, mas pode ser reconstituído a partir da própria tradução, e "define a forma como, de um lado, o tradutor vai realizar a translação literária, de outro lado, assumir a própria tradução, escolher um 'modo' de tradução, uma 'maneira de traduzir'" (Berman, 1995, p. 76, tradução nossa).

Por fim, resta olhar para o horizonte do tradutor, "o conjunto de parâmetros de linguagem, literários, culturais e históricos que 'determinam' o sentir, o agir e o pensar de um tradutor" (Berman, 1995, p. 79, tradução nossa). O horizonte é visto, aqui, de forma dupla: de um lado, como espaço aberto a partir do qual o tradutor age; de outro, como espaço que restringe as suas possibilidades. Também em relação ao horizonte, parece pertinente, para o nosso projeto, considerar o horizonte do coletivo teatral sempre que a tradução em análise fizer parte de um projeto de montagem de uma companhia ou de um grupo.

Com essas noções, Berman tenta conciliar o reconhecimento da influência de diversos elementos históricos, culturais, sociais, literários etc. sobre as posições tradutórias, os projetos de tradução e as próprias traduções, sem desconsiderar a subjetividade e a autonomia do sujeito que traduz. Devido à quantidade significativa de peças que constituem o nosso *corpus*, levaremos esses elementos em consideração, mas não redigiremos análises exaustivas sobre cada um deles para cada uma das peças, pois pretendemos priorizar a última etapa do método aqui descrito, a análise propriamente dita da tradução.

2.1.3. A análise da tradução

A confrontação entre a tradução e o texto de partida é apenas a última etapa de um amplo percurso de estudos. Berman afirma que, em geral, a análise das retraduções (e aqui ele considera retradução qualquer tradução feita em qualquer língua depois da primeira, e não a primeira feita em cada língua) é mais frutífera que aquela das primeiras traduções. Isso

> Porque toda primeira tradução, como sugere Derrida [...], é imperfeita e, por assim dizer, impura: imperfeita porque a defectividade tradutória e o impacto das "normas" se manifestam muitas vezes massivamente, impura porque ela é ao mesmo tempo introdução e tradução. É na retradução, e melhor, nas retraduções, sucessivas ou simultâneas, que acontece a tradução. Não apenas no espaço da língua/cultura receptora, mas em outras línguas/culturas. Eu quero dizer com isso que o horizonte de uma tradução francesa é triplo, desse ponto de vista:
>
> – as traduções anteriores em francês;
>
> – as outras traduções francesas contemporâneas;
>
> – as traduções estrangeiras. (Berman, 1995, p. 85, tradução nossa)

Achamos importante pontuar que, ao contrário de Berman, não acreditamos que haja sempre e necessariamente uma grande diferença entre a primeira tradução para qualquer língua e as demais traduções. Certamente, o impacto de uma primeira tradução para uma determinada língua e uma determinada nação que se encontram no centro global é diferente do impacto de traduções para línguas e nações que ocupam a periferia. Além disso, temos a impressão de que o estudioso francês enxerga de forma um pouco utópica o ofício dos tradutores e as diversas possibilidades de investimento de tempo em uma tradução. Embora não haja dúvidas de que pode ser proveitoso o estudo das traduções de uma determinada obra que se deseja traduzir feitas em outras épocas ou para outras línguas, é verdade que, ainda que disponha da proficiência necessária para fazê-lo, nem sempre o tradutor terá o tempo necessário para isso, nem sempre achará que se trata de uma etapa indispensável. Esse não será um critério tão importante para a nossa análise, que privilegiará entender qual era o cenário global (e se havia um cenário global) de recepção da obra analisada no momento de sua tradução e encenação no Brasil.

Todas as peças que compõem o *corpus* da nossa pesquisa são retraduções, a não ser, possivelmente, **Quem rouba um pé tem sorte no amor**, tradução de 1963 de Nydia Licia de **Chi ruba un piede è fortunato in amore**, de 1961. Não foram encontradas traduções anteriores para outras línguas, nem material no *Archivio Franca Rame-Dario Fo* que sugira alguma montagem internacional nos anos imediatamente seguintes à estreia da peça (a primeira menção internacional fala de apresentações na Suécia e na Finlândia em 1966). Como se trata de uma época de pouca fama internacional dos dramaturgos e de um texto menos conhecido, acreditamos que possa se tratar, de fato, de uma primeira tradução, feita em um momento em que se conhecia pouco a obra dos dramaturgos italianos em outros países.

Também não temos conhecimento da existência de outras traduções em português brasileiro contemporâneas ou anteriores às aqui analisadas, salvo no caso de duas peças. A primeira, **Tutta casa letto e chiesa**, foi traduzida em 1983 para **Um orgasmo adulto escapa do zoológico** por Zilda

Daeier, para montagem com direção de Antônio Abujamra e atuação de Denise Stoklos. No ano seguinte, foi traduzida por Roberto Vignati e Michele Piccoli para **Brincando em cima daquilo**, uma montagem com a direção do primeiro e atuação de Marília Pêra. Apenas esta última foi encontrada, a despeito das nossas buscas pela primeira no acervo da Sociedade Brasileira de Autores Teatrais (SBAT), na Biblioteca Jenny Klabin Segall (especializada em teatro e audiovisual), no Acervo Antônio Abujamra e em consulta a Denise Stoklos. No sistema da SBAT até constam dois textos com o título de **Um orgasmo adulto escapa do zoológico**, mas em ambos o título e a atribuição da tradução a Abujamra e Stoklos estão escritos à mão, enquanto o conteúdo datilografado é idêntico ao da versão de Vignati do mesmo texto. Acreditamos que se trate de um erro de atribuição da tradução. Embora não possamos fazer um trabalho direto de comparação entre as duas traduções, o fato de se tratar de duas traduções quase simultâneas (e que ficaram em cartaz simultaneamente ao longo de alguns anos, às vezes na mesma cidade) será levado em consideração na nossa análise, mas o que sabemos sobre **Um orgasmo adulto escapa do zoológico** deve-se principalmente a artigos e críticas publicados em jornais naqueles anos.

O segundo caso de coexistência de mais de uma tradução para a mesma peça no Brasil é de **Non si paga! Non si paga!**, peça de 1974 traduzida em 1980 por Maria Antonietta Cerri e Regina Vianna com o título de **Não se paga, não se paga**. A mesma peça parece ter sido retraduzida em 2020 por Renato Fagundes para dar origem ao roteiro do filme **Não vamos pagar nada**. Embora ele receba os créditos por "adaptação e roteiro", acreditamos que ele também tenha retraduzido a peça, porque a estrutura microtextual dos diálogos do filme é completamente diferente daquela de Não vamos pagar nada, mesmo nas cenas em que há menos adaptação. Ainda nos falta investigar mais a esse respeito, mas uma pista pode ser a ficha técnica disponível no site da Academia Brasileira de Cinema, na qual se lê: "Roteiro Adaptado: Renato Fagundes – adaptado da peça Teatral **Can't Pay? Won't Pay! (Non Si Paga! Non Si Paga!**), de Dario Fo" (Não vamos [...], s.d., on-line). É possível, portanto, que Renato Fagundes tenha feito uma tradução indireta a partir da tradução inglesa de Lino Pertile, feita em 1975.

Berman ressalta o valor pedagógico da consulta a outras traduções para analisar um trabalho em particular:

> As "soluções" trazidas por cada tradutor para a tradução de uma obra [...] são tão variadas, tão inesperadas que elas nos inserem, durante a análise, [...] em uma dupla dimensão plural: a da tradução, que é sempre traduções, e a da obra, que existe também no modo da pluralidade (infinita). O leitor ou o auditor, pelo trabalho de análise, é assim levado a se libertar de toda ingenuidade e de todo dogmatismo. (Berman, 1995, p. 85, tradução nossa)

Nós levaremos outras traduções em consideração sempre que possível ou pertinente, mas isso se dará frequentemente mais pelo discurso crítico que foi produzido a partir delas do que pela consulta direta às fontes, e isso por dois motivos. Primeiramente, ao contrário das obras de Rame e Fo, às quais é possível ter acesso fácil e gratuito graças ao esforço arquivístico de Franca, que nos possibilita inclusive a consulta a diversos momentos diferentes da redação de uma peça, as traduções para outras línguas não estão facilmente acessíveis, e deveriam ser buscadas uma a uma nos arquivos teatrais de cada país, salvo nos casos em que se encontram publicadas.[18] Além disso, Berman sugeriu esse percurso metodológico tendo em mente um *corpus* de traduções significativamente menos extenso que o nosso. Por isso, não cremos que seja um grande desvio de sua proposta a escolha por não priorizar a comparação com traduções feitas em outros idiomas, até porque muitas das obras de Rame e Fo foram traduzidas mais de uma vez em uma quantidade bastante significativa de países. Não podemos imaginar um número exato para essas traduções, mas certamente é possível afirmar que o número de textos do casal traduzidos para outras línguas é vastíssimo. Por um lado, imaginamos que a consulta às críticas de outras traduções nos permitirá tratar daquelas que desempenharam um papel mais significativo para a translação da obra de Fo e Rame em diversos países fora da Itália; por outro lado, imaginamos que esse cotejo ficará limitado, infelizmente, a traduções, línguas e países culturalmente hegemônicos. Privilegiaremos, por outro lado, como já explicitamos, entender quais eram as linhas gerais de recepção do

---

18   Nesse caso, porém, o preço costuma ser impeditivo, especialmente porque se trata de livros vendidos em moeda estrangeira; muitos deles estão esgotados, e os exemplares disponíveis, por serem raros, têm preços consideravelmente altos. Em 2016, pouco depois da morte de Dario Fo, por exemplo, o único exemplar disponível na Amazon de **Récits de femmes et autres histoires**, tradução de **Tutta casa, letto e chiesa** feita por Valeria Tasca para o francês em 1986, chegou a custar mais de 400 libras esterlinas. Acreditamos que essa dificuldade de ter acesso a outras traduções geraria um *corpus* aleatório, o que poderia prejudicar o nosso viés de análise.

trabalho de Fo e Rame no mundo, não só pelos tradutores, mas também e principalmente pelos grupos de teatro que realizaram montagens importantes das peças dos dramaturgos. Além dos numerosos recortes de jornais disponíveis no *Archivio Franca Rame-Dario Fo*, as principais fontes para entender a recepção da obra de Fo e Rame fora da Itália serão os trabalhos de Joseph Farrell (2014) e David Hirst (1989).

— *2.1.3.1. As comparações*

Além de considerar, na sua proposta metodológica, essa constelação de traduções, Berman (1995) também dá indicações em relação à comparação propriamente dita, sugerindo que sejam realizadas quatro comparações:

i. Entre os trechos e elementos significativos selecionados pelo crítico no original e seu equivalente na tradução;

ii. Entre as zonas textuais problemáticas e bem-sucedidas selecionadas na tradução com as correspondentes do original;

iii. Com outras traduções;

iv. Da tradução com seu projeto.

Excetuada a ressalva que já fizemos em relação à comparação com outras traduções, esse é o caminho que seguiremos para a confrontação das traduções que constituem o nosso *corpus*. Nos atentaremos igualmente, sempre que conseguirmos encontrar informações a respeito, à recepção da tradução, buscando entender como ela foi percebida e julgada pela crítica (e se a obra foi apresentada ao público explicitamente como uma tradução).

2.1.4. Escrever uma crítica de tradução

Buscando envolver o leitor e valorizar o discurso crítico sobre as traduções – inclusive fazendo com que sua leitura seja mais agradável para os leitores –, Berman (1995) também faz sugestões em relação ao estilo de escrita da análise. Em primeiro lugar, deve-se tomar cuidado com o texto exageradamente pesado e minucioso, e igualmente com o mosaico de citações em línguas diferentes, evitando inundar o texto de língua estrangeira e explicando, na língua de redação da análise, os termos que se fizerem necessários.

Ademais, é fundamental que se busque a clareza de exposição, a reflexividade do discurso – para que o texto não se transforme em uma colagem de trechos comparados –, e a digressividade. Para o tradutor francês, "as digressões [...] permitem ao analista de se afastar da 'explicação de texto': elas garantem a sua autonomia de escrita e lhe conferem o caráter de um comentário" (Berman, 1995, p. 91, tradução nossa). São esses os elementos que permitem que a subjetividade do comentador se faça presente.

— *2.1.4.1. As bases da avaliação*

Berman não acha que uma análise da tradução deva evitar julgar positiva ou negativamente o trabalho do tradutor, um julgamento ou uma avaliação fazem inclusive parte das expectativas dos leitores dessa análise; por outro lado, é importante que ela evite o dogmatismo ou concepções específicas do ato de traduzir. Os dois critérios fundamentais que permitem analisar traduções de diferentes épocas e das mais diversas formas são a *poética* e a *ética*.

A respeito da primeira, ele afirma que "A poeticidade de uma tradução reside no fato de o tradutor ter realizado um verdadeiro trabalho textual, ter feito texto, em correspondência mais ou menos estreita com a textualidade do original" (Berman, 1995, p. 92, tradução nossa). Quanto à eticidade, "ela reside no respeito, ou melhor, num certo respeito do original" (Berman, 1995, p. 92, tradução nossa).

> Eticidade e poeticidade garantem primeiramente que há, de uma forma ou de outra, correspondência ao original e à sua língua. [...] Eticidade e poeticidade garantem, em seguida, que há um fazer-obra na língua de tradução que a amplia, a amplifica e a enriquece [...] em todos os níveis em que ocorre (Berman, 1995, p. 94, tradução nossa).

A dimensão do respeito não implica uma subserviência da tradução ou um apagamento do tradutor, mas sugere que ele jogue limpo, que seja claro naquilo que está fazendo, que não dissimule. Ou seja, para o crítico francês, o tradutor tem total liberdade de trabalho caso faça o que anunciou que faria

– ele vê como antiético, por exemplo, cortar trechos sem avisar ou anunciando uma tradução integral, mas não vê como antiético cortar trechos quando isso é avisado.

2.1.5. A crítica produtiva

Por fim, para os casos de traduções que demandam retraduções (por defeito ou por terem envelhecido), Berman afirma que a crítica deve apontar os princípios que possam guiar a retradução. A crítica das traduções não é, portanto, "o comentário de uma literatura já existente, concluída e murcha", mas "parte de uma literatura ainda por concluir, por formar e até por começar" (Schlegel *apud* Berman, 1995, p. 96, tradução nossa). Em Mello (2019), dissertação em que analisamos **Brincando em cima daquilo**, tradução de **Tutta casa, letto e chiesa** mencionada anteriormente, percebemos a necessidade de retradução da peça e nos aventuramos a propô-la. Neste escrito, diversamente, nos limitaremos ao trabalho crítico, sem propor soluções; reconhecendo, porém, a possibilidade de que uma ou mais peças da obra de Rame e Fo no Brasil mereçam retraduções, esperamos conseguir contribuir com esses trabalhos, e também com a translação da obra dos dramaturgos italianos em português e no Brasil. É importante ressaltar que a crítica não é produtiva só quando se depara com um trabalho que avalia negativamente, mas pode ser produtiva também quando trata de uma tradução de qualidade: a produtividade está, neste último caso, no reconhecimento da sua excelência e na explicação de seus motivos, sugerindo que o leitor a tome como um caso exemplar de trabalho tradutório.

Passaremos, agora, à retomada de algumas reflexões feitas a respeito de questões que envolvem a tradução específica de textos teatrais e à discussão de sua relação com nosso trabalho.

2.2. As especificidades da tradução teatral

Embora nos últimos anos tenha havido crescente interesse pela temática específica da tradução de textos teatrais, este ainda é um ramo pouco explorado da crítica tradutória, impressão partilhada por quase todos os autores consultados em relação a esse tema (Bassnett, 2003; Barbosa, 2014; Currás-Móstoles; Candel-Mora, 2011; Glynn, 2020; Pavis, 2008a; Zurbach, 2009). Outro ponto de consenso entre os diversos pesquisadores que se dedicam a esse assunto é a noção de que o ofício do tradutor de teatro é parecido com o trabalho dos outros profissionais da cena, uma vez que sua função não pode se encerrar nas margens da página e precisa pelo menos prever a encenação. Para Patrice Pavis (2008a) e Phyllis Zatlin (2005), por exemplo, não apenas o tradutor de teatro exerce um papel parecido com o dramaturgo, como a tradução de uma peça de uma língua para outra é uma atividade similar à transposição de uma dramaturgia da página para o palco. Tereza Virgínia Ribeiro Barbosa vai um pouco além e estabelece um paralelo entre o tradutor teatral e as principais figuras responsáveis por um espetáculo:

> propomos, para a teoria da tradução, algo um pouco mais amplo (já que o dramaturgo se limita à escrita); postulamos para o tradutor o papel de ator, dramaturgo e diretor ao mesmo tempo. Enquanto ator, ele marca o texto traduzido com sua personalidade, ideologia e corpo; enquanto dramaturgo, ele translada as estratégias de teatro na costura de seu texto (com isso, evidentemente, altera a sintaxe, a pontuação, as lacunas dos subentendidos etc.), e enquanto diretor, ele elabora (por causa de suas escolhas lexicais e sintáticas, de remanejamentos e manipulações, de ênfases, de tons etc.) uma proposta de espetáculo-cultural-virtual ou, em outros termos, de situação de acontecimento do evento textual. (Barbosa, 2014, p. 31)

Nas peças que analisaremos, em particular, essas funções se sobrepõem muitas vezes: Roberto Vignati, Neyde Veneziano e Alessandra Vannucci, que talvez sejam os três principais tradutores da obra de Rame e Fo no Brasil, também foram responsáveis pela direção de pelo menos uma das montagens das peças que traduziram. Nydia Licia, a primeira tradutora de Rame e Fo no Brasil, não apenas dirigiu, como também atuou em **Quem rouba pé tem sorte no amor**. Não tentaremos, portanto, separar as diversas funções de ator, diretor, dramaturgo e tradutor para a translação de um texto dramatúrgico de uma língua para outra, mas usaremos as palavras "tradutor" e "tradução" como termos guarda-chuva para abarcar todos esses processos e essas funções que resultam na passagem de um texto teatral de partida a um texto teatral de chegada.

Nesta parte do nosso trabalho, faremos uma revisão bibliográfica sobre o assunto: inicialmente, com o intuito de traçar um panorama de como a análise de textos teatrais traduzidos se insere, de forma mais geral, na crítica da tradução, retomaremos as questões levantadas por dois teóricos, Susan Bassnett e Bruno Osimo, em amplos manuais sobre os estudos da tradução, respectivamente, **Estudos de Tradução: Fundamentos de uma disciplina** (2003) e **Manuale del Traduttore** (2011). Em seguida, discutiremos, fazendo uso de apontamentos de pesquisadores da tradução teatral, uma questão fundamental, a translação de uma cultura de partida e de seus elementos-chave para uma cultura de chegada. Não retomaremos, aqui, a questão dos dois objetivos possíveis para a tradução de textos teatrais – a publicação ou a encenação –, nem da possibilidade ou impossibilidade de conciliá-las. Já tratamos dessa questão na introdução e, como nosso *corpus* é composto unicamente por textos não publicados em livro no Brasil, mas vertidos para o português visando montagens específicas da obra de Rame e Fo, não acreditamos que os tradutores vislumbrassem a possibilidade de publicação impressa. Os textos se tornaram públicos nas encenações, mas, muito provavelmente, após modificações feitas pelos atores e pelo diretor, em conjunto com as multissemioses da cena e de forma efêmera.

Para Bassnett (2003, p. 189), a especificidade da tradução teatral vem sendo negligenciada tanto pelos pesquisadores quanto pelos tradutores, que "deixam muitas vezes pensar que a metodologia usada no processo de tradução é a mesma com que são abordados os textos narrativos". Segundo a autora, no entanto, as particularidades do texto teatral fazem com que a metodologia de tradução também seja diferente. De fato, o signo linguístico é apenas uma das várias componentes do espetáculo teatral, que a autora afirma consistir, fazendo referência a Tadeusz Kowzan, em uma rede de signos auditivos e visuais. Embora os signos auditivos e visuais sejam talvez os que mais marcadamente fazem parte da história do espetáculo teatral, aqui nos parece importante fazer duas ressalvas: a de que um desses signos pode estar ausente (como no caso do teatro cego ou do teatro surdo) e a de que outros signos – táteis, olfativos e até gustativos – também podem compor essa rede. De toda forma, o texto continua sendo uma pequena parte do que é o espetáculo teatral; incompleto, ele só pode ser atualizado em todo o seu potencial na cena.

Esta é, certamente, uma questão que precisa ser levada em conta pelos tradutores, que precisam ter em mente que

> o texto dramático é escrito para vozes, [...] contém também um conjunto de sistemas *paralinguísticos*, como o tom, a entoação, a velocidade do enunciado, o sotaque, etc. que constituem matéria significativa. Além disso, o texto dramático contém em si o *subtexto* ou aquilo a que chamámos o *texto gestual*, que determina a acção física do actor. Assim, não é só o contexto, mas também o código gestual encastrado na própria língua que determina o trabalho do actor; e o tradutor que ignorar todos os sistemas além do puramente literário corre sérios riscos. (Bassnett, 2003, p. 205)

Para além do conteúdo das didascálias, portanto, o potencial de virar representação – a *representabilidade* – precisa ser um dos objetivos almejados pelos tradutores ao longo de todo o texto teatral. Concordamos com Bassnett e acreditamos que a representabilidade seja um critério central para analisar a tradução de uma peça. Talvez possamos dizer que, assim como a poética – o simples *fazer texto* – é fundamental para investigar a qualidade de uma tradução antes mesmo de analisar sua relação com o texto de partida, como evidenciado por Berman (1995), a representabilidade – a simples *potência de fazer cena* – é fulcral para avaliar uma tradução de teatro, especialmente no nosso caso, em que todas as traduções foram feitas para a cena e não para a publicação. Dizendo de outra forma, talvez a representabilidade – chamada por outros autores de *performatividade* (Castelli, 2020; Glynn, 2020) ou *exequibilidade cênica* (Barbosa, 2012) – seja a ramificação da poética aplicada aos textos dramatúrgicos.

É importante frisar, também, que a materialidade do espetáculo implica em um encontro com o público: ao contrário da leitura silenciosa, individual e de foro privado dos livros, o espetáculo teatral conta com uma apreciação coletiva, de foro público. Não se deve, portanto, pensar apenas *se* o texto traduzido tem o potencial de ser representado, mas *que tipo* de representação ele engendra e qual relação com o público ele estabelece. Como a maior parte dos textos que compõem o nosso *corpus* deram origem a montagens de sucesso – cuja representabilidade foi, portanto, validada pelo próprio público e pela crítica teatral –, o nosso trabalho crítico não será tanto o de verificar se as traduções são ou não representáveis, mas justamente o de investigar o tipo de representação e de relação com o público potencializado pelos textos e de fato estabelecidos pelas montagens. Entendemos que a representabilidade é uma ideia-chave para a crítica da tradução do teatro clássico, uma vez que é frequentemente traduzido por eruditos que valorizam a precisão filológica em detrimento da teatralidade.

Osimo (2011), por sua vez, além da questão da representabilidade, sublinha o papel central da oralidade nos textos teatrais: segundo o pesquisador, é particularmente difícil traduzir uma língua falada em outra língua falada; nesse caso, deve-se dar atenção filológica não apenas a unidades pequenas como uma palavra ou uma frase, mas a todo o idioleto de um personagem ou ao que ele chama de sua "aura lexical", por exemplo. Parece-nos fundamental ressaltar, porém, que a língua falada no palco não corresponde necessariamente a alguma das várias variantes linguísticas faladas em um determinado território. No caso da obra de Rame e Fo, por exemplo, é frequente o uso de gromelô ou de dialetos parcialmente inventados a partir da mistura de diferentes dialetos, o que certamente representa um grande desafio para a tradução. Parte do caminho a ser percorrido pelo tradutor de teatro parece ser, justamente, de acordo com uma formulação muito feliz de Barbosa (2018, p. 9), "criar [...] uma linguagem escrita que performatize a oral". Além disso, Pavis (2008a) adverte para o perigo da ideia de texto "bom de boca", fácil de falar, que pode levar a uma simplificação ou banalização desnecessária, quando, a bem da verdade, qualquer texto é falável, e muito depende da habilidade dos atores envolvidos na encenação: "Seria preciso poder abordar o estudo do ator como modelizador e como intérprete último do seu texto e do seu corpo, pois o ator pode recuperar a mais miserável das traduções, porém pode igualmente, é verdade, massacrar a mais sublime" (Pavis, 2008a, p. 153).

Tanto para Basnett (2003) como para Osimo (2011), é mais importante a potencialidade de representar do que a correspondência com o texto de partida; este último alerta, porém, que privilegiar a representação não quer dizer necessariamente tentar a todo custo criar, no público de chegada, um efeito equivalente àquele criado pelo texto de partida em seu público. Esse tipo de estratégia tradutória, que privilegia a aceitabilidade, pode ter a consequência de não transmitir elementos fundamentais da cultura de partida. Aprofundaremos essa questão mais adiante.

Além disso, é pertinente comentar outro trecho da obra de Osimo:

> Para certos gêneros teatrais, como a comédia, se a dominante for considerada o entretenimento, a comicidade, e forem colocados em segundo plano os elementos típicos da cultura emitente, prevalece, via de regra, a reconstrução a cargo de dramaturgos da cultura receptora. Trata-se em geral de obras contemporâneas com poucas pretensões de serem lembradas na história do teatro, destinadas a um público desprovido de grandes curiosidades culturais pelo novo, e desejoso principalmente de se distrair e de rir. (Osimo, 2011, p. 193, tradução nossa)

Por um lado, esse trecho parece não considerar a possibilidade de que a comédia seja um gênero tão elevado quanto a tragédia e, embora não o diga explicitamente, parece insinuar que a distração e o riso não apenas são atividades humanas menores, como também que a diversão e o entretenimento se opõem à reflexão. Ele parece desconsiderar que há uma outra tradição da comédia, de origem popular – tradição à qual Fo se vê pertencente –, que apresenta a comicidade como dominante tão importante quanto a crítica social.

Por outro lado, Osimo aponta como o entretenimento, sozinho, é frequentemente considerado a dominante da comédia, o que faz com que outros elementos sejam deixados de lado. Já verificamos que isso acontece na tradução da obra de Franca Rame e Dario Fo para o português, tanto em nossa dissertação (Mello, 2019) quanto em artigo sobre a adaptação fílmica de **Non si paga, non si paga** (Mello; Palma, 2023). Como ressaltamos no primeiro capítulo deste trabalho, achamos fundamental que se considere como dominante não apenas o aspecto humorístico das peças dos dramaturgos italianos, como também, em igual medida, seu aspecto político.

Por fim, o último conselho de Osimo também nos parece muito importante:

> Convém tentar ter uma concepção do público não muito desequilibrada para nenhum lado: nem considerá-lo composto por seres mentalmente preguiçosos e culturalmente debilitados, nem exagerar dando-lhes trabalho demais, pois devemos ter em mente as limitações temporais prementes (no teatro, nem o espectador muito disposto tem o tempo material para consultar eventuais metatextos). (Osimo, 2011, p. 194, tradução nossa)

2.2.1. A tradução como mediadora cultural

Uma eventual facilitação ou dificultação do trabalho de recepção e interpretação do público certamente pode se dever às escolhas linguísticas – de léxico ou de sintaxe, por exemplo – operada pela tradutora ou pelo tradutor; pode, também, estar relacionada às diferenças entre a cultura na qual se insere o texto de partida e aquela na qual se insere o texto de chegada. Para Barbara Delli Castelli (2020, p. 306), "o discurso é uma realidade social e textual, culturalmente definida e semioticamente articulada"; para Pavis (2008a, p. 153), "um texto é muito mais do que uma sequência de palavras: nele se enxertam as dimensões ideológicas, etnológicas, culturais etc."; é impossível, portanto, que haja tradução interlinguística sem que haja contato entre culturas diferentes e sem que os tradutores enfrentem a dificuldade de transpor elementos de uma cultura à outra.

Castelli (2020) retoma uma dicotomia que aparece frequentemente nos estudos da tradução, a de que há duas abordagens gerais possíveis e opostas para a transposição dos aspectos culturais de um texto, a da domesticação e a da estrangeirização (Venuti, 1995), ou, nas palavras de Koustas (1998), a "tradução-assimilação" ou "traduzir, sim, mas sem traduzir". A primeira abordagem consiste em adaptar os elementos da cultura de partida para a cultura de chegada, procurando equivalências, aplainando as diferenças e apagando o estranhamento que a presença desses indícios de um outro lugar poderia causar, impedindo que se tenha indícios da cultura de origem do texto. A segunda, por sua vez, consiste na manutenção dessas referências a outra cultura, acentuando as diferenças, o que pode ter como consequência a incompreensão do texto traduzido pelo público (ou, mais simplesmente, a sua pura rejeição) ou a sua restrição a um público especialista (Pavis, 2008a).

A importância de considerar o espectador-alvo das encenações, seu horizonte de expectativas e sua inserção cultural para priorizar uma dessas abordagens gerais e para efetuar cada escolha específica de como traduzir determinados elementos culturais é reconhecida por diversos teóricos, como Zatlin (2005), Castelli (2020) e Pavis (2008a). O texto encenado deve, afinal, ser compreendido de forma clara e imediata pelo público, e é tarefa do tradutor fornecer "uma série de informações das quais o público-alvo tenha necessidade para compreender uma situação ou um personagem" (Pavis, 2008a, p. 128). Para o estudioso francês, essa necessidade faz com que toda tradução dramatúrgica seja, necessariamente, além de um texto teatral, também um comentário e uma adaptação, e é justamente a interpretação que precede o comentário e a adaptação que permite que a tradução seja bem-sucedida:

> Se a cultura é assim definida como apropriação semiótica da realidade social, a sua tradução é outro sistema semiótico que não apresentará problemas desde que uma relação de interpretância tenha sido proposta. A dificuldade para estabelecer essa relação de interpretância é a de avaliar a distância entre cultura-fonte e cultura-alvo e de decidir sobre a atitude a ser adotada em face da cultura-fonte. Porém, tal escolha não é de ordem técnica: envolve toda uma visão sociopolítica da cultura. (Pavis, 2008a, p. 145-146)

Na análise que faremos do *corpus*, portanto, não projetaremos um tradutor neutro, que tenta ser invisível, nem teremos a ingenuidade de imaginar que existe a possibilidade de uma correspondência absoluta e objetiva entre texto de partida e texto de chegada. Ao contrário, tentaremos entender qual é a interprctação feita pelo tradutor não só do texto de partida, como também do seu público-alvo, e, a partir daí, quais foram as escolhas tradutórias feitas.

Castelli ressalta que o tradutor elenca prioridades e que, por mais que elas dependam também de fatores mais objetivos, estão sujeitas, pelo menos em alguma medida, ao gosto do tradutor:

> emerge a necessidade do tradutor de elencar uma série de prioridades — a exigência de destacar quais valores no texto de partida devem ser preservados a fim de que o texto traduzido seja adequado ao original. [...] É inevitável que a escolha de uma hierarquia de valores "a preservar" esteja sujeita também ao gosto pessoal do tradutor que, por mais que deseje submeter-se ao texto, não pode se anular completamente nesse processo. (Castelli, 2020, p. 314)

Para Pavis, também se trata de um trabalho no qual é necessário estabelecer prioridades e, a partir delas, pensar em estratégias. Ele critica particularmente, no entanto, as traduções que apagam a cultura de partida e domesticam-na não para uma cultura de chegada particular, mas para uma tradição ocidental homogeneizante e universalizante, eurocentrada.

> Tudo é universal e os discursos universalizantes perdem de sua prenhez política sociocultural, em proveito de uma grande-missa celebrada ecumenicamente para toda a humanidade. A estandardização e a indústria cultural amam muito fazer-se fluir para uma universalização, um humanismo transcendental, quando elas nada

> mais são do que uma chamada ideológica e tecnocrática, um empobrecimento que de humanismo não tem mais que o nome e que gera a estandardização informacional. O recurso à humanidade torna-se uma tática para resolver os problemas insolúveis de uma tradução muito particularizante e para reduzir as arestas entre as culturas. Esta solução é pouco satisfatória, quaisquer que sejam os grandes discursos sobre o interculturalismo e a compreensão entre os povos. (Pavis, 2008a, p. 149)

Pelo que estudamos em nossa dissertação (Mello, 2019), acreditamos que a estratégia da universalização/estandardização possa fazer parte do repertório dos tradutores brasileiros da obra de Rame e Fo; portanto, prestamos atenção à sua manifestação no *corpus* analisado.

Em que pese a magnitude da polarização entre estrangeirização e domesticação nos estudos da tradução, Pavis (2008a, p. 147) acredita que há um caminho intermediário e que ele é, aliás, o mais frequente. Esta possibilidade "consiste em transigir entre as duas culturas, em produzir uma tradução que seja como um 'corpo condutor' entre as duas culturas e que respeite a proximidade e o afastamento, a familiaridade e a estranheza." Como o texto traduzido faz parte "tanto do texto e da cultura-fonte quanto do texto e da cultura-alvo" (Pavis, 2008a, p. 124), a sua função de mediação cultural é inevitável.

Pretendemos, então, por fim, entender como as traduções brasileiras que compõem o nosso *corpus* fazem essa mediação cultural entre as peças de Rame e Fo, seu contexto social, histórico, político e cultural e a realidade brasileira, levando em consideração a interpretação dos tradutores tanto da peça como de seu público-alvo e analisando se houve predominância de estratégias estrangeirizantes ou domesticadoras (ou se houve equilíbrio entre elas) e, enfim, se a universalização fez parte ou não do repertório de estratégias tradutórias.

Na próxima parte deste capítulo, discutiremos algumas questões relativas mais especificamente à tradução da obra de Rame e Fo para diferentes línguas e territórios, de forma a nos familiarizar com as questões que perpassam a translação das peças do casal de um sistema cultural a outro.

2.3. Traduzir Franca Rame e Dario Fo

A partir da década de 1960, as peças de Franca Rame e Dario Fo começaram a ser montadas em outros países e, portanto, também traduzidas. O sucesso internacional foi enorme, atingiu seu ápice nos anos 1980 e gerou um número considerável de traduções. Infelizmente, não temos conhecimento de nenhuma pesquisa que traga dados sobre a quantidade de traduções, a variedade de línguas e países de chegada, mas os dados presentes no *Archivio Franca Rame-Dario Fo* mostram que, assim como no caso brasileiro, as traduções para a cena são muito mais frequentes que as traduções para a publicação. Também não temos conhecimento de nenhuma pesquisa que abarque a questão da tradução da obra dos dramaturgos italianos para diferentes línguas, culturas e territórios, mas há uma quantidade razoável de artigos sobre aspectos específicos que concernem a versão de suas peças, como a questão da linguagem usada por Fo (Dumont-Lewi,

2012 e 2016; Plack, 2016), a militância e as referências à situação política (Almarza, 2019; Bergeron, 1998; Dalvai, s. d.; Dumont-Lewi, 2020; Dunnet, 1996; Edo, 2018; Kopušar, 2016; Mello, 2019; Mello, 2021; Randaccio, 2016; Tortoriello, 2001) e o humor (Dumont-Lewi, 2020; Mello, 2019; Mello, 2021; Perea, 2016). A maior parte desses trabalhos investiga a tradução ou as traduções de uma peça específica para um país ou uma língua específica, à exceção dos trabalhos de Dumont-Lewi, Kopušar e Randaccio, que se referem, respectivamente, à tradução de alguns aspectos específicos de mais obras na França, na Argentina e na Inglaterra. Há, por fim, alguns estudos que investigam de forma mais global a questão da translação da obra dos italianos para um contexto específico, como é o caso de um capítulo de David Hirst em seu livro **Dario Fo and Franca Rame** (1989), dedicado à tradução e à adaptação na Inglaterra; da dissertação de mestrado de Laetitia Dumont-Lewi, *Traduire Dario Fo: aspects culturels et linguistiques: du texte à la scène* (2007) e do livro de Stefania Taviano intitulado **Staging Dario Fo and Franca Rame: Anglo-American Approaches to Political Theatre** (2017). Infelizmente, não conseguimos acesso aos últimos dois.

Nesta parte do nosso trabalho, retomaremos as considerações dos autores mencionados acima a respeito da tradução da obra de Franca Rame e de Dario Fo, focando nessas três questões – o humor, a politização e inventividade linguística –, que, ao mesmo tempo que configuram dominantes de sua obra, também são elementos importantes tanto para a reflexão preparatória para o trabalho tradutório quanto para a crítica das traduções.

Em primeiro lugar, nos parece pertinente lembrar como a atitude de Dario Fo como tradutor/adaptador é completamente distinta da sua atitude e da atitude de Franca Rame como autores de um texto traduzido/adaptado e de leitores e espectadores dessas traduções e adaptações. Como já mencionamos no primeiro capítulo desta tese, não foram raras as polêmicas suscitadas pelas montagens de Fo de textos de outros autores, especialmente pela sua inventividade, avaliada, na maior parte das vezes, como uma deturpação do texto original. Lembramos, aqui, de um episódio em particular: convidado para dirigir uma montagem da **Ópera dos três vinténs**, de Brecht, com o Berliner Ensemble, companhia fundada pelo dramaturgo alemão e por Helene Weigel, sua esposa, Dario acabou tendo seu trabalho desautorizado pelas transformações que queria empreender, em particular a substituição das músicas de Kurt Weill por canções de rock. Como não teria autorização para montar o texto de Brecht, continuou o seu projeto na Itália dizendo ter se inspirado diretamente na obra de John Gay (autor da **Ópera do mendigo**, então em domínio público, que tinha sido também a inspiração de Brecht), e realizou o espetáculo **L'opera dello sghignazzo**. Além disso, diversas são as inspirações, as citações recortadas, modificadas – para não falar nas inventadas – que o dramaturgo italiano usa na composição de suas peças. Os próprios textos de Fo e Rame, convém lembrar, são instáveis, mutantes: se adaptam às novidades da cena política, ao espaço de apresentação, ao público; estão abertos à improvisação, deixam – pelo menos nas montagens conduzidas por eles – grande espaço para a liberdade das atrizes e dos atores.

Do outro lado, como espectadores de suas peças traduzidas e montadas em outros países, parecem raramente ter apreciado o resultado. A esse respeito, Fo diz:

> Vi poucas coisas boas, algumas são dignas, outras são desastres, tanto por causa dos atores, como por causa da direção, quanto por causa do texto, geralmente correto, mas frequentemente piorado. Tendem sempre a exagerar, a atuar como nos *vaudevilles* ou nas comédias americanas, mas isso faz parte da falta de compreensão da comédia da arte. Não têm *timing* nem ritmo, atuam sempre um pouco demais, abusam, como dizemos no teatro. (Fo, 1985 *apud* Hirst, 1989, p. 73-74, tradução nossa)

Segundo o relato de Farrell (2019), as reações de Franca Rame costumavam ser mais enfáticas. Após a apresentação de um de seus monólogos no Festival Internacional de Edimburgo, por exemplo, ele conta que ela se levantou soltando uma única exclamação de "vergonha!".

Essa falta de apreciação de traduções e montagens alheias de seus próprios textos parece resultar em um controle excessivo em relação à gestão dos direitos autorais e das autorizações de tradução, montagem e publicação de suas peças em outros países, como explica Dumont-Lewi (2017), o que está em forte contradição com a liberdade com a qual Dario age não apenas sobre os próprios textos e espetáculos, como também sobre os textos alheios. Também nos parece pertinente a observação feita pela pesquisadora de que talvez esse controle excessivo não esteja em contradição com a atividade editorial de Franca, cujo principal objetivo parecia ser, justamente, o de estabelecer um texto final, mais fixo, para a publicação, uma espécie de resultado das inúmeras operações de modificação, acréscimo e supressão feitas durante as apresentações de uma peça, especialmente na primeira temporada.

A contínua refacção dos textos coloca o problema de qual versão escolher para traduzir. Pelo que relata Dumont-Lewi (2017), essa liberdade não era sempre concedida aos tradutores pelo casal quando ainda estava em vida, e o mesmo ainda acontece depois de sua morte. Na tradução de **Non si paga! Non si paga!** para o francês, por exemplo, Valeria Tasca recebeu a indicação de não seguir o texto publicado, mas uma versão gravada de uma apresentação mais recente (ela estava traduzindo em 1980 uma peça que havia sido publicada em 1974); já no caso da tradução efetuada em 1984 de **Coppia aperta, quasi spalancata**, que ainda não tinha sido publicada em italiano, Tasca decidiu fazer uma síntese entre a primeira redação, de 1983, e uma gravação mais recente, de 1984. Ainda assim, Franca sugeriu que a gravação fosse privilegiada, conselho seguido por Valeria. De forma geral, porém, Dumont-Lewi atesta que raras liberdades eram concedidas aos tradutores, e o mais comum era que se encontrassem em situações semelhantes à de Marie-France Sidet quando traduziu **Clacson, trombette e pernacchi**:

> Como sempre, existiam diversas versões do texto italiano, mas para a tradução e para a edição, é Franca Rame quem nos envia o texto definitivo, uma espécie de versão internacional datilografada. Esse mesmo texto foi corrigido por Franca nos primeiros dias em que eu comecei a trabalhar: eu recebi quatro ou cinco folhas de correções com acréscimos. Eu tinha também uma fita

cassete e a edição da La Comune. Mas, para a tradução, levar em consideração as diferentes versões não estava em questão, eu acatei o que me enviaram como texto definitivo para a tradução, porque eles são fanaticamente, freneticamente apegados a essa versão para o exterior! (Dumont-Lewi; Prin; Sidet, 2011 *apud* Dumont-Lewi, 2017, p. 167, tradução nossa)

Embora a intensidade do controle sobre as traduções e as montagens estrangeiras variasse e não fosse sistemática, a escolha do texto a ser traduzido não era a única forma de verificar se o trabalho agradava aos dramaturgos italianos: eles podiam examinar as traduções francófonas e pedir que os agentes examinassem as anglófonas; quando suspeitavam de algo que consideravam errado, podiam pedir que um texto traduzido para uma língua que eles não dominavam fosse retraduzido para o italiano. Essa atitude podia tomar ares ainda mais farsescos:

Aconteceu pelo menos uma vez de um tradutor ser banido porque sua tradução tinha sido feita a partir de uma quinta versão, que, uma vez retraduzida, foi comparada com a quarta versão. Os diversos acréscimos ou cortes que foram atribuídos a um desrespeito incômodo, negligente ou arrogante pelo original eram, na realidade, o resultado de reescrituras feitas pelo autor. (Farrell, 1998, p. 20 *apud* Dumont-Lewi, 2017, p. 168, tradução nossa)

No *Archivio Franca Rame-Dario Fo* não há muitos registros que nos ajudem a entender que tipo de relação se deu entre tradutores para o português brasileiro, autores italianos e seus agentes, nem qual foi exatamente o controle exercido sobre as montagens e os textos brasileiros. De toda forma, parece ter existido pelo menos a indicação de respeito ao texto de partida e o pedido de que a tradução fosse enviada para os autores para ser autorizada, como se pode ver nos contratos firmados em 1987, com Neyde Veneziano para a montagem de **Arlecchino, Hellequin, Harlekin** e com Herson Capri para a montagem e a tradução de **Settimo: ruba un po' meno**:

> O TRADUTOR e o CONCESSIONÁRIO devem submeter ao AUTOR a tradução ou a adaptação da obra que deverá respeitar profundamente a obra original. O AUTOR se compromete a notificar por escrito a sua aprovação ou as sugestões de eventuais modificações no prazo de vinte dias do recebimento do texto traduzido. (Archivio [...], 1984; Sciotto, 1987, online, tradução nossa)

Não há, no *Archivio*, outros contratos ou correspondências que tratem dos textos a serem traduzidos nas montagens brasileiras.

2.3.1. Traduzir o humor

Para Phyllis Zatlin (2005), o senso de humor é um atributo fundamental para o tradutor de comédia. Segundo a autora, o objetivo deveria ser o de fazer sempre equivaler um trocadilho a outro, uma piada a outra, mas é quase impossível garantir essa equivalência imediata; tanto pelo aspecto cultural mais geral – diferentes culturas riem de coisas diferentes – como pelas questões linguísticas: ambiguidades e jogos de palavras raramente funcionam quando traduzidos literalmente. Uma possibilidade, para ela, é a de criar um jogo de equivalências: quando não for possível traduzir uma situação cômica, compensar inserindo uma em outro momento do texto. Além disso, há a questão já mencionada da imediatez do espetáculo teatral:

> Trocadilhos e outros jogos de palavras representam um enorme desafio em todas as traduções, mas são especialmente difíceis no teatro: o espectador tem que pegar o duplo sentido em tempo real. Se algum exemplo particular de um jogo de palavras se repete no texto, o tradutor deve ter um cuidado especial para que o espectador possa agarrá-lo rapidamente na primeira vez e evocá-lo mentalmente para uso posterior. (Zatlin, 2005, p. 92, tradução nossa)

Estamos de acordo com Zatlin, assim como com a proposta de Marta Rosas (2003), segundo a qual a tradução do humor deve ser uma tradução funcional: se o objetivo de um determinado trecho era aquele de provocar o riso ou algum nível de comicidade no texto de partida, essa mesma finalidade deve ser buscada no texto de chegada, ainda que com uma fidelidade literal menor. Achamos que é importante, porém, ressaltar que, na obra de Franca Rame e Dario Fo, a comicidade raramente tem o objetivo único de fazer rir. Em nossa dissertação, notamos, por exemplo, que

> o humor, especialmente o grotesco de trechos como aqueles em que os órgãos sexuais masculinos são tratados como personagens de tragédias de Eurípides, tem o papel de atacar a aura de poder que os cerca. Em outro trecho, o humor parece criar também um clima de cumplicidade entre as mulheres da plateia e entre elas e a atriz: Rame afirma que em uma determinada parte do espetáculo apenas as mulheres riem, ou, quando riem

também os homens, o fazem de forma artificial, forçada, o que é um sinal de que todos se reconhecem na situação representada. Não deixa de ser, também, uma piscadela de olho para que os homens repensem seu comportamento. (Mello, 2019, p. 27)

Em que pese a aparente simplicidade da fórmula "traduzir uma piada por uma piada e um trocadilho por um trocadilho" – ainda que em momentos diferentes do texto, compensando os pontos em que a reprodução do efeito cômico não foi possível –, não nos parece que esse caminho seja suficiente para dar conta do complexo projeto político, social e pedagógico que o teatro de Rame e Fo representa. Em nosso estudo do *corpus*, estaremos atentas também às funções que acompanham a comicidade e analisaremos não apenas como o humor foi vertido do italiano para o português, mas também se ele continua desempenhando o mesmo papel, se os mesmos objetivos do texto de partida foram recriados no Brasil e, em caso afirmativo, em que medida e por quais meios; se tiverem sido alterados, tentaremos entender os detalhes dessa mudança e suas consequências para o projeto político da peça.

2.3.2. Traduzir as referências culturais, históricas e políticas

No ponto 2.2.1 deste capítulo, tratamos das principais estratégias usadas para traduzir os aspectos mais ligados a uma determinada cultura: a domesticação, a estrangeirização e a mediação. Às vezes com denominações diferentes, esses também são os polos de análise predominantes entre os estudiosos que se dedicaram à crítica das peças traduzidas de Rame e Fo.

Adriana Tortoriello (2001) elogia a montagem britânica **We can't pay? We won't pay!** (sucessivamente chamada **Can't pay? Won't pay!**), que estreou em 1978, com tradução de Lino Pertile, adaptação de Bill Colville e Robert Walker. A língua usada na peça é um *working-class English* e, para a pesquisadora, esse é um elemento fundamental para que o público construa uma relação com a peça a partir de algo que lhe é familiar, o que facilita a compreensão do contexto que lhe é distante, efetuando justamente a mediação da qual fala Pavis (2008a). Tortoriello também analisa as montagens britânicas de **Morte acidental de um anarquista** e de **Coppia aperta, quasi spalancata**; julga que a primeira se manteve ligada demais aos referentes italianos, o que fez com que se tornasse incompreensível para o público inglês, enquanto a última foi totalmente adaptada para o contexto britânico e alterou completamente a relação com o público, tirando, por exemplo, quase todos os apartes, o que praticamente reconstruiu a quarta parede. A pesquisadora chega a uma conclusão que nos parece bastante significativa, segundo a qual

> O dado mais interessante que emerge da análise talvez seja o seguinte: nesse tipo de teatro não se trata só de escolher entre a manutenção, a adaptação ou a omissão das referências políticas mais especificamente italianas; ao contrário, a escolha feita pelo tradutor sobre reproduzir ou não o tipo de relação que se cria com o público no teatro de Fo tem um peso enorme. Estamos falando da que foi definida a "sua tentativa de dilatar

o teatro nas dimensões de um verdadeiro território social". (Tortoriello, 2001, p. 95, tradução nossa)

Monica Randaccio (2016) analisa outras duas traduções de **Non si paga, non si paga!**: a americana de Ron Jenkins, intitulada **We won't pay! We won't pay!** (1999) e a inglesa de Joseph Farrell intitulada **Low Pay? Don't Pay!** (2010). Segundo a pesquisadora, nem a potência cênica da primeira e sua adaptação ao contexto americano, que cortou muitas referências ao cenário político italiano e generalizou outras, nem o respeito ao texto de Fo da segunda foram suficientes para garantir uma boa recepção ou boas críticas para as peças. Isso talvez mostre, por um lado, a força do argumento de Pavis (2008a), segundo quem o melhor caminho é o da mediação cultural; por outro, também demonstra que é preciso articular uma série de fatores diferentes para uma boa tradução e uma boa montagem de uma peça teatral; diferentes abordagens podem funcionar ou fracassar e não é uma forma de transposição preferencial dos aspectos culturais que define um espetáculo como melhor ou pior.

Laetitia Dumont-Lewi (2020), por outro lado, citando exemplos das traduções francesas de **Morte accidentale di un anarchico**, **Non si paga, non si paga!** e **Clacson, trombette, pernacchi**, explica que as referências ao contexto político, especialmente quando muito obscuras para o público do texto de chegada, acabam sofrendo alterações na tradução. Uma das possibilidades é a troca de um elemento por outro mais ou menos correspondente e que faça parte do conhecimento de mundo dos espectadores – um exemplo é a substituição feita por Valeria Tasca em 1980, quando traduziu **Non si paga, non si paga!** para **Faut pas payer!**, do juiz Sossi, sequestrado pelas Brigadas Vermelhas em 1974 e desconhecido do público francês, por Aldo Moro, sequestrado e assassinado pelo mesmo grupo em 1978 e conhecido pelo público francês. Outra possibilidade é a supressão de trechos particularmente ligados a detalhes específicos do contexto italiano, o que, no caso de **Mort accidentelle d'un anarchiste**, fez com que a peça ganhasse contornos universalizantes e ficasse mais centrada em seu eixo cômico. Uma terceira via é a utilizada por Sidet na tradução e por Marc Prin na montagem de **Klaxon, trompettes et pétardes** de 2010: apesar dos cortes, alguns nomes e eventos particulares foram mantidos, e se optou por apresentar o panorama do qual a peça trataria no programa do espetáculo. Dumont-Lewi (2020), que imaginava que se tratasse de uma obra difícil de ser apreciada fora da Itália, justamente pelo seu caráter particular, ficou surpresa ao ver o sucesso da montagem na França (e também constatou que os alunos que tinha levado para assisti-la não tinham entendido muita coisa).

Na análise do *corpus* tentaremos, portanto, entender quais foram as estratégias usadas pelos tradutores para darem conta de transpor (ou não) esses elementos enraizados na cultura política italiana, qual tipo de abordagem predominou e como essas escolhas influenciaram na relação construída com o público no projeto de teatro de Franca Rame e Dario Fo.

2.3.3. Traduzir a criatividade da linguagem de Dario Fo

Pouco se vê dos dialetos inventados ou do gromelô de Dario Fo nas traduções de sua obra. Esse não parece ser, no entanto, um erro dos tradutores, uma vez que os textos que remetem mais fortemente à tradição dos jograis medievais eram traduzidos ou parafraseados pela própria Franca e foram, a partir da edição de **Mistero buffo** de 1973 (Dumont-Lewi, 2016), publicados em versões bilíngues, com o texto falado em cena colocado ao lado de sua tradução para o italiano padrão. Segundo Dumont-Lewi (2020), os textos enviados para o exterior quando os direitos de tradução de uma peça eram solicitados correspondiam à versão em italiano, e não à versão bilíngue ou em gromelô ou em dialeto. Em muitos casos, portanto, podemos imaginar que os tradutores não tivessem ciência da inventividade linguística de Dario Fo por causa de uma política dos próprios autores; em outros casos, podemos imaginar que os tradutores até conhecessem essa inventividade, mas não tivessem um registro que a exemplificasse para poder pensar a tradução dessa dominante de sua obra. Em nossas pesquisas, encontramos apenas o relato de que Michel Tremblay usou, em algumas partes do **Mistero Buffo**, em uma montagem de 1973, uma variedade linguística significativamente diferente da padrão, o *joual*, variedade da língua francesa falada em Montréal, mas imaginamos que haja outros casos em que tradutores e dramaturgos fizeram escolhas mais ousadas para a questão da língua. Valeria Tasca, ainda que não tenha traduzido para outras variedades do francês, parece estar consciente da importância da criatividade linguística para a obra de Rame e Fo, e explica que tenta dar conta dessa questão através de diferentes estratégias:

> Forçada a se justificar, a tradutora francesa aponta primeiro um obstáculo que não tenho certeza de que alguém tenha encontrado um meio de ultrapassar: a tradução de dialetos. Encontramos, aos poucos, uma solução para cada página, e o resultado, estou ciente, é uma manta de retalhos de frases familiares, arcaísmos, regionalismos, gírias mais ou menos extravagantes, gírias mais ou menos atuais e neologismos hesitantes. (Tasca, 1996, p. 117, tradução nossa)

Mesmo sem inventar novas possibilidades linguísticas ou fazer uso constante e sistemático de outra variedade, Tasca está consciente de que é muito importante que a língua de uma peça de Dario Fo não soe como uma língua uniforme do cotidiano, mas que traga em si pelo menos alguns indícios de estranheza e remeta, ainda que de forma mais assistemática e menos frequente, aos mais diferentes níveis em que se manifesta a variedade linguística.

De fato, para Dumont-Lewi (2020, p. 9, tradução nossa), tanto os dialetos como o gromelô são fundamentais para a poética de Dario, porque "Fo insiste muito na ausência de compreensão imediata, no esforço que o público tem que fazer para compreender o que está sendo representado na sua frente". Ainda mais importante é criar um senso de comunidade entre os espectadores, diferenciando-os, por exemplo, dos censores.

Segundo as explicações que Dario dá para o uso, seja na tradição cômica italiana, seja em seu próprio teatro – nos monólogos e peças que, justamente, mais remetem à tradição da *commedia dell'arte* –, dos dialetos inventados e do gromelô, o primeiro teria nascido da necessidade dos jograis de se fazerem entender em diferentes locais, com diferentes realidades linguísticas; o segundo, por sua vez, teria nascido de um objetivo contrário, o de não se fazer entender pelos censores e pelas forças da repressão. Assim, a inventividade linguística de Fo, que provoca nos espectadores diferentes níveis de dificuldade de compreensão, não se deve somente a uma convicção pedagógica de que o esforço feito pelo público para entender uma peça é positivo, mas principalmente a uma estratégia de criar uma comunidade entre aqueles que conseguem entender o que é dito na cena, graças também ao acesso que têm ao trabalho vocal e corporal dos atores e ao prólogo.

> A língua da qual Fo fala deve ao mesmo tempo ser entendida por alguns e não ser entendida por outros. Trata-se, portanto, de uma língua codificada, de um jargão. O censor não deve entender, mas os espectadores devem se sentir mais inteligentes que ele: é uma língua que visa a criar uma comunidade com um certo público. (Dumont-Lewi, 2012, p. 17-18, tradução nossa)

Para além da contribuição evidente do estranhamento linguístico para o efeito cômico, a questão da língua parece ser um elemento fundamental da militância política de Fo. Por mais que a tradução para o italiano padrão facilite a compreensão do conteúdo dos textos, acreditamos que ela deixe mais inacessível o acesso à poética completa das obras de Dario Fo. Por isso, acreditamos que, atualmente, enfrentar a questão da tradução também da inventividade linguística seja uma tarefa importante para os tradutores das suas peças, como afirma Dumont-Lewi (2016).

A nossa hipótese, portanto, era de que não teríamos, ao longo da nossa análise do *corpus*, contato com soluções criativas para transpor para o português a inventividade linguística de Dario Fo, mas prestamos atenção também a outros desafios de tradução citados por Tasca (1996) que se referem a níveis mais pontuais da engenhosidade do dramaturgo italiano: a tradução de neologismos, onomatopeias, palavrões e blasfêmias. A essas questões, Ana María Almarza (2019) acrescenta outras: a tradução da ironia, das marcas de regionalidade, dos jogos de palavras e dos nomes próprios.

2.4. Dramaturgia da tradução

Antes de elaborarmos melhor a nossa hipótese da possibilidade de haver, no próprio trabalho tradutório, um movimento de construção dramatúrgica, é preciso retomar a noção de dramaturgia e seus diversos significados.

2.4.1. Dramaturgias, no plural

No **Dicionário de teatro** de Patrice Pavis (2008b), o verbete "Dramaturgia" conta com duas definições diferentes. A primeira, mais antiga, é encontrada também em dicionários não especializados e entende a dramaturgia como a arte de compor peças de teatro. Fazem parte dessa noção de composição das peças tanto o texto escrito quanto as estruturas que darão vida à representação. Para Joseph Danan (2010), antes dos artigos que compõem a **Dramaturgia de Hamburgo**, escritos entre 1767 e 1768 por Gotthold Ephraim Lessing, essa era a única definição possível para a palavra em questão, inclusive porque, na dramaturgia clássica, cada texto pressupunha o seu próprio modelo cênico. Nas palavras de Bernard Dort,

> As regras que regiam a escrita duma peça clássica referiam-se, sem que isso fosse expressamente dito, a modelos de representação. Eram menos abstractas e menos literárias do que parece. Antecipavam no próprio texto a existência do palco. O gênero e a forma da *peça* inscreviam já o palco no texto: assim, modelos literários e modelos cénicos eram uma e a mesma coisa. (Dort, 1986, p. 1)

Embora os textos de Lessing já apontassem para uma mudança no entendimento da dramaturgia, é principalmente com o advento da noção de encenação e do trabalho do encenador que o fazer teatral é profundamente transformado, na segunda metade do século XIX. Para Dort, é fundamental para o surgimento da encenação a mudança na relação do teatro com seu público:

> A partir da segunda metade do século XIX, não há mais, para os teatros, um público homogêneo e nitidamente diferenciado segundo o gênero dos espetáculos que lhe são oferecidos. Desde então, não existe mais nenhum acordo fundamental prévio entre espectadores e homens

de teatro sobre o estilo e o sentido desses espetáculos. (1971, p. 61 *apud* Pavis, 2008b, p. 122)

Pavis (2008b) cita outros elementos, que não aprofundaremos aqui, que contribuíram para a progressiva autonomia e importância da *encenação* em detrimento do texto: a crise do drama e o avanço técnico decorrente da mecanização do palco e da evolução da iluminação elétrica. Segundo André Veinstein (1955, p. 7 *apud* Pavis, 2008b, p. 122), "o termo encenação designa a atividade que consiste no arranjo, num certo tempo e num certo espaço de atuação, dos diferentes elementos de interpretação cênica de uma obra dramática". Não há mais, pois, uma contiguidade entre texto escrito e modelo cênico; por conseguinte, a relação entre texto dramático e encenação passa a ser uma relação que deve ser construída a cada montagem (Dort, 1986). Ora, se a dramaturgia era entendida como composição não só do texto, como também das estruturas que fundamentariam a encenação, uma mudança na relação entre cena e texto influencia a noção de dramaturgia e a função dos dramaturgos, que se transforma ainda mais após os estudos de Brecht sobre teatro dramático e épico.

Segundo Pavis, no sentido que é o resultado das mudanças ocorridas a partir do final do século XIX,

> A dramaturgia, atividade do *dramaturgo* (sentido 2), consiste em instalar os materiais textuais e cênicos, em destacar os significados complexos do texto ao escolher uma interpretação particular, em orientar o espetáculo no sentido escolhido.
>
> *Dramaturgia* designa então o conjunto das escolhas estéticas e ideológicas que a equipe de realização, desde

o encenador até o ator, foi levada a fazer. Este trabalho abrange a elaboração e a *representação da fábula*, a escolha do espaço cênico, a *montagem*, a interpretação do ator, a representação ilusionista ou distanciada do espetáculo. Em resumo, a dramaturgia se pergunta como são dispostos os materiais da fábula no espaço textual e cênico e de acordo com qual temporalidade. A dramaturgia, no seu sentido mais recente, tende, portanto, a ultrapassar o âmbito de estudo do texto dramático para englobar texto e realização cênica. (Pavis, 2008b, p. 113-114)

De forma resumida, para Bernard Dort (1971, p. 115 *apud* Pavis, 2008b, p. 47), trata-se de "uma reflexão crítica sobre a passagem do fato literário para o fato teatral". De fato, estabelecida a diferença entre texto dramático (fato literário) e encenação (fato teatral), a dramaturgia passa a englobar, portanto, as atividades de interpretação do texto e de interpretação do contexto sócio-histórico para propor uma relação entre texto, encenação e realidade. Essa segunda acepção de dramaturgia é uma noção muito mais ampla, que se preocupa com a produção de sentido, inclusive – mas não apenas – ideológico; com as formas de produção de sentido e com a recepção do público. Ainda de acordo com Pavis,

Examinar a articulação do mundo e da cena, ou seja, da ideologia e da estética, esta é, em suma, a principal tarefa da dramaturgia. Trata-se de compreender como ideias sobre os homens e sobre o mundo são enformadas, portanto, em texto e em cena [...]

A dramaturgia escolhe, como se faria em música, uma clave de ilusão/desilusão, e se aferra a ela durante a execução da ficção cênica. [...] Enfim, a tarefa final e principal será efetuar o "ajuste" entre texto e cena, decidir de que forma

> interpretar o texto, como dar-lhe um impulso cênico que o esclareça para determinada época e determinado público.
>
> A relação com o público é o vínculo que determina e especifica todos os outros: decidir se o teatro deve entreter ou instruir, confortar ou perturbar, reproduzir ou denunciar – tais são as questões que a dramaturgia formula na operação de suas análises. (Pavis, 2008b, p. 114)

Em alemão, os termos que designam os responsáveis pelo primeiro e pelo segundo tipo de dramaturgia são diferentes. *Dramatiker* é o autor dramático e *Dramaturg* é o responsável pela dramaturgia em seu sentido mais recente. Em português, embora haja um uso pontual de *dramaturgo* para a primeira função e de *dramaturgista* para a segunda, via de regra, não se usam termos distintos para os dois papéis, inclusive porque a figura do *Dramaturg* não se firmou como figura essencial no teatro brasileiro. Isso não quer dizer, porém, que a reflexão dramatúrgica, no segundo sentido, está ausente. De forma geral,

> A reflexão dramatúrgica está presente (de forma consciente ou não) a todos os níveis da realização. Impossível limitá-la a um elemento ou a um acto. Ela diz tanto respeito à elaboração do cenário, como ao "jeu" dos actores, como ao trabalho do "dramaturgo" propriamente dito. É impossível circunscrever um domínio dramatúrgico no teatro. (Dort, 1986, p. 1)

Robert Scanlan argumenta na mesma direção, afirmando que a dramaturgia é

> uma *função* que precisa ser exercida por todos os que trabalham ativamente na montagem de uma peça, começando pelo diretor (que, idealmente, seria o mais

versado em dramaturgia), e estendendo-se para os encenadores, os atores, a direção de palco, o produtor e
todo o pessoal com qualquer ligação com a montagem.
(Scanlan, 2020, p. 27-28, tradução nossa)

O conceito de dramaturgia se expandiu tanto da segunda
metade do século XX aos dias de hoje que o usamos, como bem
lembra Danan (2010), para dar conta dos projetos de significação e de relação produzidos por diferentes elementos. Falamos
em dramaturgia de um texto e em dramaturgia de um espetáculo, é claro, mas também podemos falar em dramaturgia do
palco italiano, dramaturgia da luz, dramaturgia do corpo, dramaturgia da voz e de tantos outros recursos, inclusive externos
ao teatro. É nesse sentido que vislumbramos a possibilidade
de pensar, também, em uma dramaturgia da tradução.

2.4.2. Tradução e dramaturgia

Na segunda parte deste capítulo, vimos que não é incomum a comparação do trabalho dos tradutores teatrais com
aquele de outros trabalhadores do teatro, incluindo o dramaturgo, entendido em seu senso primeiro, ou seja, como autor
de peças de teatro. A relação entre dramaturgia como escrita
teatral e tradução nos parece mais evidente, e já foi esboçada
anteriormente neste capítulo: da mesma forma como traduzir qualquer texto deve ser uma atividade poética – ou seja,
criadora de um texto na língua de destino –; traduzir uma
peça de teatro, especialmente quando ela vai ser montada e

não (apenas) publicada, deve ser uma atividade dramatúrgica – deve resultar, portanto, na criação de um texto teatral. Se a tradução escrita de um texto teatral de uma língua de partida para uma língua de chegada, feita com o objetivo de servir a uma montagem, tem como resultado outra coisa que não uma dramaturgia (considerando a amplitude de possibilidades, inclusive formais e estilísticas, do texto teatral na contemporaneidade), trata-se, provavelmente, de uma tradução de má qualidade. Não estamos nos referindo aqui, é claro, aos textos dramatúrgicos traduzidos com o objetivo único ou primeiro da publicação. Essas traduções podem ser boas e ainda assim terem uma carga de teatralidade reduzida em relação ao texto de partida, especialmente quando buscam exatidão filológica em textos clássicos; quando são mais voltadas para pesquisadores literários do que para profissionais da cena e/ou quando querem (re)criar efeitos literários mais característicos da escrita do que da oralidade. Em relação à primeira acepção da palavra dramaturgia, podemos afirmar, em síntese, que traduzir dramaturgia é no mínimo recriar, em outra língua, o texto da língua de partida. Apenas para distingui-la da dramaturgia da tradução, chamaremos esse processo de *tradução de dramaturgia.*

Interessa-nos, mais particularmente, pensar a relação entre tradução e a dramaturgia entendida em seu sentido segundo. Uma semelhança central entre os dois trabalhos é, como afirmam Alice Carré e Barbara Métais-Chastanier (2010, online, tradução nossa), o fato de que "A dramaturgia, assim como a tradução, tem vocação para o potencial, porque elas trabalham, ambas, com operações de deslocamento e de conversão."

Assim como o objetivo primeiro de uma tradução escrita é transpor um texto de uma língua/cultura a outra, o objetivo primeiro da dramaturgia é transpor um texto escrito para o palco. No primeiro caso, muda o recurso utilizado, mas ele continua sendo da mesma natureza. No segundo caso, mudam os recursos, ainda que possa haver preservação do texto. As estudiosas propõem, ainda, outra comparação: "O tradutor parece estar para o autor assim como o dramaturgo está para o encenador: é aquele que deve lidar com uma fidelidade feita de traição e de atenção, que deve compor com o simulacro e o duplo e se propõe a servir a outra voz, a outro desejo." (Carré; Métais-Chastanier, 2010, online, tradução nossa).

Patrice Pavis, em seu já citado **O teatro no cruzamento de culturas** (2008a), propõe a sistematização abaixo para as diferentes etapas do processo de apropriação de um texto teatral de uma cultura e de uma língua fonte para uma cultura e uma língua alvo, partindo do texto escrito e chegando até a recepção do público.

Figura 1 – A Série de Concretizações

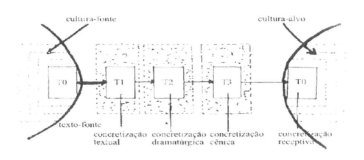

Fonte: Pavis (2008a, p. 126)

Interessam-nos, aqui, principalmente T1 e T2, ou seja, concretização textual (o texto traduzido propriamente dito) e concretização dramatúrgica (o texto traduzido sobre o qual foram operadas escolhas que visam à sua adaptação cênica, à mediação cultural etc.). Pavis já antecipa a possibilidade de o tradutor ser, também, um dramaturgo, não apenas na primeira acepção, como também na segunda. Neste último caso, faz referência à dramaturgia ou ao dramaturgo "no sentido técnico". Segundo o autor, a tradução textual (T1)

> é imediatamente seguida pela concretização dramatúrgica ou T2. Com efeito, o tradutor está na posição de um leitor e de um dramaturgo (no sentido técnico da palavra): ele faz a sua escolha nas virtualidades e nos recursos possíveis do texto a ser traduzido. Ele "ficcionaliza" e "ideologiza" o texto ao imaginar em qual situação de enunciação está enunciado: quem fala a quem e para quais fins? O tradutor é um dramaturgo que deve, em primeiro lugar, efetuar uma tradução *macrotextual*, isto é, uma análise dramatúrgica da ficção veiculada pelo texto. Ele estabelece a fábula de acordo com a lógica actancial que lhe parecer conveniente; reconstitui a "totalidade artística", o sistema de personagens, o espaço e o tempo em que evoluem os actantes, o ponto de vista ideológico do autor ou da época que transparecem no texto; faz a parte dos traços individuais específicos de cada personagem e os traços supra-segmentados do autor, que tende a homogeneizar todos os discursos; esboça o sistema de ecos, repetições, reprises, correspondências, que asseguram a coerência do texto-fonte. (Pavis, 2008a, p. 127)

Ele afirma, ainda, que a tradução dramatúrgica pode ser obra de um dramaturgo – intermediário entre o tradutor e o encenador – e, portanto, separada da tradução textual, ou que podem ser processos concomitantes. Independentemente disso, quer seja feita pelo tradutor, quer seja feita pelo dramaturgo, "a tradução dramatúrgica é sempre uma adaptação e um comentário" (Pavis, 2008a, p. 128).

É justamente nesse sentido que investigaremos as traduções da obra de Franca Rame e Dario Fo no Brasil. As traduções disponíveis nos acervos da Sociedade Brasileira de Autores Teatrais e da Biblioteca Jenny Klabin Segall foram feitas visando montagens específicas, e supomos que seu contexto de produção, entre outros fatores, possa ter resultado em uma tomada de posição dramatúrgica dos tradutores. Entenderemos como *dramaturgia da tradução* todas as escolhas, operadas diretamente pelo tradutor, na tradução textual de uma língua e de uma cultura de partida para uma língua e uma cultura de chegada, que antecipam a encenação e se propõem como mediadoras ideológicas e/ou culturais entre o texto de partida e os espectadores da realização cênica, propondo modelos estéticos, ideológicos e relacionais não apenas para o texto, como também para a cena, o espetáculo.

Retomando os conceitos de Danan (2010), que propõe a dramaturgia "como a parte imaterial de um espetáculo, o pensamento que atravessa a encenação", Adélia Nicolete (2011, p. 3) propõe que "é pertinente pensar, então, que sob certo aspecto, pode-se fazer dramaturgia nacional a partir de um texto estrangeiro". Embora seja a parte imaterial de um espetáculo, entendemos que, no caso da dramaturgia da tradução, o pensamento que antecipa a proposta de encenação (ou parte da proposta de encenação) é composto por indícios materiais, que são os cortes, os comentários, as adaptações, sempre que essas decisões feitas sobre a materialidade do texto forem propostas de inscrição do texto de partida em um modelo estético e/ou ideológico outro em relação ao texto de partida.

Afinal, uma vez que a dramaturgia é imaterial, as diferenças entre texto e contexto de partida e de destino são, por excelência, os indícios principais a partir dos quais observar a intencionalidade da inscrição de uma peça de teatro traduzida em outro modelo estético ou político. Antes de concluirmos esta reflexão e de passarmos para a análise de um exemplo de *dramaturgia da tradução*, cabem duas ressalvas. A primeira é que, ainda que a dramaturgia, em seu sentido mais recente, possa ser também um trabalho dos tradutores, ela não é sua responsabilidade exclusiva, e outras camadas de pensamento dramatúrgico – que não são objeto do nosso trabalho – podem se somar, até a realização cênica de uma peça, àquela da tradução escrita. Em segundo lugar, também é necessário ponderar que não é possível afirmar a ausência de um pensamento dramatúrgico no trabalho de um tradutor de teatro que inscreve o texto traduzido em um modelo estético e ideológico majoritariamente análogo àquele do texto de partida. Essa possibilidade só é mais dificilmente verificável, uma vez que deixa menos rastros. Por isso, no *corpus* aqui analisado, consideraremos, de um lado, que se trata de dramaturgia da tradução quando os modelos estéticos e ideológicos do texto de partida e do texto de chegada forem destoantes; por outro lado, que se trata de *tradução de dramaturgia* quando esses modelos forem semelhantes. Ressalto que não se trata de verificar apenas se há diferenças no nível das palavras, das frases ou mesmo dos parágrafos entre texto de partida e texto de chegada, mas de analisar se essas diferenças propõem, de forma global, macro e não microcosmicamente, um texto de chegada que tenha uma relação outra, em comparação com o texto de partida, com o mundo; se essas diferenças antecipam uma encenação de chegada que construa uma relação outra, em comparação com aquela de partida, com o público. Trata-se, enfim, de verificar se há, na tradução da peça, um pensamento dramatúrgico que se sobrepõe àquele do autor e que se diferencia dele.

Uma vez que tanto o dramaturgo como o tradutor exercem funções de passagem, de transição entre línguas, culturas e povos, as preocupações éticas mencionadas por Berman (1995) e retomadas na primeira parte deste capítulo parecem-nos fundamentais tanto para esses profissionais quanto para o tradutor que exerce ambos os trabalhos. Não por acaso, Bernard Dort defende que os dramaturgos devem "tomar consciência de sua atividade" e ser responsáveis por suas escolhas, pelos sentidos construídos pelo seu trabalho. Nas palavras do estudioso, a dramaturgia não é "uma ciência do teatro mas [...] uma consciência e uma prática. A prática duma escolha responsável" (Dort, 1986, p. 2)

2.4.3. "Brincando em cima daquilo": um exemplo de dramaturgia da tradução

Em nossa dissertação de mestrado, já mencionada aqui (Mello, 2019), estudamos a tradução brasileira da peça **Tutta casa, letto e chiesa** (1977), composta por um número variável de monólogos, todos sobre a condição feminina. Houve duas "primeiras montagens" praticamente contemporâneas no Brasil, uma em 1983, em São Paulo, chamada **Um orgasmo adulto escapa do zoológico**, com atuação de Denise Stoklos, direção de Antônio Abujamra e tradução de Zilda Daeier; outra em 1984, no Rio de Janeiro, chamada **Brincando em cima daquilo**, com atuação de Marília Pêra, direção de Roberto Vignati e tradução de Michele Piccoli e do próprio Vignati. Ambas as montagens tiveram enorme sucesso de público e crítica, ganharam prêmios e ficaram em cartaz por alguns anos.

Depois do sucesso de seu espetáculo, Vignati montou outras peças dos dramaturgos italianos, que traduziu junto com Piccoli, sobre as quais falaremos mais adiante. Dirigiu também outra montagem de **Brincando em cima daquilo**, que estreou em 2004, com atuação de Abigail Tatit, Giovanna Vitulli e Zeza Kurt Mota (Agência [...], 2004) e outro espetáculo do qual faziam parte monólogos de **Tutta casa, letto e chiesa: Essas mulheres**, que estreou em 1992, com atuação de Nirce Levin, Ana Lucia Torres e Haydée Figueiredo (Del Rios, 1992).

É difícil precisar o número de montagens, no Brasil, de **Brincando em cima daquilo** ou dos monólogos para uma atriz de Rame e Fo. Em documento não publicado que nos foi enviado por Mariateresa Pizza (2019), diretora do MusALab, constam 22 temporadas de **Tutta casa, letto e chiesa** e 18 temporadas do monólogo "Una donna sola", além de outras temporadas de outros monólogos que compõem o espetáculo. Esse número indica o sucesso da peça no Brasil, certamente – se contarmos tanto os monólogos apresentados separadamente quanto o espetáculo composto por vários deles – a mais representada de Rame e Fo aqui, mas não nos dá o número de montagens: por um lado, este é menor do que o número de temporadas, uma vez que as montagens de sucesso fizeram mais de uma temporada, ficando alguns anos em cartaz. Por outro lado, há certamente montagens que não foram comunicadas oficialmente e que, portanto, não constam nessa lista. De toda forma, ressaltamos, aqui, duas produções: em 2007, Débora Bloch foi dirigida por Otávio Muller (Agência [...], 2008) e, em 2017, Wilson de Santos, orgulhando-se de ser o primeiro homem a receber autorização para interpretar essas personagens, foi dirigido por Marcelo Médici (Faustino, 2017).

Com relação às traduções textuais, infelizmente, não encontramos o texto de *Um orgasmo adulto escapa do zoológico*, embora o tenhamos procurado no acervo da SBAT, na Biblioteca Jenny Klabin Segall e na SP Escola de Teatro, responsável pelo Acervo Antônio Abujamra. Também entramos em contato com Denise Stoklos por e-mail, que respondeu dizendo não ter mais nenhuma cópia da tradução. Por isso, pudemos analisar somente a tradução textual de *Brincando em cima daquilo*.

O espetáculo de 1984 era composto pelos monólogos "Uma mulher sozinha" (**Una donna sola**), "A mãe porra-louca" (**La mamma fricchettona**), "O estupro" (**Lo stupro**), "O despertar" (**Il risveglio**) e "Temos todas a mesma história" (**Abbiamo tutte la stessa storia**), sem a presença de um prólogo. Em nossa dissertação (Mello, 2019), só não analisamos a tradução de "O estupro", porque não fazia parte do núcleo comum do espetáculo de 1977. Chegamos à conclusão de que, geralmente, os monólogos traduzidos apresentavam fábula e personagens muito similares aos do texto de partida. Os textos brasileiros também têm indicações de ação, didascálias, espaços e tempos equivalentes aos textos italianos. Há, por outro lado, mudanças profundas tanto no regime estético como no regime ideológico da obra, que não se devem a grandes adaptações efetuadas entre texto de partida e texto de chegada, mas a escolhas pontuais, especialmente nos cortes, de grande impacto para a estrutura estética-ideológica das peças.

A ausência do prólogo, em primeiro lugar, nos pareceu central para a mudança no tipo de relação que o espetáculo constrói com o público. É nele que se anuncia o projeto do espetáculo que virá a seguir e o contexto político no qual se insere, é nele que se constrói a cumplicidade, através da risada, do tom de conversa coloquial, entre atriz e público, é nele que o público é convidado a refletir.

Em "Uma mulher sozinha", os cortes incidem principalmente em momentos em que Maria, a protagonista, usa metáforas e comparações para dar conta de expressar a sua situação de subjugo em relação ao marido e aos outros homens com os quais convive, em particular, e a das mulheres em relação aos homens, em geral. Essas figuras de linguagem

> têm grande valor para o projeto do casal Fo e Rame – pelo tom de humor grotesco que trazem ao espetáculo, algo de que se valem sistematicamente e ao longo de toda a produção literária e teatral para criar obras que sejam, ao mesmo tempo, engraçadas, críticas e populares. (Mello, 2019, p. 77)

Há também cortes nos momentos em que ela afirma sentir culpa ou falar, gritar, se expressar "para dentro", nunca em voz alta. Por outro lado, os momentos em que fala de seu relacionamento extraconjugal são os que sofreram menos cortes ao longo do texto. Ou seja, a mulher parece, ainda, ser vista como protagonista de histórias de amor, e a complexidade de suas emoções – a culpa, a dificuldade de se expressar etc. – é diminuída. Isso, na nossa opinião, não apenas simplifica a personagem, como faz com que se corra o risco de que ela seja percebida como uma personagem histérica. De forma geral, parecem ter sido cortados os momentos mais contundentes politicamente, que mais denunciam a realidade de opressão das mulheres.

Em "O despertar", talvez por se tratar de um monólogo mais curto, os cortes são menores, e a tradução se mantém bastante próxima do texto de partida. Ainda assim, os cortes parecem incidir, mais uma vez, sobre os momentos politicamente mais fortes: quando ela critica o trabalho reprodutivo das mulheres e o fato de ser a "serva grátis" do marido e quando critica a função da família na sociedade capitalista.

Enquanto em "O despertar" os desafios da tradução não estavam ligados a diferenças no contexto político italiano e no brasileiro (a tripla exploração da mulher, como operária, como mãe e como esposa é quase um universal capitalista), o caso de "A mãe porra-louca" é praticamente o oposto, já que o texto de partida faz referências a diversos episódios e personagens da política italiana dos anos 1970. Nessa tradução, mesmo referências genéricas a um contexto político conturbado, que seriam facilmente compreendidas em português, foram apagadas. Em italiano, por exemplo, a mãe procura o filho em escolas e casas ocupadas; em português, em escolas, barzinhos e boates, sem fazer menção a ocupações. Embora a inflação seja um traço comum da Itália dos 1970 e do Brasil dos anos 1980, no texto de partida as formas de sobreviver à inflação são tratadas de forma política (grupos, especialmente de mulheres, iam juntos ao supermercado para fazer "autorreduções" ou "autodescontos"); no texto de chegada, isso é tratado como roubo puro e simples, e a protagonista se torna uma ladra profissional. Novamente, o corte da dimensão política faz com que o amor (nesse caso, pelo filho) ganhe uma dimensão mais importante no monólogo, e a escolha radical da mãe de sair de casa e ir viver em comunidades alternativas parece justificada apenas pelo amor ao filho, e não pelo contexto político conturbado. Por fim, há grandes transformações também na dimensão linguística de **La mamma frichettona**. Parte importante do aspecto cômico e grotesco do monólogo deriva da contradição entre a situação de enunciação – a mãe foge da polícia refugiando-se em uma igreja e, para ganhar tempo, faz uma longa confissão ao padre – e a linguagem usada, cheia de termos religiosos e de blasfêmias. Em português, quase não são usados termos religiosos; por outro lado, a protagonista faz insinuações de cunho sexual ao padre que não estavam presentes no texto de partida.

O último monólogo que analisamos na dissertação, "Temos todas a mesma história", é o que apresenta menos cortes na tradução, talvez justamente por ser composto, em sua maioria, por uma história próxima de um conto maravilhoso que uma mãe conta à sua filha. O teor político do monólogo é alegórico e bastante diluído, há poucas referências a questões específicas da realidade italiana (a não ser pela menção à lei que regulamenta a interrupção voluntária da gravidez, menção esta cortada no texto de chegada). Merece elogio também a linguagem usada, ágil e dinâmica, na qual quase não se escutam ecos do português. Analisaremos, a seguir, a tradução de **Lo stupro**.

— *2.4.3.1. O caso emblemático de "O estupro"*

Franca Rame afirma ter escrito o monólogo em 1975, enquanto alguns pesquisadores, como Luciana D'Arcangeli (2016) e Fabio Contu (2017), veem no ano de 1978 outra datação possível. De toda forma, é certo que ele não fazia originalmente parte do espetáculo **Tutta casa, letto e chiesa**, tendo se somado aos monólogos preexistentes em 1979. Nesse texto, a atriz italiana conta o que ela viveu em 1973, quando foi sequestrada, agredida e violentada por um grupo de neofascistas, a mando do Estado italiano, fato que já mencionamos no primeiro capítulo deste trabalho. Ela não o apresentava em chave autobiográfica, mas dizia: "Esta peça foi extraída de um depoimento que apareceu publicado no jornal 'Quotidiano Donna'. Depoimento que transformei em peça teatral, respeitando o conteúdo" (Rame, 1983, p. 2). Somente após a repercussão da sua apresentação na RAI 1, no programa *Fantastico*, de Adriano Celentano, em 1987, é que revelou se tratar de um acontecimento autobiográfico. Ela ficou alguns anos sem apresentá-lo depois desse episódio, mas, quando voltou a inclui-lo em seu repertório, continuou dizendo que se tratava de um depoimento retirado de um jornal. Esse monólogo compôs também os espetáculos **Fabulazzo Osceno** (1982) e **Sesso? Grazie, tanto per gradire** (1994).

Fabio Contu aponta para uma característica peculiar de **Lo stupro** em toda a obra de Franca Rame e Dario Fo:

> A redação do monólogo representa um caso único na produção teatral Fo-Rame: esse é o único texto que nasceu indubitavelmente da mente e da pena de um só membro da *coppia d'arte*. Se, mesmo nos primeiros textos de Fo, outras mãos intervinham, além daquelas de Dario (inicialmente, as de [Franco] Parenti e de [Giustino] Durano; em seguida, aquelas de Rame), ainda que apenas para pequenas correções ou para a edição, aqui, ao contrário da primeira versão manuscrita até a última entregue para a publicação – o trabalho é todo só de Franca. (Contu, 2017, p. 241, tradução nossa)

Também por isso, **Lo stupro** tem um tom diferente de quase todo o resto da obra do casal: o monólogo propriamente dito é mais próximo do regime representativo e tem um tom trágico; todos os elementos cômicos estão no prólogo, assim como todas as referências explícitas ao contexto sociopolítico. Ainda segundo Contu (2017), a vocação trágica pertence muito mais a Franca que a Dario, e é esse elemento que permite identificar a contribuição dela para a redação de diversos trechos.

Voltando ao prólogo, o tema central dessa parte do texto é a dificuldade de prestar queixa contra estupradores. No início, bastante grotesco, Franca afirma que uma mulher só consegue provar que sofreu violência sexual quando tem a "sorte" de morrer. Caso esteja viva, ela tem que passar por um "ritual terrorista", um interrogatório na presença de homens – advogados, médicos, juízes – que fazem perguntas sobre a possibilidade de ela ter gostado, ainda que minimamente, da violência sofrida. Trata-se, para a atriz, da segunda violência sofrida pela mulher que tenta denunciar um estupro. Um desses rituais é interpretado por Franca, que diz estar lendo a transcrição dos autos de um desses processos.

No corpo do monólogo propriamente dito, predomina o uso do presente, mas nem por isso o regime é totalmente representativo; elementos épicos e que provocam o distanciamento compõem o texto, começando pela própria indicação de que se trata de uma história colhida num jornal. O cenário é, usando uma expressão de Anatol Rosenfeld (1985), anti--ilusionista, uma vez que há apenas uma cadeira no espaço cênico, o que não corresponde ao espaço descrito pela personagem nem quando está dentro do furgão, nem quando sai dele. Além disso, apesar do uso do presente e de vários trechos de solilóquio em primeira pessoa, a atriz narra o que está acontecendo, distanciando-se da ação, e também interpreta os seus algozes.

A maior parte do texto é composta pela descrição da violência sofrida. No início, *in media res*, a personagem já está dentro do furgão. No final, ela é deixada de volta na rua, caminha sem direção, sente muita dor, tem dificuldade de raciocinar. Quando dá por si, está em frente à delegacia e pensa em entrar para prestar queixa. Pensa e repensa a respeito; lhe vêm à mente as perguntas vexatórias do ritual e decide ir embora, mas com a decisão de denunciar os agressores no dia seguinte.

Quando lemos "O estupro", a tradução de Vignati e Piccoli para o monólogo, a maior parte do texto nos pareceu fluida e muito potente. Só dois trechos nos chamaram a atenção, que depois comparamos com o texto de partida, quando mais uma questão surgiu.[19]

O primeiro elemento que salta aos olhos é, novamente, a ausência de prólogo. Mais uma vez, perde-se a oportunidade de relacionar os fatos ocorridos no monólogo com o mundo, com um aspecto duríssimo da sociedade. Aliás, embora as publicações falem de forma mais restrita da realidade italiana, de acordo com D'Arcangeli (2016, p. 41, tradução nossa),

> No prólogo das milhares de apresentações do monólogo, encontraram espaço, ao longo dos anos, tanto notícias locais de estupros isolados como notícias internacionais

---

19   Para garantir maior síntese e facilitar a legibilidade desta publicação, suprimimos quase todos os quadros que comparavam trechos das peças e das traduções. Eles podem ser consultados na versão da tese disponível no Repositório Institucional da UFMG, por meio deste link: http://hdl. handle.net/1843/44013.

dos estupros em massa, como, por exemplo, as violências que aconteceram na Ruanda, no Burundi e na Bósnia como parte integrante da estratégia bélica.

Além da perda da possibilidade de fazer uma ponte com a realidade concreta, parece-nos, também, que a falta de prólogo abre espaço para a possibilidade de interpretar o texto como sendo o relato de uma experiência exclusivamente individual, ao passo que as intenções de Rame, segundo Contu (2017, p. 238, tradução nossa), eram de fazer com que a protagonista se tornasse o "arquétipo da mulher e da sua condição, e a violência sofrida, o emblema de cada violência e de cada forma de submissão feminina".

Quando lemos, na tradução, o trecho abaixo, a reação foi de espanto, e duvidamos que parte dessa fala estivesse em alguma das várias versões do monólogo em italiano:

> O que estava entre as minhas pernas, de joelhos, agora me penetra... Meu Deus, tenho vontade de vomitar... Mas preciso manter a calma, senão é pior... Já ouvi isso... Uma amiga minha sempre brinca dizendo: "Quando o estupro é inevitável, relaxa e goza!" – Uma bofetada no meu rosto faz sangrar o nariz. "Mexa-se sua puta! Me faça gozar." (Rame, trad. Vignati e Piccoli, 1983, p. 3)

De fato, consultamos, no *Archivio Franca Rame-Dario Fo*, versões de 1975, 1978 e 1991 e, na European Collected Library of Artistic Performance, uma versão sem data, mas baseada na publicação da Einaudi de 1989. Não apenas não há nenhuma alusão à possibilidade de que uma vítima de estupro "relaxe e goze" em nenhuma dessas versões, como, passado o prólogo, não há nenhum outro momento minimamente cômico ao longo de todo o texto. Acreditamos que não seja preciso argumentar muito sobre como é violenta a simples suposição de que uma mulher possa sentir prazer enquanto é estuprada, ainda mais quando essa fala é colocada na voz dessa própria mulher, mesmo que citando uma amiga; mais ainda quando essa fala é imediatamente posterior ao momento da penetração.

Seria preciso ver as diferentes montagens brasileiras ou pelo menos encontrar relatos detalhados de cada uma delas para afirmar se esse trecho se tornou cômico ou não, assim como para entender qual foi a reação do público. De toda forma, considerando que "se o estupro é inevitável, relaxa e goza" é um disparate ainda usado no Brasil (embora cada vez mais condenável), tendo sido dito até mesmo durante a aula por um professor de Medicina em 2020 e acompanhado por risadas tanto do professor como dos alunos (Gama, 2020), acreditamos que a tradução tenha aberto caminho para que o estupro seja tratado, nas encenações, pelo menos nesse momento, em chave paródica, o que diverge drasticamente da dramaturgia do texto de Franca Rame. Esse nos parece, aliás, um golpe baixíssimo em toda a ideologia que perpassa o trabalho de Rame e Fo, que usam o humor para revelar injustiças e zombar de figuras potentes e opressoras, nunca para pacificar ou sugerir alguma pacificação das vítimas com quem as subjuga, como fazem, na tradução, Michele Piccoli e Roberto Vignati.

O fato de que essa frase apareça sugerida por uma mulher, por uma amiga, também nos parece grave e contrário ao espírito de solidariedade feminina dos outros monólogos da peça: em "Una donna sola", Maria só percebe que vive em uma situação de opressão quando começa a conversar com a vizinha; em "Abbiamo tutte la stessa storia", a menina crescida só se livra do marido abusivo graças à ajuda de sua boneca e da parteira (e descobre, no final, que todas as meninas crescidas têm a mesma história para contar); em "Medea", é conversando com as mulheres do coro que a protagonista se dá conta de que o abandono perpetrado pelos maridos contra suas esposas maduras e em favor de mulheres mais jovens é uma injustiça que se repete sistematicamente. A aliança entre as mulheres é uma constante na peça e, quando não é um elemento fundamental para a saída do ciclo de opressões, é pelo menos um fator decisivo para a conscientização e a revolta contra a submissão. Na tradução de Piccoli e Vignati, é tudo subvertido, e a memória da fala de uma amiga sugere não apenas a aceitação do abuso, como sua apreciação.

Apesar de menos grave, parece-nos mais uma escolha infeliz a colagem, perto do fim do monólogo, da parte do prólogo que retoma, em chave grotesca, o ritual violento do qual é vítima a mulher que decide denunciar um estupro:

> MÉDICO: "Diga senhora... (riso irônico) ou melhor, senhorita: durante a agressão sentiu somente uma sensação de repulsa ou também um certo prazer? Por acaso não sentiu alguma satisfação inconsciente?"
>
> POLICIAL: "Não se sentiu envaidecida pelo fato de tantos homens (me parece que foram quatro, não é mesmo?) todos juntos, a desejarem com tão DURA paixão?

JUIZ: "Ficou sempre passiva ou participou em algum momento do ato?"

MÉDICO: "Ficou excitada?"

PROMOTOR: "A senhora, ou melhor (RISO IRÔNICO) senhorita chegou a ficar antes?"

JUIZ: "Por acaso, em algum momento – pensou que – seus gritos, claro que vindos da dor que sentia, poderiam ser interpretados como... expressões de prazer?"

POLICIAL: "Chegou a gozar?"

MÉDICO: "Quantas vêzes?" (Rame, trad. Vignati e Piccoli, 1983, p. 5-6)

Em primeiro lugar, essa nos parece uma escolha infeliz porque as perguntas que lhe são feitas pelo médico, pelo juiz, pelo advogado, pelo policial retomam, de certa forma, a possibilidade levantada pela própria protagonista de que a vítima possa apreciar a violência sofrida, quase como se ela confirmasse, *a priori*, a visão desses agentes do poder.

Além disso, parece-nos uma tentativa de, novamente, encontrar momentos de alívio cômico em um monólogo que absolutamente não os tinha. Franca relata que "O silêncio que cai na plateia durante esse monólogo é impressionante... ainda mais porque vem depois de duas horas de risada" (D'Arcangeli, 2005, p. 3 *apud* D'Arcangeli, 2016, p. 48, tradução nossa). Por sua vez, Contu (2017) ressalta a diferença entre a primeira parte do monólogo, dedicada à descrição precisa da violência sofrida, e a segunda parte, na qual a imprecisão e o não dito acentuam o sofrimento e a desorientação da vítima. Em português, esse efeito é interrompido. Não apenas se torna um trecho de alívio cômico, como a protagonista, tão abalada no texto italiano a ponto de não conseguir sequer elaborar uma frase ou um discurso concatenado, em português repentinamente consegue não apenas raciocinar, elaborar frases longas, como se lembrar ou imaginar falas de diferentes personagens do ritual violento que é o interrogatório de uma vítima de estupro. A colagem desse trecho nos momentos finais do monólogo pode até ser, por um lado, uma tentativa de recuperar o teor político perdido com o corte do prólogo. Por outro lado, a atenuação da expressão de sofrimento da protagonista também pode abrir margem para uma montagem em que haja menos empatia do público para com a protagonista, e uma parte importante da função educativa (e, portanto, política) desse monólogo é, certamente, a construção de um sentimento de empatia entre plateia e atriz e, por extensão, entre a sociedade em geral e as mulheres violentadas.

Ademais, Contu ressalta que a simples alusão a esse ritual, que havia sido representado no prólogo, é fundamental para a estrutura do monólogo:

> Agora, a referência, aqui, não é explícita: é feita por alusões. Franca preparou devidamente o público, durante o prólogo, a entendê-la e a reconhecê-la. Isso permite não apenas que ela não intervenha mais no monólogo com modificações sucessivas, que o tornariam didascálico, mas também que dê ao público as ferramentas para uma compreensão mais profunda do problema da violência de gênero e do seu contexto, composto também por todos aqueles sujeitos que, mesmo entrando em cena depois do ato, não fazem nada além de perpetuá-lo, na melhor das hipóteses só para pedir sua verbalização, na pior (e mais frequente) delas colocando em

> dúvida a versão dada pela vítima. O monólogo alude a tudo isso com palavras secas e essenciais, sem se perder em descrições supérfluas, oscilando entre alusões ("as perguntas deles", "os meios-sorrisos", "os rostos deles") e pausas (as frequentes reticências, os pontos, os pontos seguidos de início de parágrafo). (Contu, 2017, p. 240, tradução nossa)

Portanto, não apenas a expressão do sofrimento da vítima, mas também a retomada indireta e por alusões ao prólogo nos parece, no monólogo italiano, uma forma de criar uma ligação de empatia entre o público e a atriz e, de forma mais geral, entre a população (o que inclui também os homens) e as vítimas de estupro. Os espectadores já sabem, porque viram no prólogo, como é violento o interrogatório pelo qual passam aquelas que denunciam a violência sofrida. Nesse momento, essas informações não chegam até eles porque são os receptores de um discurso de uma terceira pessoa, mas porque as buscam na própria memória. Esse expediente faz com que a atriz e os espectadores possam ser cúmplices da dor da protagonista, agora que já conhecem essa realidade, sem que a manifestação dessa dor e o sentimento trágico do monólogo precisem ser interrompidos.

Essa questão é importante porque a representação do monólogo sempre foi um momento difícil para toda a família, mas também tinha uma função social. Dario e Jacopo sempre saíam da sala para não vê-lo e Franca disse mais de uma vez que se sentia desconfortável nele, mas que era fundamental continuar as apresentações porque era necessário falar sobre violência sexual. Ela relata que muitas mulheres falaram pela primeira vez sobre as violências que sofreram após ver a peça; que muitos jovens disseram ter deixado de cometer estupros porque se lembraram do que tinham visto com ela. Por isso ela continuava a apresentá-la, e conseguia mesmo ficar feliz com o impacto que tinha na sociedade. No que diz respeito às montagens do texto traduzido por Vignati e Piccoli, não encontramos nenhuma informação com relação a causarem ou não esse tipo de impacto no público. De toda forma, parece-nos que a tradução não tratou o tema com a intenção de causar esse tipo de efeito.

— 2.4.3.2. A dramaturgia da tradução de Brincando em cima daquilo

Em resumo, **Brincando em cima daquilo** parece, de forma geral, diminuir o conteúdo político do texto de partida; reduzir os momentos épicos e o tom grotesco para favorecer o cômico. A importância maior dada ao humor não passou batido pela crítica, ainda mais quando a peça de Vignati foi comparada a **Um orgasmo adulto escapa do zoológico**, de Antônio Abujamra. Em 1985, o jornal *A Tribuna* publicou uma crítica em que Carmelinda Guimarães sublinhava essa questão.

> Embora haja em todas a presença do elemento de crítica social e *Estupro* seja um quadro particularmente dramático, é para o cômico que Marília puxa o seu espetáculo, o tom geral é de humor e o público se diverte muito.
>
> Já o espetáculo de Denise Stoklos era essencialmente dramático e político. Embora tendo três quadros em comum com o de Marília: "O Despertar", "Uma Mulher Sozinha" e

"Temos Todas a Mesma História para Contar" – a história da anarquista Ulrike Meinhof dava uma forte conotação política e mesmo "Uma Prostituta no Manicômio", embora representada com muito humor por Miguel Magno, tinha uma força de denúncia muito grande. Resultam assim, representados em São Paulo no espaço de pouco mais de um ano, dois espetáculos totalmente diferentes partindo dos mesmos textos. Ambos exercícios de interpretação muito fortes, mas dirigidos a públicos e objetivos diferentes, mostrando que a linha política de uma peça não está exclusivamente no seu texto e sim no seu objetivo de montagem. (Guimarães, 1985, p. 19)

Certamente, ter acesso às traduções de Zilda Daeier para a montagem de Abujamra e Stoklos seria de grande valia para este trabalho e para o entendimento de como a obra de Franca Rame e Dario Fo foi traduzida e recebida no Brasil. Parece-nos importante ponderar, de toda forma, que, ao dizer que os dois espetáculos partem dos mesmos textos, Guimarães parece estar se referindo aos mesmos textos em italiano, não à mesma tradução. Ela tem razão quando ressalta o papel da encenação no resultado majoritariamente cômico ou de denúncia de um espetáculo; no entanto, como observamos, a dramaturgia da tradução de Vignati e Piccoli parece já construir os alicerces de uma encenação predominantemente cômica.

Em particular, a diminuição do caráter grotesco do texto de Rame e Fo desempenha um papel importante na despolitização operada pelos tradutores de **Brincando em cima daquilo**. O grotesco é fundamental para o teatro dos dramaturgos italianos, pois é com o riso incômodo que eles pretendem aguçar a capacidade crítica dos espectadores. Sobre o grotesco, Fo afirma, em uma entrevista:

> o grotesco e o satírico, nunca a paródia, que limita o valor e o peso das coisas. O grotesco, por outro lado, se desenvolve através da tragédia. Quando você pega os fatos trágicos e os "transpõe" no grotesco, os coloca de frente para o paradoxo, para a torção do absurdo. É aí que você obtém algo de válido, algo que faz com que as pessoas pensem, além de rir. (Castellini, 1991, s. p. *apud* Mello, 2019, p. 91)

Poderíamos, à luz dessa reflexão de Fo, reformular o que dissemos de forma a incluir também o que acontece com o monólogo "Lo stupro" em sua versão para o português: parece haver, em **Brincando em cima daquilo**, uma forte diminuição da força trágica dos monólogos dele e de Franca. Isso abre espaço para a paródia tanto nos monólogos mais grotescos quanto nos monólogos mais trágicos.

Além disso, essas reduções fazem com que temas como o amor e o erotismo pareçam predominantes na peça, o que muda, também, a visão do espetáculo sobre as mulheres. Parece-nos claro, portanto, que, mesmo mantendo a *fábula*, as mesmas personagens e diversos elementos do texto de partida, **Brincando em cima daquilo** propõe outra dramaturgia (entendida em seu segundo sentido) em relação a **Tutta casa, letto e chiesa**: a vinculação estética e ideológica do teatro de Rame e Fo é diferente da vinculação estética e ideológica do teatro de Vignati e Piccoli. Enquanto os primeiros se vinculam a uma tradição popular de jograis, bufões e demais contadores de histórias – a um teatro, portanto, que sempre foi narrativo –, os segundos parecem se vincular, no máximo, a um teatro burguês em crise, no qual se fazem presentes elementos épicos, mas no qual o regime representativo ainda exerce um papel importante. Junto a essa mudança estética, muda também o paradigma ideológico do texto: **Tutta casa**, favorecendo o humor grotesco, quer incentivar um olhar reflexivo para a sociedade trágica; em **Brincando em cima daquilo**, o mais importante parece ser a risada, e não a reflexão. Todas essas são características do *texto* traduzido que parecem apontar para *encenações* com essas características: trata-se, portanto, de um caso de dramaturgia da tradução, em que os *tradutores* fazem uma série de escolhas que apontam para uma relação diferente da *peça* com o *mundo* e com os *espectadores*.

No Brasil, haja vista a falta de edições publicadas das peças de Rame e Fo, todo texto depositado na SBAT se torna uma espécie de obra de referência para montagens seguintes de peças dos dramaturgos italianos. Acreditamos que, no começo dos anos 1980, ainda sob a ditadura, mesmo o texto traduzido por Vignati e Piccoli, dado o contexto político muito repressivo, podia, ainda, trazer alguma abertura para a reflexão e para a crítica. Hoje em dia, as montagens em que prevalece o tom humorístico parecem predominar. Em um vídeo com trechos da montagem de Marcelo Médici, com atuação de Wilson de Santos (Santos, 2017), tudo parece uma paródia: o figurino, o cenário, a atuação e até a música escolhida como trilha sonora (do vídeo, não sabemos se da peça). Essa montagem parece confirmar a nossa hipótese de que a tradução de Vignati e Piccoli favorece espetáculos mais paródicos que grotescos, ainda que não possamos afirmar que tudo seja responsabilidade da tradução, certamente há outras camadas de dramaturgia que se somam à do texto na feitura de uma encenação. Mesmo assim, a dramaturgia proposta pelo texto traduzido não parece estar em contradição com a das outras camadas de encenação.

Cabe, aqui, uma última ressalva: não pensamos que a dramaturgia da tradução seja um conceito de análise necessariamente negativa das traduções de peças de teatro, mas, como já dissemos anteriormente, a tradução é uma atividade que deve ser avaliada também em relação à ética (Berman, 1995); a dramaturgia é, segundo Dort (1986), feita de escolhas responsáveis. É em relação à ética e à responsabilidade da proposta de dramaturgia presente em sua tradução que avaliamos negativamente o trabalho de Vignati e Piccoli. Acreditamos que, num mundo ainda muito machista, não seja ético transformar um espetáculo de cunho crítico e reflexivo em um espetáculo apenas ou predominantemente cômico, muito menos abrir espaço para que as personagens sejam representadas de forma paródica ou como mulheres histéricas. Menos ético ainda é colocar uma piada sobre estupro na boca de uma mulher que está sendo violentada, abrindo margem para que o espetáculo corrobore com o discurso extremamente machista, ainda existente em nossa sociedade, de que a vítima pode apreciar a violência que sofre.

Nos próximos capítulos, analisaremos as traduções de peças de Franca Rame e Dario Fo para o português brasileiro que estão disponíveis no acervo da Sociedade Brasileira de Autores Teatrais, a fim de traçar um panorama das primeiras montagens brasileiras e jogar luz sobre a translação da obra dos italianos no Brasil, entendendo a relação que se estabelece entre tradução e dramaturgia nos textos teatrais vertidos para o português brasileiro.

CAPÍTULO 3

AS PRIMEIRAS TRADUÇÕES E MONTAGENS DE DARIO FO NO BRASIL (1963-1982)

Até os anos 1980, a única montagem da obra de Franca Rame e Dario Fo no Brasil era a peça **Quem rouba um pé tem sorte no amor**, de 1963. A translação do trabalho dos italianos parece ter sido interrompida pela censura imposta pela Ditadura Militar. Com o início do processo de redemocratização, o dramaturgo italiano voltou a ser encenado no Brasil e se tornou, na década de 1980, um dos três dramaturgos estrangeiros mais representados na cidade de São Paulo, junto com Beckett e Brecht (Mate, 2011). A escolha de representar **Morte accidentale di un anarchico** e **Non si paga, non si paga**, dois dos textos mais militantes de Dario Fo, parece ter sido movida por um desejo de voltar a falar de política, de expressar posições de esquerda, mas também de investigar qual o papel do teatro no novo momento político brasileiro, como veremos adiante. Talvez esse contexto seja um dos fatores que leva a um profundo respeito, seja nas traduções, seja nas montagens dessa época, à dramaturgia do italiano. Com o sucesso de **Morte acidental de um anarquista** – especialmente da montagem de 1982 – e de **Pegue e não pague**, de 1981, Dario Fo se torna um fenômeno no Brasil.

Antes de passarmos à análise de cada tradução, cabe comentar que houve, em 1979, uma montagem chamada **Mistério Bufo**, da Grande Companhia Trágico-Cômica Jaz-O-Coração, com texto coletivo, cujo tratamento final foi dado pelo diretor, Buza Ferraz. Trata-se de uma peça composta por sete quadros que pretendem representar a sociedade brasileira contemporânea, mostrando as diferenças entre cultura popular e cultura da classe dominante e as diversas formas de religiosidade presentes no país. Como o próprio Buza afirmou e como pode-se ver no texto da peça (Cambara, 1979; Ferraz, 1979), o trabalho de Dario Fo serviu principalmente como ponto de partida e inspiração para a criação coletiva do texto; tirando alguns pontos de contato formais – poucos, como bem nota Tânia Brandão (1980) –, há apenas duas inspirações reconhecíveis do **Mistero Buffo** de Fo. No quadro "A terra prometida", menciona-se rapidamente, como em **La nascita del villano**, a humilhação pela qual passam os operários em algumas fábricas, que cronometram e limitam até o tempo das idas ao banheiro; em "A moralidade do cego e do coxo", o tema é o mesmo da **Moralità del cieco e dello storpio**, mas a trama é outra (Fo, 1973; Ferraz, 1979). Por se tratar de um projeto autoral da Companhia Jaz-O-Coração e não de uma tradução, não o analisaremos aqui.

3.1. "Quem rouba um pé tem sorte no amor" – tradução de Nydia Licia (1963)

Antes de fundar a própria companhia ao lado do marido Sérgio Cardoso, Nydia Licia Quincas Pincherle Cardoso, atriz de origem judaica nascida na Itália em 1926 e radicada no Brasil desde 1939, havia feito parte do Teatro Brasileiro de Comédia (TBC) e da Companhia Dramática Nacional, além de ter participado de programas da TV Record. Em 1956, concluída a reforma do antigo Cine-Teatro Espéria, inaugura com o marido o Teatro Bela Vista, no Bixiga, em São Paulo. Eles se separam em 1960, mas ela continua produzindo montagens adultas e infantis para o seu teatro até 1971. Participa de montagens de Shakespeare, Pirandello, Brecht e Vianinha, entre outros (Wolff, 1963b; Companhia [...], 2022).

Nydia parece ter sido uma das primeiras tradutoras da obra de Dario Fo e Franca Rame no mundo. No início da década de 1960, Dario Fo já era um dramaturgo de sucesso na Itália, mas sua carreira internacional ainda era incipiente. No *Archivio*, encontramos apenas duas traduções entre 1960 e 1963: **Gli arcangeli non giocano a flipper** foi encenada em maio de 1960 na então Iugoslávia e em setembro de 1960 na Polônia. Além disso, Dario foi convidado, em 1962, para apresentar três atos únicos (que não conseguimos identificar) na Finlândia.

Chi ruba un piede è fortunato in amore, peça de 1961, foi traduzida por Licia e encenada em 1963 no Teatro Bela Vista, em uma montagem em que ela também teve as funções de diretora e atriz. Embora algumas fontes indiquem

1962 como o ano da estreia (Patriota, 2014; Quem [...], 2022), não encontramos nenhuma referência ao espetáculo nesse período nem na Hemeroteca Digital da Biblioteca Nacional nem no Acervo Digital do jornal *Folha de São Paulo*. Ao contrário, ao longo de 1963 as menções à peça na *Folha de São Paulo* são numerosas, e a tratam como inédita. Este último também é o ano presente na primeira página da tradução disponível no acervo da SBAT (Fo, 1963).

3.1.1. A peça

Chi ruba un piede faz parte da série de farsas que Dario escreveu a partir de 1958 depois de desistir de tentar fazer carreira em Roma e no cinema. O cômico de situação, a vontade de fazer a plateia rir, a mistura entre o teatro popular e o vaudeville (Ascarelli, online) ainda são as principais características da sua produção entre o fim da década de 1950 e o início da década de 1960. Embora já haja críticas sociopolíticas, sátira e derrisão de personagens poderosos, nessa época esses ainda não são elementos dominantes em seu teatro; tampouco há um projeto claro de participação do teatro nas disputas políticas da sociedade. Na folha de rosto da primeira versão datilografada da peça, Fo a define como uma "diversão em três atos", e divertir parece ser, de fato, o objetivo fundamental da obra.

Há dois núcleos de personagens, e os enganos e quiproquós se dão normalmente entre um grupo e outro; são especialmente os dois personagens da camada social mais desfavorecida, Antonio e Apolo, que elaboram artimanhas para, num primeiro momento, conseguir dinheiro do financista e do engenheiro. Num segundo momento, Apolo traça estratégias para ficar com Dafne, a esposa do financista. Embora o primeiro núcleo lembre o partido ridículo e o segundo, o partido sério da *commedia dell'arte*, não é possível dizer que cada personagem corresponde a uma máscara, embora essa certamente seja uma inspiração para Dario Fo. Antonio e Apolo, por exemplo, parecem uma dupla de *zanni*, o primeiro mais esperto que o segundo; ainda assim, Apolo é suficientemente esperto para enganar tanto o financista quanto o engenheiro e ficar com Dafne, mas é enganado no final pelo próprio Antonio, e acredita que Dafne se transformou em uma planta, pela qual continua apaixonado – assumindo, assim, características idealistas mais próximas de um Pierrot. Como inspirações e referências que fazem parte do tecido estrutural da obra somam-se, às máscaras da *commedia dell'arte*, o mito grego de Dafne e Apolo e diversas menções à arquitetura da Roma Antiga. A intriga é complicadíssima, cheia de reviravoltas, mas tentaremos resumi-la a seguir.

Na primeira cena, dois ladrões – Antonio e Apolo – serram o pé da estátua de Mercúrio em um museu. Antonio, o mais esperto, conta o mito de Dafne e Apolo para seu amigo, que estava admirado com a beleza da estátua da deusa grega.

Na segunda cena, a secretária, o financista e o engenheiro estão no escritório de uma obra. O engenheiro conta ao financista que acharam um pé romano no terreno e lhe explica que, por causa disso, a obra pode ser embargada, e pior: o estado pode ficar com o terreno pagando apenas o preço sub-declarado pela empresa. Nesse momento, entram Antonio e Apolo disfarçados de professores de Arqueologia. Eles afirmam que um historiador do terceiro século descreveu Milão como uma cidade rica em monumentos romanos, que teria inclusive um Coliseu, localizado justamente no terreno da obra. Um dos professores diz não acreditar na tese e quer escavar o terreno para provar que é falsa. O engenheiro se responsabiliza pela escavação e garante que não há nada para encontrar. Aproveita para dar dinheiro aos professores para financiar uma escavação de catacumbas pagãs em outro local.

Na terceira cena, o taxista entra em um apartamento de luxo carregando uma senhora elegante. Parece que ela se machucou enquanto traía o marido com um amante que o primeiro não conhecia (outros dois amantes eram conhecidos, até amigos do marido, e ele estava de acordo com a traição), então combinou que fingiria desmaio enquanto o taxista explicaria o acidente de carro ao marido. Em meio a diversas reviravoltas, a mulher, Dafne, se revela a esposa do financista e identifica o chofer como responsável pelo golpe do pé de Mercúrio. Atílio, o marido, chega, se zanga com o chofer por tê-la despido e este último revela as traições da esposa. Cria-se um clima de disputa entre eles; ela começa a ter mais desmaios e o médico aparece. Este último revela ao financista que sua esposa tem uma doença grave: seu sangue não recebe oxigênio suficiente e o tratamento é conectar, durante um mês, as suas veias do pulso às veias de outra pessoa, que filtrarão seu sangue. Apolo é escolhido para ser o "doador" por ter o mesmo tipo sanguíneo de Dafne.

Na segunda parte da peça, Dafne e Apolo, já conectados, dançam quando chega Atílio. Dafne lhe revela que Apolo era um dos responsáveis pelo golpe do pé romano. O marido quer se vingar dele, mas não pode porque Apolo está ligado a Dafne. Ela revela também que o financista e o engenheiro replicaram o golpe em seus sócios: mostraram-lhes o pé romano e compraram suas partes na empresa por um quarto do que valiam. Dafne e Apolo se soltam para que ela possa tomar banho. Chega Aldo, o engenheiro, um dos amantes de Dafne. Percebendo que ele está prestes a descobrir sua identidade, Apolo finge ser um policial que pretende prender Dafne por ter provas de que ela aplicou um golpe à companhia de seguros, forjando o acidente da cena anterior para receber indenização. Aldo promete pagar uma quantia vultuosa para liberá-la. Apolo aceita, mas, enquanto não recebe o dinheiro, algema Dafne. Aldo vai preparar Atílio para receber a notícia da prisão da esposa. O engenheiro não sabe da ligação sanguínea, então tem a impressão de que o caso de amor entre sua amante e o falso policial é patológico, o que lhe entristece. Aceita ser algemado a Atílio para que Dafne não se sinta sozinha algemada. Chega o médico e conta a verdade: não havia acidente e objetivo principal do plano não era aplicar um golpe à companhia de seguros. Dafne queria fazer uma plástica, mas, como seu marido negara o dinheiro para a operação, a indenização era uma forma de financiá-la. O doutor explica também o tratamento "siamês" da mulher. Aldo e Atílio preparam a cama para que Dafne e Apolo se deitem, já que estão algemados e Apolo não tem as chaves. Vão ao comissariado para abrirem as algemas, imaginando que lá tenham as chaves; Aldo é, inclusive, amigo do delegado. Pouco depois da saída dos dois, chega na casa de Atílio o guarda de costumes, dizendo ter prendido dois homens algemados que haviam roubado um táxi enquanto um deles se dizia marido de Dafne. Ele passa na casa para confirmar se isso é verdade ou se estavam difamando a senhora. Ela até deixa o marido e o amante subirem, mas diz não os conhecer. Eles exigem falar com o delegado, mas este só estaria de volta em um mês.

Na segunda cena, Atílio, a secretária e o médico estão na casa do primeiro e de Dafne, onde já estavam esta última e Apolo. O marido conta que pegou doze meses de prisão, mas conseguiu liberdade condicional, enquanto Aldo vai ter que cumprir a pena. Para ficar livre, entregou a empresa aos antigos sócios. É o último dia de ligação sanguínea entre Dafne e Apolo, então este, para não se ver sem a amada, inventa que está sentindo os sinais da gravidez dela. O médico sugere, então, que a ligação seja mantida, porque o feto já se acostumou àquele tipo de circulação. Atílio renega o filho e vai embora; Apolo revela o truque a Dafne, que fica feliz e se inclina a aceitar o seu amor, mesmo temendo não ter acesso aos mesmos luxos de antes. Combinam um período de testes. Apolo sai de cena e entra Antonio, seu amigo e parceiro nos golpes, que sugere que ela vá embora naquele momento, pois faria Apolo sofrer menos do que se fosse embora depois desse período de testes. Ela concorda. Quando Apolo volta, seu amigo está escondido. Dafne diz que tem medo de beijá-lo, então eles fecham os olhos. Quando se beijam, ela se afasta e o amigo coloca uma planta ornamental em seu lugar, fazendo com que o mito de Dafne e Apolo, que ele contara ao amigo na primeira cena, se realize. Apolo, pelo menos, interpreta assim e fica resignado, decidindo continuar com a mulher amada – ainda que em forma de planta – e a leva para casa junto com o pé de mármore, dizendo que quem rouba pé tem sorte no amor.

De forma geral, pode-se perceber, na peça, uma crítica à corrupção das classes mais abastadas – personificadas na figura de Aldo, o engenheiro, e de Atílio, o financista –, que tentam fraudar o que podem e enganar a quem puderem para conseguir mais dinheiro, para manter o próprio status ou para escapar de condenações. De forma mais específica, há uma crítica às empreiteiras do setor imobiliário, que agem sempre à margem da lei, seja declarando valores inferiores ou superiores ao que efetivamente pagaram, seja construindo sobre terrenos de potencial valor arqueológico. As armações de Apolo e Atílio, por outro lado, aparecem quase como necessárias para a sua sobrevivência e não são criticadas; pelo contrário, parece ser justamente o triunfo dos pobres sobre os ricos a fonte de prazer cômico da obra.

3.1.2. A tradução

De forma geral, a tradução de Nydia Licia parece conseguir propor, em português, um texto cuja poética é fundada sobre os mesmos elementos da peça de partida: a sucessão ágil de situações cômicas e quiproquós responsáveis pela derrisão de Aldo e Atílio. Há cortes, mas eles não acontecem nos pontos-chave da obra nem incidem sobre as poucas críticas políticas mais explícitas, como veremos a seguir. Além disso, como é possível ver em praticamente todos os excertos, não parece ter havido tentativa de traduzir as falas das personagens palavra por palavra, mas de recriá-las em português levando os registros mais cotidianos da oralidade em consideração, o que resulta num texto fluido e engraçado.

Elementos centrais da intriga, identificados na leitura do texto italiano, foram mantidos integralmente na tradução brasileira, desde o início do texto, quando o desenrolar da peça parece ser profetizado por Antonio e Apolo enquanto roubam o pé de Mercúrio no museu: Antonio garante que as vinganças de Mercúrio são uma brincadeira e Apolo diz que ficaria com Dafne mesmo caso ela fosse transformada em árvore. Outros pontos fundamentais são quando Atílio e Aldo, marido e amante, em um dos momentos de maior rebaixamento e quase humilhação, arrumam juntos a cama para que Apolo e Dafne durmam juntos; e quando Dafne diz que quer chorar de felicidade pelo fato de seu marido e seu amante estarem presos, o que parece indicar o triunfo de Apolo sobre ambos.

Um dos maiores cortes efetuados por Licia na tradução se dá na cena em que Antônio e Apolo, disfarçados de professores universitários, tentam convencer Aldo e Atílio de que estes últimos devem temer a possibilidade de que sejam encontrados restos da Milão romana no terreno da obra. Para conseguir a simpatia dos empreiteiros, se mostram mais otimistas à hipótese contrária à de Público Atílio Ausônio, historiador fictício do século III que teria indicado a existência até mesmo de um coliseu milanês. É à Milão romana que se referem quando dizem que Milão nunca existiu, mas esse esclarecimento só é feito depois de construído um diálogo em que parecem falar da Milão real e moderna, e para isso retomam suas características particulares, inclusive a rivalidade com a cidade de Bergamo. Embora essa parte esteja muito reduzida no texto brasileiro, não parece haver prejuízo de nenhum elemento central para a obra, nem mesmo perda do efeito cômico ao fazer com que os empreiteiros (e os espectadores), pensando na cidade moderna, estranhem a possibilidade de que Milão nunca tenha existido. São suprimidos apenas os particulares que podem ser elementos culturalmente mais distantes do público brasileiro e que podem dificultar a apreensão da obra, mas não nos parece que a tradução busque uma homogeneização cultural.

Como já dissemos anteriormente, nessa peça ainda não se manifesta com toda a força a verve crítica que se tornaria posteriormente um elemento fulcral do teatro de Dario Fo e Franca Rame. Ainda assim, há dois momentos de crítica mais explícita, ambos mantidos na tradução. No primeiro, vê-se a rapidez com que Aldo e Atílio se dispõem a encontrar para os professores as provas de que não houve Milão antiga; ou seja, se dispõem, por medo de ter a obra embargada, a não encontrar nada ou a esconderem o que encontrarem:

> I PROFESSOR – Os senhores têm tôda a razão. Eu também sou da mesma opinião. Mas, infelizmente, o Instituto Histórico sustenta a tese de Ausônio e desse meu colega, e exige as provas...

II PROFESSOR – Sim, sim, as provas. Cavar, perfurar, abrir sulcos, crateras... Uma picareta, depressa!

FINANCISTA – Mas por que se cansarem assim? Afinal, nós mesmos podemos lhes fornecer as provas de que necessitam.

ENGENHEIRO – Nós também somos capazes de não encontrar nada, não acham? (Fo, trad. Licia, 1963, p. 13)

No segundo excerto, Apolo aproveita o momento em que o médico explica o funcionamento da "circulação siamesa" (no qual um organismo rico bombeia oxigênio para um organismo pobre) para dizer que na Itália esse sistema não funcionaria, pois o organismo rico roubaria até mesmo o pouco oxigênio do pobre:

MÉDICO - Nem injeções, nem pastilhas teriam o menor efeito. Existe um sistema, que já foi experimentado na Suécia, com ótimos resultados: é o sistema dito da "circulação siamêsa". É o sistema dos irmãos siameses. Enxerta-se a circulação sanguínea do elemento pobre na circulação de outro elemento rico. E o rico vai bombar oxigênio para o pobre.

CHOFER - Desculpe, doutor, mas êsse sistema pode funcionar muito bem na Suécia. Agora, aqui... vão acabar roubando até aquele pouco oxigênio que o pobre ainda tem... (Fo, trad. Licia, 1963, p. 32)

Há, por fim, uma diferença considerável entre o final do texto italiano de 1961 e o texto brasileiro de 1963: na peça de partida, Dafne não consegue ir embora com Antonio e manter o fingimento de ter se transformado em planta. Por isso, quando Apolo está de costas, joga a planta pela janela e volta a assumir, aos olhos deste, a aparência de uma mulher.

A peça acaba quando o médico chega ao apartamento com os sorvetes que tinha ido comprar. No texto brasileiro, Dafne mantém o fingimento e fica no apartamento enquanto Antônio e Apolo vão embora, este último convencido de que a planta que carrega é a mulher amada. O médico volta com os sorvetes e Dafne chora ao ver que é de nozes com chantilly, sabor que faz com que se lembre de Apolo.

Apesar da diferença nítida, não acreditamos que esse final seja uma produção de dramaturgia de Nydia Licia. Isso porque não temos como afirmar com certeza qual versão da peça ela usou como base para a tradução, e é possível que tenha sido alguma posterior à versão da estreia disponível no *Archivio Franca Rame-Dario Fo* (1961). Corrobora com a nossa teoria o fato de que o final da publicação mais recente desta peça (Fo, 2019) é muito parecido com o final da montagem de Licia: Antônio e Apolo vão embora carregando a planta e o pé de Mercúrio enquanto Dafne continua no apartamento. Não há mais a volta do médico para a cena; ela continua escondida e chora atrás de uma coluna ao vê-los partir.

Depois de analisar esses pontos centrais de **Quem rouba um pé tem sorte no amor**, acreditamos ter elementos suficientes para afirmar que se trata de um caso de tradução de dramaturgia, uma vez que Nydia Licia não fez escolhas tradutórias que mudassem, de forma global, a poética de **Chi ruba un piede è fortunato in amore**, tampouco que abrissem margem para uma concepção estética e/ou ideológica da montagem diferente daquelas da peça de partida; muito menos que estabelecessem outra relação com o público.

3.1.3. A temporada de estreia e sua recepção

Segundo aponta o jornal Diário da Noite (Maliciosa [...], 1963), **Quem rouba um pé tem sorte no amor** estreou em 6 de abril de 1963 e ficou em cartaz até o dia 2 de junho daquele mesmo ano, com apresentações todos os dias, duas aos sábados e domingos. Atuaram na peça Nydia Licia, Zéluiz Pinho, Ferreira Leite, Edgard Franco, Marta Greis, Alceu Nunes, Odair Luis e Guedes de Souza; o cenário era de Rubens Barra, o figurino de Madame Castillo.

Com essa peça, o Teatro Bela Vista teve recorde de audiência em uma estreia (Teatro, 1963). As críticas dessa montagem, que parece ter tido só essa temporada, parecem confirmar a nossa hipótese de que Licia transpõe para o português a dramaturgia de Fo, estabelecendo com o público brasileiro uma relação análoga à que Dario estabelecia com o público italiano. De fato, muitas são as menções ao fato de que a peça é engraçada ou até mesmo maluca, divertindo o espectador (Teatro, 1963; Pacheco, 1963c; Nidia [...], 1963). A recriação, em português, de uma dramaturgia ao estilo *vaudeville*, parece, portanto, ter funcionado.

Na opinião de Mattos Pacheco, o cômico de situação e o texto funcionam e fazem rir a despeito da falta de qualidade dos atores (à exceção de Nydia) e mesmo a despeito de uma certa dificuldade, para o público brasileiro, de acompanhar as referências culturais a Milão e à mitologia greco-romana.

> Mas é inegável um texto engraçado, irreverente, malicioso. Que atinge, chega ao público. Apesar dos pesares.

> E neste caso, o pesar é que ser uma comédia italiana, muito italiana, baseada em fatos mitológicos, ambientada em Milão, com personagens que o atual elenco de Nydia Licia tem dificuldade em criar. (Pacheco, 1963c, p. 3)

Apesar, portanto, dos aspectos negativos, a avaliação de Pacheco parece ser ainda majoritariamente positiva, assim como todas as críticas que encontramos em jornais paulistas. Ao contrário, Fausto Wolff (1963a), jornalista da *Tribuna da Imprensa*, do Rio de Janeiro, critica sistematicamente todo o trabalho de Nydia Licia, inclusive montagens anteriores e futuras, chegando a dizer que ela deveria abandonar o teatro (Wolff, 1963b). Para criticar **Quem rouba um pé tem sorte no amor**, ele faz referência a um colega de outro jornal (cujo texto não encontramos, infelizmente), o que nos faz presumir que não tenha assistido à peça:

> De acôrdo com o colega de O Estado de São Paulo, nada escapa: direção, texto, interpretação, cenários e figurinos. O sr. Dario Fó [sic], que dizem ser um dos melhores atôres da Itália, como autor traduzido para o português (é necessário dizer), revelou-se um Pitigrilli dos pobres. (Wolff, 1963b, p. 8)

Ele demonstra não conhecer o trabalho de Fo e, aludindo a Pitigrilli, pseudônimo do autor humorístico e satírico Dino Segre, parece condenar tanto o caráter cômico da peça quanto a sua vocação popular. Ora, essas são certamente duas características fundamentais de todo o teatro de Franca Rame e Dario Fo. De forma geral, tanto as críticas negativas quanto as positivas parecem indicar que, ainda que a montagem possa ter deixado a desejar em alguns aspectos, Nydia Licia teve sucesso em traduzir a dramaturgia de Fo para o português brasileiro.

3.2. "Morte acidental de um anarquista" – tradução de Helder Costa e Paulo Mamede (1980) e montagens de Costa (1980) e Antonio Abujamra (1982)

Morte accidentale di un anarchico, como já falamos no primeiro capítulo desta tese, estreou em 1970, ainda durante as investigações sobre a morte dita acidental do ferroviário anarquista Giuseppe Pinelli, detido pela polícia de Milão e injustamente acusado de ter sido o principal responsável pelo atentado na Piazza Fontana. No dia 12 de dezembro de 1969, em um intervalo de menos de uma hora, cinco bombas explodiram em Roma e em Milão; a mais devastadora matou 17 pessoas e feriu 88 na Banca Nazionale dell'Agricoltura, em Milão, no que ficou conhecido como o marco de início dos anos de chumbo e um dos episódios mais violentos da estratégia da tensão (Sofri, 2009). Pinelli foi detido no dia 12 e permaneceu na delegacia para interrogatório, superando o prazo legal de detenção sem autorização judiciária, até a madrugada entre os dias 15 e 16 de dezembro, quando caiu da janela do quarto andar. Não se sabe até hoje a causa da morte nem da queda. Imediatamente após os fatos, a polícia declarou que ele tinha pulado, num impulso suicida, após receber a notícia de que seu álibi não se sustentava. Investigações posteriores mostraram que o álibi, na verdade, era bastante sólido, e apontaram diversas incongruências nas ações e nos depoimentos dos policiais, todas presentes na peça de Dario Fo: a ambulância foi chamada alguns minutos antes do incidente; ele não gritou durante a queda e ela aconteceu praticamente na vertical, o que mostra que não houve salto ou impulso para a frente, e não houve nenhum gesto instintivo de proteção; os policiais que estavam presentes na sala narraram versões diferentes dos fatos ao longo do tempo; um deles afirmou ter segurado Pinelli pelo pé para impedir que caísse e ter ficado com um sapato na mão, mas seu corpo caiu no chão com os dois pés calçados; ele apresentava um machucado no pescoço; não foi feita autópsia; o interrogatório não havia sido documentado; não fazia sentido que a janela estivesse aberta numa madrugada gelada de dezembro. Em 1970 o inquérito sobre a sua morte é arquivado e a conclusão é de "morte acidental". Em 1975, outro inquérito conclui que ele havia morrido após um "mal-estar ativo": sentindo-se mal, possivelmente por uma combinação de elementos – como fumar em demasia e se sentir muito pressionado psicologicamente –, ele se aproxima da janela para tomar ar fresco e cai. Essa hipótese parece impossível quando se analisam a altura de Pinelli e a do parapeito da janela. Hoje em dia, as hipóteses mais aceitas são que Pinelli tenha sido jogado pela janela para simular um suicídio – que soaria como uma declaração de culpa; ou que ele tenha sido torturado e assassinado, e que seu corpo tenha sido jogado pela janela como forma de encobrir a conduta criminosa da polícia (Cederna, 2009). A responsabilidade pelo atentado foi atribuída, após longos processos, a terroristas neofascistas, que teriam sido pelo menos acobertados por negligência pelo Estado (Magnani, 2019).

Na introdução a **Morte accidentale di un anarchico** publicada pela Bertani, Dario explica que escreveu a peça com o intuito de "ajudar os expectadores 'a ler' uma crônica que revela diretamente um aspecto da natureza da força estatal usando um 'velho' exemplo, um fato ocorrido" (Fo, 1972, p. 7, tradução nossa). Ele não entende a morte de Pinelli, portanto, como um fato isolado, mas vê nela, citando Engels e Lenin, mais um exemplo de como a burguesia organiza o Estado de forma a se manter no poder, criando, inclusive, uma categoria de funcionários – as forças da ordem – que estão acima das leis e do restante da sociedade. Explica, ainda, que

> A morte de um companheiro não se chora. Fazendo isso correríamos o risco de suportar qualquer coisa. Como é um companheiro caído ao nosso lado, devemos sentir fortemente o significado da sua morte. E não nos comovamos porque com um ato de comoção conseguimos "digerir" o espetáculo e sentir a consciência irremediavelmente no lugar. Não esqueçamos nunca que ele foi parar no 14º andar pelas suas ideias políticas, das quais podemos discordar, mas através das quais ele estava conosco na luta comum para subverter uma ordem social. (Fo, 1972, p. 9-10, tradução nossa)

Mais uma vez, Fo expressa a sua convicção de que a catarse serve para pacificar a sociedade e que o teatro revolucionário não deve tê-la como objetivo. No prólogo há um jogo ficcional interessante: ele avisa que a peça trata de um episódio que ocorreu em 1921 em Nova Iorque, quando Salsedo, um anarquista italiano, caiu de uma janela do 14º andar de uma delegacia e a polícia afirmou que ele havia se matado. Descobriu-se, porém, que ele havia sido arremessado pelos policiais durante o interrogatório. Fo avisa, ainda, que transpôs o caso de Salsedo para Milão apenas para transformar o episódio em algo mais atual e mais dramático, e que qualquer semelhança com a realidade "deve ser atribuída àquela imponderável magia constante no teatro que, em infinitas ocasiões, fez com que até histórias malucas, completamente inventadas, se vissem impunemente imitadas pela realidade" (Fo, 1972, p. 10-11, tradução nossa).

Por um lado, é provável que se trate de uma forma de evitar processos e problemas com a justiça e a polícia. Por outro lado, trata-se também de uma estratégia de deixar claro que o caso de Pinelli não é isolado, mas apenas mais um capítulo da história sistemática de repressão pelas forças da ordem contra os militantes de esquerda. De fato, o caso Salsedo não foi inventado por Fo, e sua história tem muitos pontos de contato com a de Pinelli (Giannini, 2020). Além disso, o dramaturgo deixa claro, na introdução, que vai apresentar "um discurso político baseado nas mortes 'acidentais' dos anarquistas", no plural (Fo, 1972. p. 5, tradução nossa).

A peça se passa dentro de uma delegacia de Milão e, no início, o delegado interroga um louco, listando os motivos de suas doze prisões. Até esse momento, excetuando-se o prólogo, nada foi dito sobre o caso Pinelli. O personagem do louco é particularmente arguto e vai envolvendo o delegado com a sua atuação. O policial tenta prendê-lo, mas o doido conhece o código penal e sabe que não pode ser preso porque sofre de um mal psiquiátrico. O policial fica espantado com seus conhecimentos de direito e pergunta se ele nunca foi advogado ou juiz. O doido é taxativo: "não gosto de defender, é uma arte passiva, eu gosto de julgar... condenar... reprimir... perseguir! Eu sou um dos seus... caro delegado" (Fo, 1972, p. 19, tradução nossa). Ele se lamenta por nunca ter tido a oportunidade de se passar por um magistrado, uma vez que sente verdadeiro fascínio pelos juízes:

> esses personagens têm o poder de destruir ou salvar alguém como e quando quiserem: condenam à prisão perpétua como alguém que diz: "Bem, talvez chova amanhã...". Cinquenta anos para você... para você, trinta... para você, só vinte... porque te achei simpático! Ditam, legiferam, sentenciam, decretam... e também são sagrados... porque – não esqueçamos – aqui... ainda existe o reato de vilipêndio se alguém falar mal da magistratura... aqui e na Arábia Saudita! (Fo, 1972, p. 20, tradução nossa)

O louco irrita tanto o delegado que acaba sendo liberado. Quando volta para pegar seus documentos, fica sozinho na sala do policial. O telefone toca, e é assim que ele descobre que está para chegar um juiz superior para revisar o caso do anarquista. Parece-lhe a ocasião perfeita para viver seu sonho de se passar por um juiz, então ele se prepara para a tarefa: pega todos os arquivos do caso e estuda o personagem, constrói sua forma de caminhar, seus gestos, a voz, os tiques...

O louco finge querer ajudar os agentes, ganha sua simpatia, mas também é duro com eles. Passa-se por juiz, depois por capitão e, enfim, por bispo. Consegue confundir os policiais e extrai deles, uma a uma, as contradições do processo, que já apontamos anteriormente: o álibi do anarquista foi verificado e era procedente, mas eles haviam dito, inclusive à imprensa, que não; Pietro Valpreda, companheiro anarquista de Pinelli, ao contrário do que afirmaram os policiais, não havia confessado envolvimento em atentado nenhum; em dezembro estava frio demais para manter a janela aberta de madrugada; a parábola da queda do anarquista não foi verificada; seu corpo caído ainda estava com os dois pés calçados, sendo impossível que um terceiro sapato ficasse na mão do agente que diz ter tentado segurá-lo; a ambulância havia sido chamada alguns minutos antes da queda; o anarquista apresentava um edema no pescoço que indicava um machucado anterior à queda. O louco também propõe versões absurdas para explicar o que aconteceu naquela noite. Os policiais percebem o absurdo e o louco afirma que estava tentando salvar a versão deles, mas que era impossível. Num dos finais da peça, a luz da delegacia é cortada e o louco cai pela janela – não se sabe se ele pulou, caiu ou foi empurrado. Enquanto os demais personagens conversam sobre o ocorrido, entra um senhor parecido com o louco e diz ser o juiz que vai começar a investigação sobre a morte do anarquista, no que parece ser um eterno retorno da série de injustiças. Dario explica que, com esse final, queria dizer que

> se um dia, por acaso, houvesse uma investigação e viesse um juiz, nada mudaria. Porque não é fazendo uma investigação a mais que um sistema muda. Isso quer dizer que não é porque a Itália não fez um inquérito sobre o caso Pinelli que a nossa democracia é nojenta. Não! Seria um pouco menos nojenta, mas ainda causaria nojo. Porque em primeiro lugar estão aqueles que voam pelas janelas, aqueles que caem das construções, aqueles que explodem nas caldeiras, aqueles que morrem de silicose, aqueles que são mortos todos os dias, um a cada duas horas. Para não falar dos mutilados,

> dos neuróticos, das pessoas que estão nos hospitais psiquiátricos como nunca antes. [...] No espetáculo nós dizemos: companheiros, não acreditem na justiça dos patrões, não acreditem na polícia dos patrões, porque ela é sempre do patrão. A única forma de sair não são os pactos, não são as pequenas barreiras, não são [...] as reformas, da forma como são programadas. (Fo *apud* Zancarini, 2012, p. 9, tradução nossa)

Por mais que a peça seja um trabalho de contrainvestigação, baseado em fatos e documentos reais, contra o terrorismo de Estado, seu objetivo maior não era apenas que o caso Pinelli fosse investigado e reparado como possível. Em última análise, a peça quer alertar contra a confiança no Estado, e contra a perda do ímpeto revolucionário diante da estratégia da tensão ou da promessa de reformas. De fato, parece que o atentado de Piazza Fontana, assim como outros episódios violentos que vieram na sequência, compuseram a estratégia da tensão e foram uma forma de resposta ao *autunno caldo*, o outono das grandes mobilizações sociais de 1969. Uma população que tem medo é uma população disposta a aceitar governos mais conservadores (Zancarini, 2012). Para Dario, os escândalos exercem uma função complementar à estratégia da tensão, uma vez que são uma forma de capturar e dar vazão à indignação das classes populares – acompanhar um escândalo é como acompanhar uma tragédia, e a punição para quem participa de um escândalo funciona como um elemento catártico. Além disso, de forma similar ao que acontece com as reformas, a população é levada a prestar atenção em um elemento particular da vida pública, deixando à margem a conjuntura geral, a estrutura opressora. O teatro de Fo aparece, aqui, como um instrumento que se opõe também à catarse da tragédia que é a democracia burguesa, e não é por acaso que o personagem que investiga e desmascara não apenas as mentiras e a negligência da polícia e da magistratura, como também – e principalmente – as estruturas da sociedade é um doido que sofre de um mal muito particular: ele é um histriomaníaco, que, segundo explica, "vem de *istriones*, que quer dizer ator" (Fo, 1973, p. 142, tradução nossa). Dario opõe o teatro – o seu teatro, popular e didático – às ferramentas de controle da sociedade por parte da burguesia, como a polícia, a magistratura, a estratégia da tensão e os escândalos.

3.2.1. A tradução para o português

O grupo português A Barraca apresentou **Preto no Branco**, sua versão de **Morte acidental de um anarquista**, em 1980, em São Paulo. No mesmo ano, seu diretor, Helder Costa, dirigiu o Teatro dos Quatro, montando a mesma peça no Rio de Janeiro, com Sérgio Brito, Guida Vianna, Jackson de Souza e Alby Ramos no elenco (Dramaturgo [...], 1980). Em 1982, é a vez de Sergio Ajzenberg, Clarisse Abujamra, Antonio Fagundes e Lenine Tavares produzirem a montagem que contou com direção de Antonio Abujamra e elenco formado por Fagundes, João José Pompeo, Serafim Gonzalez, Ileana Kwasinski, Tácito Rocha e Sergio Oliveira.

No acervo da SBAT, constam duas traduções com o título de **Morte acidental de um anarquista**, a primeira de Helder Costa, com o subtítulo "ou Preto no Branco", e a segunda de Paulo Mamede. Quando vimos as traduções, esperávamos dois trabalhos muito diferentes – o da primeira tem 62 páginas, o da segunda, 79. No entanto, a grande diferença no número de páginas deve-se principalmente ao espaçamento, e a segunda não é exatamente uma segunda tradução; parece mais uma revisão ou segunda edição da tradução de Costa. O conteúdo e as escolhas linguísticas, palavra a palavra, são praticamente os mesmos. Persistem no trabalho de Mamede mesmo algumas escolhas inusitadas de pontuação, como o uso da vírgula antes de reticências, alguns erros de ortografia ("ecatombe" e "urubú"). Há pequenas supressões de falas curtas ou de partes de falas, assim como pequenas trocas de palavras que parecem dar uma dicção mais brasileira e contemporânea ao texto. "O senhor açula o cão contra os camponeses" (Fo, trad. Costa, 1980, p. 21) vira "O senhor atiça o cão contra os camponeses" (Fo, trad. Mamede, 1980?, p. 28); "Casos fúnebres" (p. 23) vira "Caras de enterro" (p. 31); "nós não o tínhamos feito à meia-noite" (p. 24) vira "não tinha sido feito à meia-noite" (p. 33); "Bem, se viu" (p. 26), "Bem, já que você viu..." (p. 36); "Não acho" (p. 27), "Acho que não" (p. 39); "Cuidado com o olho! Olhe que ele salta fora! (p. 42), "Cuidado com o olho! Olhe que ele pula fora!" (p. 53). Achamos as trocas positivas, mas muito pontuais, insuficientes para criar de fato um texto mais ágil, com uma dicção mais fácil. Ainda permanecem muitos pronomes, mais abundantes em italiano e no português europeu que no português brasileiro, assim como uma preferência pelo imperativo conjugado na terceira pessoa do singular, que no português oralizado no Brasil normalmente é alternado com o imperativo conjugado na segunda pessoa do singular. Um exemplo interessante é um trecho da página 22 na tradução de Costa, 29 na de Mamede: "Vocês pediram um conselho. Nessa situação, melhor que atirem-se. Coragem! Suportar uma humilhação dessas... Me acreditem" vira "Vocês pediram um conselho. Nessa situação, melhor que se atirem. Coragem! Suportar uma humilhação dessas... Me acreditem". O uso da próclise em "se atirem" é bem-vindo, torna o texto mais fluido para o Brasil, mas permanece o incomum "Me acreditem" ao invés de "Acreditem em mim" ou "Podem acreditar". Outras das substituições de Mamede parecem continuar a dizer a mesma coisa: "com certeza" (p. 30) vira "sem dúvida" (p. 39); "bravo!" (p. 40; p. 47) vira "ótimo!" (p. 53) e "perfeito!" (p. 62); "horrível" (p. 48) vira "terrível" (p. 64). Como são dois textos quase iguais, e Mamede parece ter usado como referência mais a tradução de Costa do que o texto de Fo, compararemos o texto de Fo e a tradução de Costa.

Paulo Mamede era um dos empresários do Teatro dos Quatro (Augusto, 1983); temos motivos para acreditar, portanto, que ele tenha apenas atualizado a tradução que Costa havia feito para a montagem portuguesa quando da realização do espetáculo carioca. Acreditamos que a mesma tradução tenha sido usada na montagem de Abujamra, uma vez que não encontramos créditos para o tradutor em nenhuma das peças de divulgação do espetáculo ou na imprensa (ao contrário do que aconteceria na montagem de Um orgasmo adulto escapa do zoológico, dois anos depois). Além disso, consta na folha de rosto da tradução de Mamede (Fo, 1980?) que ela foi enviada ao acervo da SBAT, com sede no Rio de Janeiro, pelo escritório da SBAT de São Paulo, o que reforça a nossa hipótese.

Não encontramos menção à edição de referência usada por Costa, mas, como o final adotado na tradução só consta na publicação de 1973 (e só seria adotado novamente muitos anos depois, em 2004, numa edição da Einaudi), é ela que usaremos em nossa comparação (Zancarini, 2012).

Na versão de Helder Costa, o prólogo não foi traduzido e não há menção ao caso de Salsedo. É claro que, no Brasil de 1980, havia menos motivos para temer menções diretas ao caso Pinelli; havia certamente motivos, por outro lado, para relacionar a morte do anarquista italiano a tantas outras mortes de tantos outros militantes, como faz o dramaturgo italiano através da menção a Salsedo. Em geral, o prólogo é a parte mais mutável das peças de Franca Rame e Dario Fo – na maior parte das ocasiões, ele é improvisado sobre uma estrutura mais ou menos fixa, de forma a incorporar a atualidade política do local de apresentação (Farrell, 2014). Por isso, a escolha de não traduzir o prólogo não nos parece negativa em si; a criação de prólogos para a realidade brasileira de então nos parece, inclusive, mais interessante do que o uso do prólogo de Fo. Não encontramos, no entanto, indícios da existência ou não de prólogos nas primeiras montagens brasileiras.

Em geral, as peças de Fo são longas e são resumidas em quase todas as traduções, para quase todos os países. Isso acontece também na tradução de Helder Costa para **Morte acidental de um anarquista**. É interessante notar, porém, que, ainda que de forma resumida, a maior parte dos pontos-chave do enredo italiano subsistem em português, em especial os momentos centrais da investigação do Louco: o delegado admite ter forjado a confissão do companheiro do anárquico; revela-se como era absurdo que a janela estivesse completamente aberta em uma noite fria de dezembro; mostra-se a importância da análise da parábola de queda e como não fazê-la é negligenciar a investigação; é apontada a inconsistência nos horários – a ambulância foi chamada cinco minutos antes da queda; há uma explicação que considera a hipótese do golpe no pescoço e da "morte acidental"; salienta-se que a bomba parecia obra de profissionais, em particular de militares; que havia militares infiltrados em quase todas as organizações anarquistas e que a maioria dos atentados dos quais se tinha notícia à época tinham sido organizados por fascistas ou figuras ligadas ao fascismo. Algumas falas são cortadas, mas elas não parecem prejudicar a compreensão, pelo menos não quando cada excerto é analisado separadamente. A releitura da tradução depois da leitura do texto italiano, no entanto, nos deu a impressão de que o texto brasileiro é ainda mais acelerado do que o italiano. Isso, somado ao fato de que a morte de Pinelli não era um acontecimento que estava na ordem do dia no Brasil de 1980 como estivera na Itália de 1970, pode, sim, dificultar a compreensão dos eventos, a depender das demais escolhas feitas na montagem.

Há, ainda, alguns pontos da investigação do Louco que não estão presentes na versão de Costa: o fato de que o álibi do ferroviário tinha sido verificado e era procedente e a versão segundo a qual o Agente segurou o anarquista pelo pé, ficando com um dos calçados na mão, logo desmentida pelo fato de o último ter caído com os dois pés calçados. Como vários outros elementos do inquérito estão presentes, esses cortes não nos parecem significativos, especialmente porque a urgência da contrainvestigação, para a qual todos os detalhes importam, existia quando a peça estreou, na Itália, mas não dez anos depois, no Brasil.

A maior parte dos momentos centrais de reflexão mais ampla, através dos quais o Louco relaciona o caso Pinelli às políticas de manutenção da burguesia no poder, também estão presentes. Foi mantida, por exemplo, a crítica aos escândalos como estratégia de fazer fracassar as lutas operárias (a tradução do específico *"autunno caldo"* pelo genérico "lutas operárias" nos parece, aqui, positiva para facilitar a compreensão do público brasileiro), assim como a crítica às reformas como freios da revolução. Apesar de um corte mais significativo, também permanece a reflexão acerca dos escândalos como fundamentos dos governos capitalistas, entendidos como capitalistas apenas por oposição à Itália, que ele afirma ser "pré- -capitalista". Nesse excerto, porém, nos parece mais significativo o corte de duas frases que explicitam e condensam essa crítica e, retomando a terminologia usada por Berman (1995), consideramos necessárias: "a catarse libertadora de todas as tensões" (Fo, 1973, p. 178, tradução nossa) e "o escândalo é o antídoto contra o pior veneno, que é a tomada de consciência das pessoas" (Fo, 1973, p. 178, tradução nossa). Parece-nos, com esses cortes, juntamente com a escolha de não traduzir o prólogo (se de fato não foi criado um), que a versão de Costa tem uma preocupação didática um pouco menor que a de Fo.

Em especial, não aparece, em momento algum da tradução (a não ser, talvez, implicitamente, num trabalho de interpretação que fica sob responsabilidade total da encenação e/ou do público), a oposição entre o teatro didático, crítico, que quer estimular a reflexão e mudar a sociedade, e os escândalos trágicos, catárticos, que mantêm a burguesia no poder. De fato, além do corte na frase que explicita a visão de Fo de que os escândalos têm uma função catártica, quase todas as demais alusões metateatrais foram cortadas na tradução, excetuando-se a primeira, na qual o Louco diz ser histriomaníaco. Ainda assim, é cortada a parte em que ele explica que faz teatro com pessoas reais, bem como perde-se a alusão ao teatro quando o Louco diz "mantenha-se de acordo com a história" ao invés de "atenha-se ao roteiro" ou "ao texto [da peça]" (Fo, trad. Costa, 1980, p. 16). Mais adiante, também é cortada a parte em que o delegado se vira para a plateia e chama seus espiões, que respondem; e o Louco, também para os espectadores, diz para não se preocuparem, porque aqueles que responderam são atores – os espiões de verdade estão quietos. Parecem questões de menor importância, mas são elas que sustentam a analogia entre o trabalho interno do Louco como personagem da peça e o trabalho de Dario Fo no mundo, como ator, dramaturgo e diretor, e explicitam a sua crença no poder do teatro de fazer parte da construção de outro mundo.

3.2.2. As montagens de Helder Costa (1980) e Antonio Abujamra (1982)

Parece haver algumas semelhanças entre o modo de produção de Dario Fo e o de Helder Costa, o que parece ter favorecido as duas montagens que o português dirigiu de **Morte acidental de um anarquista**. De fato, o grupo que ele integrava, A Barraca, tinha sido fundado com a ajuda de Augusto Boal – que chegou, inclusive, a dirigir alguns espetáculos – e funcionava como uma cooperativa. Frequentemente as peças nasciam de debates entre todos os membros do grupo e Costa atuava como dramaturgista, num método que guarda pontos de contato com o trabalho de Fo na Comune, ainda que possamos imaginar que Dario gozasse de maior liberdade criativa. Tanto no que diz respeito à crítica contra o reformismo, quanto no que diz respeito à função social do teatro, o diretor português parece concordar com o dramaturgo italiano. De fato, ele afirma que

> nesse espetáculo [...], temos como pano de fundo a face oculta da organização econômica capitalista, hoje em pânico, discutindo eternamente a crise e como sair dela. Com esta peça, tentamos entrar nesse debate. Trata-se de um texto, hoje já moderno clássico, bastante elucidativo sobre os processos que asseguram a chamada "paz social" deste Velho Continente. Para nós essa "paz social" é tão apodrecida, que não significa senão uma guerra adiada. (Os frutos [...], 1980, p. 32)

Sobre a missão do grupo, conta que

> A Barraca optou por um teatro que combate o espetáculo alienante e o espetáculo elitista, bem como qualquer

atividade que não sirva à contribuição que o trabalho teatral pode dar no campo da transformação da sociedade, numa sociedade mais justa, mais livre, que todos nós advogamos. (Os frutos [...], 1980, p. 32)

Tanto a montagem do grupo português, que ficou em cartaz em junho e julho de 1980 em São Paulo, Rio de Janeiro e Brasília, quanto a montagem do Teatro dos Quatro, que estreou no Rio de Janeiro em 15 de setembro do mesmo ano, foram muito elogiadas. Em ambas, segundo Yan Michalski (1980, p. 2), "os acontecimentos nos parecem tão familiares como se se tivessem passado, com outros nomes é claro, mais perto de nós, no tempo e no espaço". Por mais que a peça trate de personagens e acontecimentos reais italianos, a história da repressão dos militantes de esquerda, comum à Itália e ao Brasil, assim como a tantos outros países, e particularmente ainda presente em nosso país em 1980, funciona como uma espécie de mediadora cultural. A escolha da linguagem farsesca para tratar de temas sérios é particularmente elogiada, mas o crítico aponta que há uma certa falta de clareza no espetáculo. Tínhamos intuído esse risco na análise da tradução, cujos cortes foram fundamentais para diminuir a duração do espetáculo de três horas para uma hora e vinte (Dramaturgo [...], 1980), mas ele parece não ser imputável à tradução, ou pelo menos não apenas a ela, uma vez que essa é uma crítica que Michalski faz à montagem brasileira, mas não à portuguesa, e o texto parece ser essencialmente o mesmo nas duas:

O espetáculo da Barraca era empostado numa linha de malícia, enquanto o Teatro dos Quatro é tremendamente exacerbado e frenético: uma questão de temperamentos

> nacionais, mas também, especialmente, dos temperamentos pessoais dos protagonistas, que num como no outro caso ditam o tom. Dentro da opção interpretativa adotada o desempenho de Sérgio Britto é forte e divertido, mas a sua contínua exacerbação torna pouco nítida a progressiva revelação dos segredos de Estado que o seu personagem vai desvendando. E essa mesma exacerbação impõe um andamento excessivamente rápido, que torna problemática a leitura e assimilação consciente, por parte do espectador, dessas sucessivas revelações. (Michalski, 1980, p. 2)

Ainda assim, Michalski não condena o espetáculo por causa da excessiva rapidez, mas afirma que provavelmente isso seria corrigido ao longo da temporada. A peça de Dario Fo apresentada no Brasil parece ter uma função, que veremos também em *Não se paga, não se paga*, de contribuir com a retomada do teatro político e militante, que havia sido reprimido pela censura, mas voltava a ganhar força com a redemocratização. Sérgio Britto chega a dizer que "a censura e até o próprio clima reinante fez com que o nosso autor desaprendesse este tipo de peça, desaprendesse a discussão" (Dramaturgo [...], 1980, p. 17). Como veremos na próxima parte deste trabalho, a busca não é apenas pela retomada dos temas políticos, mas há também uma interrogação sobre como fazer teatro coletivo e qual linguagem usar.

A montagem dirigida por Antonio Abujamra e protagonizada por Antônio Fagundes estreou em São Paulo, no Teatro Brasileiro de Comédia, em 1982. Entre as montagens da obra de Rame e Fo no Brasil, este é um dos casos de maior sucesso: foi vista por 700 mil espectadores (Última, 1988) em uma turnê de oito meses pelo Brasil (Orsini, 1984) e em 18 meses em cartaz em São Paulo. Como relatamos em Mello (2024), Fagundes saiu de um cenário em que usava o salário que recebia da televisão para financiar suas peças (Humor [...], 1982) a uma situação de sucesso financeiro também no teatro. É o que conta nessa carta escrita a Dario:

> Nós temos o Teatro Brasileiro de Comédia, um bom teatro. Temos, não, alugamos – o prédio não é nosso. E depois de três anos de fracasso, íamos entregar o teatro. E fizemos a sua peça, "A Morte acidental de um anarquista". E não entregamos o teatro, pois foi o maior sucesso de S. Paulo.
>
> Esta carta e esse material é para dizer que estamos contentes e agradecidos por você ter salvo o nosso teatro [...]. (Archivio [...], 1983, online).

Ele ainda diz que "é bastante" (Archivio [...], 1983, online) a quantia arrecadada e enviada ao autor a título de pagamento pelos direitos autorais. A montagem é um sucesso de público, mas também de crítica: para Sábato Magaldi (1982, p. 22), "o espetáculo [...] faz a farsa viver na sua plenitude"; para Jefferson del Rios (1982, p. 33), trata-se de "um alto exercício de arte política sem deslize didático, panfletário". Os críticos são praticamente unânimes nos elogios à direção e à atuação, em especial a de Antônio Fagundes. Nas críticas que lemos, apenas Jefferson del Rios (1982) considera que houve um exagero na farsa, mas isso não tira o tom muito elogioso de seu texto. A semelhança entre a realidade italiana e a brasileira também é enfatizada em sua crítica: "O drama institucional italiano tem semelhança com o drama brasileiro. Com uma diferença, claro: lá existe democracia integral ainda que sujeita a bombas e atentados" (Del Rios, 1982, p 33). Já para Magaldi,

> O texto não precisaria de adaptação para aplicar-se à realidade brasileira, como se ajusta à italiana. A maioria dos diálogos parece inspirada por fatos que ocorreram entre nós. Não é novidade que as polícias do mundo todo têm idênticos procedimentos... De qualquer forma, funcionam muito as liberdades tomadas pelo nosso espetáculo. Tratando-se de farsa, não teria sentido reverência escrava ao original. Os "cacos" recheiam a comunicação. Eles estão presentes, aquecendo o diálogo, nos diversos níveis. (Magaldi, 1982, p. 22)

Infelizmente, não sabemos quais foram as liberdades tomadas pelo espetáculo, mas elas parecem ser baseadas nas improvisações dos atores e ter como tema a atualidade brasileira, o que parece ser um método de atualização do espetáculo muito próximo daquele de Fo. Maria Amélia Rocha Lopes conta que

> A maior luta dos atores agora tem sido no sentido de equilibrar o molejo adquirido por tantos meses de apresentação, com a manutenção do espetáculo original que, afinal, motivou o sucesso. Acham que estão conseguindo, embora tenham combinado entre si "dar um tempo" no improviso e criação, mesmo sendo difícil resistir à tentação de acrescentar alguns temas atuais que se encaixam perfeitamente no texto de Fo (que para Fagundes não é texto, é pretexto). (Lopes, 1983, s. p.)

Assim como no caso da montagem carioca de 1980, Fagundes parece identificar uma crise na dramaturgia brasileira, que a peça de Dario Fo ajuda, de certa forma, a compensar:

> Fagundes acentua que nossa dramaturgia está "dando um tempo". Durante os últimos 20 anos os dramaturgos brasileiros tiveram que apelar para veículos mais rentáveis: – Agora que a gente está vivendo uma pseudo-abertura não surgiram quadros novos. Acho que isso poderia servir para discutir. A ausência de uma dramaturgia não voltada para a nossa realidade. Um vazio imenso que por enquanto está sendo preenchido por peças como o Anarquista, de autor italiano. (Orsini, 1984, p. 7)

Não encontramos menção ao tradutor em nenhum documento relacionado à peça, por isso acreditamos que tenha sido usada a tradução já disponível na SBAT, de Helder Costa, possivelmente com as alterações de Paulo Mamede. Assim como já havia sido feito no ano anterior com **Pegue e não pague**, o programa da montagem de Abujamra de **Morte acidental de um anarquista** (1982) parece funcionar como um prólogo ao espetáculo: além da tradução do prólogo do próprio Fo, traz relatos do elenco sobre a peça, uma apresentação sobre Dario, seu teatro e suas convicções estético-ideológicas e um texto sobre a sequência do caso Pinelli.

3.2.3. A publicação de Maria Betânia Amoroso e a montagem de Hugo Coelho

Morte acidental de um anarquista e outras histórias subversivas, com tradução de Maria Betânia Amoroso, foi publicado em 1986 pela editora Brasiliense, e foi a primeira edição em livro da obra de Dario Fo no Brasil. Os outros textos que o compõem são "História da Tigresa" e "O primeiro milagre do Menino Jesus", que faziam parte de **Storia della**

tigre e altre storie, espetáculo que Dario estreou em 1977. O livro está esgotado e, como não se trata de uma tradução feita para a cena, não faz parte do *corpus* deste trabalho.

Além dos dois espetáculos da década de 1980, só tivemos ciência de uma terceira montagem brasileira de **Morte acidental de um anarquista**, muito mais recente, que estreou em São Paulo em setembro de 2015 e teve direção de Hugo Coelho e atuação de Dan Stulbach, Henrique Stroeter, Riba Carlovich, Marcelo Castro, Maíra Chasseraux e Rodrigo Bella Dona. Em 2018, quando Dan Stulbach foi substituído por Marcelo Laham no papel do protagonista, a peça já tinha feito 400 apresentações pelo país e tinha sido vista por mais de 200 mil espectadores (Alves Jr., 2018). Para essa montagem, foi feita uma nova tradução, de Roberta Barni, à qual, infelizmente, não tivemos acesso, uma vez que a cessão de direitos autorais não foi intermediada pela SBAT.

3.3. "Não se paga, não se paga" – tradução de Maria Antonietta Cerri e Regina Vianna (1981)

Non si paga, non si paga foi escrita por Dario Fo em 1974, após a realização de um congresso sobre a cultura na Palazzina Liberty. Essa é uma das peças mais representativas da sua poética inspirada no teatro popular e comprometida com a luta de classes; é, provavelmente, a farsa na qual as falas dos personagens deixam mais explícitas as duas posições ideológicas dominantes na esquerda do início dos anos 1970 na

Itália: a esquerda radical, revolucionária, que acredita na ação direta, é representada por Luigi, por Antonia e pelo cabo; a esquerda reformista, que confia no PCI e age dentro das leis, é representada por Giovanni. Como mencionamos no primeiro capítulo deste trabalho, o espetáculo estreou nas fábricas de Milão, e a publicação de 1974 da La Comune – texto usado como referência pelas tradutoras Maria Antonietta Cerri e Regina Vianna – incorpora as modificações no texto feitas após os debates com os operários.

No prefácio dessa edição, Dario (Fo, 1974) explica que a peça foi escrita às vésperas de uma iminente crise econômica, quando já era possível prever, de um lado, a radicalização do proletariado e a desobediência civil como forma de sobrevivência à ameaça da fome; por outro lado, o endurecimento dos ataques à população orquestrado pelo empresariado e apoiado pelo governo e pela polícia. O gatilho para a sucessão dos acontecimentos do espetáculo é uma resposta da população à inflação e à perda do poder de compra: deparando-se com preços absurdos nas gôndolas do supermercado, um grupo de mulheres decide pagar o preço justo – metade do cobrado – pelos produtos, e depois acaba não pagando nada. A ação tem resultado positivo graças à força da coletividade e ao apoio dos operários. Como a polícia não tarda a reagir e a iniciar uma varredura pelo bairro, a maior parte das situações se desenrola a partir da tentativa de Antonia, a protagonista, e de Margherita, sua amiga, de esconder os produtos roubados tanto da polícia como de Giovanni, operário e marido da primeira, legalista e absolutamente contra qualquer forma de desobediência à lei. De fato, para Giovanni, o operário deveria ser um cidadão modelo, e partir para a ação direta era uma forma de atrair ainda mais o ódio dos patrões contra os trabalhadores. Na segunda cena do primeiro ato, ele chega até mesmo a chamar aqueles que protestaram de "subproletários", como se não merecessem sequer pertencer à classe proletária. (Mello; Palma, 2023, p. 15)

Essa peça também é construída sobre a estrutura de personagens cômicos organizados em duplas com características opostas: Antonia e Luigi (marido de Margherita), favoráveis à desobediência civil, são espertos e sabem como reagir a qualquer situação; Margherita e principalmente Giovanni são inocentes, este último é "a encarnação do homem de bom coração, é o tolo ingênuo que entreteve o público nos palcos de toda a Europa desde os tempos de Aristófanes e Plauto." (Farrell, 2014, p. 187, tradução nossa).

À medida que a fábula avança, mais ataques à classe trabalhadora e mais reações de indignação são narrados: os colegas de fábrica de Giovanni se revoltam contra a péssima qualidade da comida da cantina e saem sem pagar; os operários bloqueiam as ferrovias depois do anúncio de um aumento de 30% no preço do passe; a carga de um caminhão é roubada quando descobrem que, sob o rótulo de soda cáustica, empresários estavam traficando açúcar e farinha para outros países da Europa, o que os ajudaria a aumentar os preços, alegando escassez; Giovanni e Luigi se juntam aos saqueadores do caminhão quando descobrem que serão demitidos; todo o bairro – que já tinha tido luz e gás cortados por falta de pagamento – lança tijolos e telhas contra a polícia quando ela começa a cumprir uma ameaça coletiva de despejo por atraso nos aluguéis. Ao avançar da miséria, avançam simultaneamente as críticas à sociedade e a radicalização do proletariado, mas também a sua capacidade de sonhar com um mundo novo. No fim, o próprio Giovanni é convencido. Em sua última fala, a penúltima da peça, imagina que essa nova sociedade

> teria menos vitrines iluminadas, menos rodovias... mas também teria menos caminhões de despejo... e menos ladrões... e eu tô falando dos ladrões de verdade, aqueles pequenos, os com barrigas, ou com corcundas ou aqueles com plumas. E haveria justiça de verdade! No lugar da gente estar sempre no esforço de puxar a carreta prá manter os outros... vamos começar a manter a nós mesmos... fazer casas prá nós... inventar uma vida prá nós! Uma vida de gente feliz. Onde a vontade de rir exista sempre como se fosse uma festa... vontade de brincar e festejar... e trabalhar numa de prazer... como seres humanos... como homens e mulheres e não como bestas estúpidas... sem nenhuma esperança, nenhuma fantasia. (Fo, trad. Cerri e Vianna, 1981, p. 77)

Na versão publicada pela Einaudi em 2000, atualizada de acordo com as últimas representações, de 1980, o final muda, a fala de Giovanni é menos descritiva, mais provocativa. Depois da batalha entre o povo e a polícia, os atores caminham para o proscênio e falam diretamente para o público. Comentam a quantidade de sangue no chão, dizem que esse massacre não vai aparecer no jornal e se indignam com o fato de que ainda pedirão calma aos trabalhadores, prometendo resolver a situação com uma negociação em Roma. Giovanni encerra a peça dizendo

Não, não, não! Não aceitamos esse jogo. Desculpem, preferimos outro.

Vocês estão sorrindo, é?

Claro, claro, têm razão.

É verdade que nós, operários, não estamos na nossa melhor forma, estamos deitados na miséria.

Mas prestem atenção, pode ser que, de pouquinho em pouquinho, primeiro a gente se ajoelhe, depois se levante e fique de pé.

E estamos avisando: de pé, fazemos sempre um belo efeito! (Fo, 2000, p. 214-215, tradução nossa)

Nessa peça, há também reflexões sobre como a jornada de trabalho é, na verdade, muito maior, uma vez que os trabalhadores passam longas horas de seu cotidiano a caminho do trabalho; sobre como o capitalismo influencia as subjetividades e as relações familiares, minando as conexões entre as pessoas; sobre como a propaganda, instrumento da sociedade de consumo, cria um ideal de vida inalcançável para as classes mais pobres, que vivem frustradas; sobre como as mulheres são ainda mais exploradas, uma vez que servem ao patrão e ao marido. Esse, aliás, é o primeiro texto de Fo em que aparecem críticas feministas. Em uma nota de rodapé da sua tradução para o francês, Valeria Tasca (Fo, 1997) conta que, nas apresentações, Dario costumava dizer, em um aparte para o público, que uma dessas falas feministas tinha sido escrita por Franca.

Embora não tenhamos encontrado outros textos que falem a respeito da sua participação na escrita da primeira versão da peça, é notável a semelhança de "Il Risveglio" e **Non si paga** em relação a vários temas e à forma como são tratados. Além da questão do transporte e da dupla exploração da mulher, também são semelhantes a parte em que Luigi se refere ao trabalho na fábrica como uma "coisa pra macaco amestrado" (Fo, 1981, p. 33) enquanto faz a mímica dos gestos que realiza cotidianamente e o final do texto, em que Giovanni imagina um novo mundo. "Il Risveglio" começa com um sonho no qual a protagonista revive o trabalho e executa repetidamente os gestos da fábrica, que são os mesmos de Luigi em **Não se paga** – Luigi, aliás, também é o nome do marido da protagonista do monólogo. Além disso, no final da cena há um interlúdio musical e a canção, chamada *O sonho*, descreve um mundo melhor, onde não havia mais capitalismo, e sim comunismo.

A primeira temporada, assim como a primeira turnê dessa peça, foi, além de um sucesso, polêmica. Franca Rame e Dario Fo foram processados em Milão por terem-na apresentado na Palazzina Liberty sem autorização do delegado competente (Pretura [...], 1976); em Bolonha, a delegacia tentou proibir o espetáculo por acreditar que ele incentivava a desobediência civil (La Comune, 1975). De fato, a peça acabou sendo, de certa forma, premonitória, uma vez que, poucos meses depois da estreia, aconteceram episódios de expropriação proletária similares aos inventados por Fo.

3.3.1. A tradução e a primeira montagem

Depois de ter ficado fascinada pelo teatro de Dario Fo ao assistir a **Preto no Branco** em 1980, Regina Vianna decidiu produzir **Non si paga, non si paga**. Ela fazia parte do elenco, interpretando Antonia, e também participou da tradução, junto com Maria Antonietta Cerri (sobre quem, infelizmente, não encontramos mais informações). Gianfrancesco Guarnieri assinou a direção e interpretou Giovanni; Herson Capri, Luigi; Bete Mendes, Margherita. Renato Borghi fez os outros personagens. Enquanto o título do manuscrito disponível no acervo da SBAT é **Não se paga, não se paga**, a peça estreou, em 16 de outubro de 1981, em São Paulo, como **Pegue e não pague**. Daqui para a frente, usaremos o primeiro nome para nos referirmos à tradução textual e o segundo para nos referirmos a essa montagem.

No artigo intitulado "O teatro político de Franca Rame e Dario Fo pelo olhar brasileiro: prólogos, paratextos editoriais e teatrais" (Mello, 2024), destacamos que a peça

> parece ter sido marcada – desde a escolha do texto até a recepção, passando pelos processos de tradução e montagem – por uma vontade de dialogar com o momento político que o Brasil vivia. O fim da Ditadura Militar ainda não havia chegado, mas o processo de redemocratização estava em curso. O AI-5 foi revogado no fim de 1978; a Lei da Anistia, promulgada em 1979; o bipartidarismo, extinto no fim de 1979; o país se preparava para, em 1982, votar para os cargos legislativos e para o executivo estadual, nas primeiras eleições diretas desde a década de 1960. No programa da peça, o otimismo com a redemocratização e a ampliação das liberdades individuais e de expressão, assim como a preocupação com a reconstrução do país aparecem no discurso de todos os profissionais do espetáculo. (Mello, 2024, p. 214)

De forma geral, profissionais envolvidos na produção celebram, no programa da peça, a reconquista da democracia, que abre possibilidade para fazer esse tipo de teatro.[20] Mas comemorar não é o suficiente, há também necessidade de "arregaçar mangas e pestanas para o exercício de construir, ou melhor, reconstruir um teatro Brasileiro (dentro de nossa perspectiva democrática e artística)", como explica Wagner de Paula, o codiretor (Pegue [...], 1981, p. 12). Regina Vianna ressalta que, ainda que haja alegria, a dor do passado ainda continua no presente, e o próprio resgate da alegria é um processo doloroso:

> Mas não é simplesmente o "Representar" a alegria porque: "OBA! Estamos fazendo uma comédia!" Não! É o desafio de fazer renascer em todos a alegria que agoniza em anos de silêncio, de mutilação, de pequenas e grandes ciladas. A alegria de nos sentirmos "vilões", gozadores e risonhos, como tão bem define Dario Fo.
>
> Porque fazer um espetáculo com alegria, liberdade, confiança; com o apoio "amplo, geral e irrestrito" dos companheiros de trabalho, parecia quase uma meta inatingível, uma fantasia, coisa de conto de fada. E foi longo o tempo em que só mesmo o sonho parecia sobreviver. Hoje, aqui, neste palco, nesta empreitada, eu me dou conta de que o que sobreviveu não foi fantasia. Foi força. Força de bicho enjaulado, faminto, dilacerado. Foi essa força que sobreviveu.
>
> [...]
>
> Retomar a alegria, a liberdade, a confiança foi, portanto, doloroso. Foi muito doloroso. Creio até que é pretencioso colocar tudo isso no passado. É melhor dizer: é doloroso.

---

20 Para uma análise mais detalhada do programa da peça, cf. Mello (2024).

Tem sido doloroso. E o que temos pela frente é ainda um grande exercício. (Pegue [...], 1981, p. 6)

Há, ainda, semelhanças entre a proposta estética-ideológica do casal italiano e aquela dos artistas brasileiros: assim como Rame e Fo, Renato Borghi critica a separação a arte e a política, entre artistas e seres políticos (Mello, 2024):

> Tentam nos transformar em tecnocratas da arte, executivos da interpretação, burocratas da cultura e assim por diante...

> É um momento muito especial. O teatro nos pede que recobremos a dimensão Artista-Homem, que passemos a viver intensamente o relacionamento social a partir de um redimensionamento pessoal. Embora tudo pareça dizer o contrário, é tempo de tomada, retomada, reformulação, questionamento, consciência e, sobretudo, entrega do que temos de mais precioso: nós mesmos, de corpo presente. (Pegue [...], 1981, p. 11)

Ainda que não estejam sempre de acordo politicamente, há, decerto, muitas semelhanças entre a carreira de Guarnieri e de Fo. Gianfrancesco também foi um homem de teatro polivalente – ator, dramaturgo e diretor – que se preocupou em criar peças que fizessem "pensar, questionar a situação social e promover transformações nos artistas e no público" (Guinsburg; Faria; Lima, 2006, p. 28). **Eles não usam black-tie**, sua primeira dramaturgia encenada pelo Teatro de Arena, retrata o conflito de um operário, filho do líder grevista, que decide furar a greve porque teme perder o emprego e deixar desamparada a namorada, que está grávida. Assim como em **Non si paga**, vê-se um embate ideológico entre personagens, e também entre seus posicionamentos políticos e suas necessidades materiais. A peça de Guarnieri tem um estilo predominantemente realista, mas nela já se vê o uso embrionário de recursos do teatro épico, que será aprofundado nos anos seguintes tanto por ele como por outros nomes, como Augusto Boal, com quem trabalhou em outras ocasiões, e Vianinha (Guinsburg; Faria; Lima, 2006). Assim como Dario, Gianfrancesco também tem experiências com o teatro de grupo e com o uso de espaços diferentes do palco italiano, no próprio Teatro de Arena.

Para Jefferson del Rios (1981, p. 25), **Pegue e não pague** é "coerente com toda uma linha estética e política que [Guarnieri] sempre defendeu para o teatro". Pode ser que o diretor brasileiro tenha identificado em Dario Fo um de seus pares, pode ser que isso tenha inspirado o espírito de fidelidade à obra do italiano que moveu a montagem, mesmo que ser fiel a ele implique também ser livre:

> Encená-lo requer a um só tempo profunda admiração e compreensão de sua obra e um grande despudor, uma desfaçatêz irreverente, é um teatro de liberdade. Ser-lhe fiel, divertir-se a fustigar com ele, atitudes imprescindíveis para conseguir essa fidelidade.

> Procuramos uma prosódia que nos ligasse à Itália, porém sem tentar copiar naturalisticamente o sotaque de oriundos italianos, os sons é que nos lembram coisas, pessoas, realidades que se entrelaçam: a nossa e a italiana. Daí deixamos a peça como ela é, com a ação transcorrendo em Milão, sem procurar adaptá-la a algum bairro italiano paulista (o que não nos parece descabido para futuras encenações). (Pegue [...], 1981, p. 7)

A tradução também revela admiração e respeito pela poética de Dario, como já dissemos no artigo mencionado anteriormente:

> Trata-se de uma tradução integral, com cortes quase inexistentes e muito pontuais, em geral focados em uma ou outra palavra, e a manutenção de quase todas as referências a eventos e personalidades ligados ao contexto político italiano ou mundial dos anos 1970 e ao pensamento de esquerda. O único elemento importante que caracteriza a obra de Rame e Fo e que está ausente da tradução brasileira é o prólogo, mas não por demérito das tradutoras. Embora o espetáculo contasse com um prólogo pelo menos parcialmente improvisado (Fo, 1997), ele não foi incorporado na publicação da La Comune usada como referência por Cerri e Vianna. A edição contava com uma pequena apresentação escrita por Dario, um texto que provavelmente não era encenado e que deve ter sido escrito para a publicação impressa. A exemplo do que ocorre em **Morte acidental de um anarquista**, a tradução desse texto introdutório está presente no programa de **Pegue e não pague**, e achamos que pode funcionar, pelo menos do ponto de vista da apresentação do contexto sociopolítico que deu origem à peça, como uma espécie de prólogo. (Mello, 2024, p. 216-217)

Comparamos alguns trechos da obra italiana e de sua tradução para o português, mas não reproduzimos, aqui, por motivos de síntese, todos os trechos-chave que retratam as posições ideológicas dos diferentes personagens. De toda forma, um dos embates ideológicos mais longos e significativos é a conversa de Giovanni com o cabo da polícia, que talvez seja eficaz justamente porque a opinião dos personagens está deslocada do que esperaria o senso comum: Giovanni, operário, filiado ao PCI, marido de Antônia, que havia participado dos saques, é ferrenhamente contra a expropriação e a desobediência civil; o policial, por outro lado, que não apenas tem o dever de zelar pela ordem e pelo cumprimento das leis, como está em cena justamente porque tem que revistar o bairro em busca da mercadoria roubada, se mostra solidário com as ações populares, afirmando, inclusive, que "contra o roubo não há outra defesa senão roubar também" (Fo, 1981, p. 14).

Dario consegue criticar as posições cada vez menos de esquerda do PCI na cena absurda em que um policial, normalmente visto como um braço armado do Estado a serviço da propriedade privada, se mostra muito mais marxista que o filiado ao Partido Comunista e chega a ser taxado de extremista por este último – "Bem, mas não fica bem andar dizendo uma coisa dessas... um policial! Isso parece papo de extremista." (Fo, 1981, p. 15) –, mas rejeita o rótulo: "Que extremista, que nada; eu sou é uma pessoa que usa a cabeça. E que tá de saco cheio..." (Fo, 1981, p. 15). Ao mesmo tempo em que critica o PCI, Dario insere nesse diálogo outras discussões teóricas que perpassavam os ambientes de esquerda do fim dos anos 1960 e início dos anos 1970, como o tratamento reservado aos policiais, especialmente os de baixa patente. Enquanto, evidentemente, as forças da ordem são criticadas como instituições conservadoras e repressivas por quase toda a esquerda, alguns intelectuais, como Pier Paolo Pasolini e Giorgio Amendola (este último, figura importante do PCI, citado duas vezes na fala de Giovanni), ressaltam que, na luta de classes, não se deve esquecer que os policiais de baixa patente têm origem pobre, e que deveriam ser menos combatidos como indivíduos e mais ideologicamente disputados pela esquerda.[21] A referência a Amendola é uma das poucas menções a personalidades políticas italianas apagadas na tradução para o português. Esse apagamento em nada prejudica a presença, na versão brasileira, dos debates ideológicos da peça de Fo, e achamos, aliás, que pode facilitar a compreensão do público brasileiro.

Curiosamente, a edição da La Comune (1974) disponível no *Archivio Franca Rame-Dario Fo* tem anotações que mostram os cortes efetuados na versão inglesa publicada pela Pluto Press em 1979, com o título de **Can't pay? Won't pay!**, com tradução de Lino Pertile e adaptação de Bill Colvill e Robert Walker. A completude da tradução brasileira salta ainda mais aos olhos quando comparada a essa versão que mostra os cortes da inglesa. Nela, cerca de metade do diálogo entre o cabo e Giovanni aparece cortado, incluindo o trecho que comentamos acima, assim como os momentos em que Luigi critica as propagandas, sua relação com o consumismo

---

21   No contexto das manifestações estudantis de 1968, houve um forte embate entre policiais e estudantes, com muitos feridos dos dois lados, que ficou conhecido como Batalha de Valle Giulia. Pouco depois do episódio, Pasolini publicou "*Il PCI ai giovani!!*" ("O PCI aos jovens!!"), poesia em que critica os estudantes por terem se voltado contra os policiais e aponta a contradição do acontecimento: os jovens, que ele chama de "filhinhos de papai", tinham razão, mas, na luta de classes, são os ricos; os policiais, que ele chama de "filhos de pobres", não tinham razão, mas, na luta de classes, são os pobres. Essa publicação acendeu um debate que envolveu muitos intelectuais e militantes de esquerda de renome na Itália (Alves, 2021).

e com a frustração da classe operária e o fato de que as outras horas do dia, fora da fábrica, também são dedicadas ao trabalho.

Há, na tradução, algumas adaptações culturais que achamos muito sutis e eficazes. Por exemplo, a referência a Aldo Moro, então primeiro-ministro da Itália, foi trocada por uma referência genérica a um "ministro gordinho", que não identificamos se era uma alusão a algum ministro em atividade em 1981 ou não:

> ANTÔNIA - Até a casa da Margarida. Ela fez as compras hoje e pode me emprestar qualquer coisa. Mas fica tranquilo que eu vou e volto num instante. Enquanto isso vai lá prá dentro, lê o teu jornal, ou então liga a televisão que, não demora muito, eu tenho certeza que aparece a cara daquele Ministro gordinho falando da crise, que é grave, mas não é prá desesperar, que temos que nos ajudar uns aos outros: ricos e pobres. Que temos que apertar o cinto, ter paciência, compreensão, confiança no Governo e no Festival da Canção. Fica aí, cheio de paciência que eu volto rapidinho. (Fo, 1981, p. 12, trad. Cerri e Vianna)

De toda forma, essa troca se apoia no fato de que no Brasil, como na Itália e em muitos outros países, não é incomum a presença de um ministro que fala da crise. Outra tradução motivada pelas semelhanças entre Brasil e Itália foi a de "Canzonissima" por "Festival da Canção", e achamos que foi uma escolha muito efetiva.

Pouco depois, há outra troca de uma referência específica – as *Brigate Rosse* – por uma referência genérica; dessa vez, porém, usando os termos equivalentes em português, tirando a inicial maiúscula e substituindo o artigo definido pelo possessivo "seu", transformando o nome da organização terrorista em um epíteto negativo, claramente dirigido a alguém de esquerda: "Altolà... Brigate Rosse... sei in arresto... dove hai nascosto il Sossi?" (Fo, 1974, p. 29) vira, portanto, "Alto-lá!"... Teje preso, seu brigada vermelha... Onde é que vocês esconderam o fulaninho?" (Fo, 1981, p. 18) Achamos essa solução um dos pontos mais altos do trabalho de Maria Antonietta Cerri e Regina Vianna, porque, ao mesmo tempo em que permite a identificação da menção às Brigadas Vermelhas por parte do espectador que tiver esse repertório, faz a frase funcionar de forma ágil e fluida mesmo para quem não tem ideia do que se trata. A substituição do "Sossi" pelo "fulaninho" também é generalizante e não nos parece pesar nem negativamente nem positivamente.

Outras trocas do tipo são a tradução de "PCI" (Fo, 1974, p. 28) por "Partido Comunista" (Fo, 1981, p. 18) e de "D.C." (Fo, 1974, p. 96) por "o Democrata cristão" (Fo, 1981, p. 75). Acreditamos que a troca das siglas pelas expressões por extenso facilitam a compreensão sem apagar as referências culturais. Trata-se de escolhas simples e eficazes, assim como, a opção de identificar Grace Kelly como a "Princesa de Mônaco" (Fo, 1981, p. 24) e não como a "Princesa Ranieri" (Fo, 1974, p. 35), certamente um nome que dificultaria a compreensão em português.

Devem ser elogiadas, também, o uso das expressões "papo de ralé" e "esquerda festiva" (Fo, 1981, p. 49) para, respectivamente, "parlare da sottoproletari" e "rivoluzionario da strapazzo" (Fo, 1974, p. 66). "Subproletário" é uma palavra importante para a teoria marxista, que Giovanni usa, em um momento anterior, para se referir pejorativamente aos operários que iniciaram a manifestação contra a qualidade do refeitório na fábrica. De fato, para Marx, o subproletariado, também chamado de lumpemproletariado, ocupa um papel marginal na luta de classes. Como é composto por pessoas em condição de miséria, que não têm condições financeiras e precisam fazer de tudo para sobreviver, o que faz com que não tenham a consciência política e de classe do proletariado, o teórico entende que elas podem ser manipuladas pela burguesia para atender aos interesses desta última (De Leo, 1989). É, portanto, uma palavra forte, que Giovanni não usa aleatoriamente para se dirigir aos colegas. Ele a escolhe intencionalmente para desqualificá-los, ao mesmo tempo em que sugere que não estão se comportando como revolucionários, mas como instrumentos da burguesia. O uso de duas palavras diferentes para traduzir "sottoproletario" é interessante: na primeira, justamente no momento em que ele explica de forma mais elaborada a sua discordância de quem usa táticas de desobediência civil, as tradutoras usam "subproletário" em português. No momento seguinte, "ralé" traduz bem o desprezo e não coloca a dificuldade de entendimento que o conceito de subproletariado pode trazer. Muito feliz é também a escolha de "esquerda festiva". Em italiano, "da strapazzo" é uma locução adjetiva que pode ser usada para qualificar diferentes palavras, sempre com o sentido de "pouco valor" ou de "pouca capacidade" (Strapazzo, online). "Festiva", por sua vez, é um adjetivo usado pejorativamente quase que só com a palavra "esquerda", e o uso de "esquerda festiva" ao invés de outra tradução mais literal, como "revolucionário de araque", por exemplo, torna a tradução muito adequada ao contexto brasileiro, com uma oralidade fluida e eficiente.

Ainda sobre esse excerto, cabe comentar, brevemente, como a tradução quase literal, por infeliz coincidência histórica, parece mais cheia de significado, nos anos 1970 e 1980, em um contexto brasileiro que no italiano: "é só fazer zorra... criar confusão... e é isso mesmo que os patrões estão querendo que se faça, prá depois chegarem, os pobrezinhos, à 'necessidade imprescindível' de entregar tudo nas mãos dos Generais!" (Fo, 1981, p. 49). Quando lemos a tradução, tivemos a impressão de que esse trecho poderia ser uma adaptação ao contexto brasileiro da ditadura militar, mas ficamos surpresas de encontrá-lo em italiano. Achamos que ele é um forte exemplo de um movimento sobre o qual se fala menos nos Estudos da Tradução, mas que também pode acontecer na passagem de uma obra de uma língua-cultura a outra: assim como há elementos culturais e referências sócio-históricas que se perdem, se atenuam ou se homogeneízam, há também elementos que, mesmo em traduções literais ou quase, ganham significados mais profundos, ou se atualizam, têm uma relação mais forte com o contexto ou com o momento presente de chegada do que com aquele de partida. Embora existisse, em 1974, na Itália, quando a peça estreou, um certo temor de um recrudescimento da direita e de um golpe de Estado militar – à semelhança do que havia ocorrido no ano anterior no Chile –, esse medo, que parece representado na menção à "'necessidade imprescindível' de entregar tudo nas mãos dos Generais", nunca se concretizou. No Brasil, porém, o golpe militar já tinha se concretizado em 1964 e, em 1981, ano de estreia de **Pegue e não pague**, ainda era uma realidade, ainda que em vias de transformação. Esse trecho, portanto, que no país de Rame e Fo podia aludir à realidade de outros países ou a uma realidade apenas potencial italiana, no Brasil, diz respeito à realidade política concreta.

Em contrapartida, outras referências culturais que foram mantidas na tradução nos pareceram, à primeira vista, de difícil compreensão para o público brasileiro de 1981: o uso do termo "Feddayn" (Fo, 1981, p. 31) por Giovanni para desqualificar os operários que começaram os protestos na linha do trem e, em seguida, a menção a Lin Piao (Fo, 1981, p. 32) como revisionista.

Em árabe, *fida'iyyun* quer dizer "aqueles que se sacrificam" e foi um termo usado por vários grupos revolucionários ou guerrilheiros do mundo árabe a partir dos anos 1950 (Fedayin, s. d.). Especialmente conhecidos são os fedayn palestinos, vistos por alguns como terroristas, por outros – inclusive pela esquerda autônoma italiana dos anos 1970 – como exemplo a seguir, revolucionários e liberadores destemidos, militantes de grande valor (Marzano, 2016). Essa provavelmente era uma visão compartilhada por Franca Rame e Dario Fo. Franca, em 1972, dirigiu o espetáculo *Feddayn*, interpretado por militantes da Frente Popular para a Libertação da Palestina (Fo, 1997). Embora o termo tenha caído em desuso depois do surgimento de grupos pela liberação da Palestina mais organizados, parecia uma palavra bastante comum na Itália dos anos 1970, a ponto de ter sido escolhida para dar nome a uma torcida organizada do time de futebol Roma (I

50 Anni [...], 2022). Inicialmente, nos pareceu uma referência de difícil compreensão e cheia de nuances – Giovanni, claramente, do alto de sua posição legalista, usa a palavra para desqualificar os colegas que tinham partido para a ação direta, querendo dizer, no mínimo, que estão agindo de forma temerária e arriscando a própria vida, mas possivelmente também taxando-os de terroristas; para Luigi e para grande parte dos espectadores da Palazzina Liberty ocupada, o termo talvez soasse como um elogio. Uma consulta ao acervo do jornal *Folha de São Paulo* (Acervo [...], s. d.), porém, aponta que o termo esteve presente no jornal 49 vezes entre 1979 e 1981, o que quer dizer que talvez a referência cultural funcionasse para os espectadores de **Pegue e não pague**. A maior parte das ocorrências não faz referência aos palestinos, mas ao grupo iraniano marxista-leninista Fedayn-e Khalq, que fez parte da ampla coalizão que derrubou o xá Mohammad Reza e ansiava, com a Revolução Iraniana de 1979, construir um país democrático. Depois ele se opôs às políticas fundamentalistas adotadas pelo aiatolá Khomeini. De fato, no ano de 1981, os fedayn iranianos aparecem nas notícias da *Folha de São Paulo* como vítimas de prisões, execuções e ofensivas do exército. Embora a referência principal do público italiano de 1974 e do público brasileiro de 1981 seja diferente – os palestinos para o primeiro e os iranianos para o segundo – acreditamos na possibilidade de que pelo menos o entendimento imediato desse trecho não tenha ficado prejudicado na tradução, pois trata-se, em ambos os casos, de grupos armados dispostos a se sacrificarem em benefício da nação e que estão dentro de um espectro político de esquerda.

Por sua vez, Lin Piao (cujo nome também é transliterado como Lin Biao) foi um marechal que teve importante participação na Guerra Civil Chinesa e que depois se tornou vice-secretário do Partido Comunista da China e foi declarado sucessor de Mao Tsé-Tung. Ele morreu em circunstâncias ainda não totalmente esclarecidas em 1971. Em 1973, teve início uma campanha empreendida pelo próprio Partido Comunista de crítica a ele e a Confúcio, sendo ambos taxados de contrarrevolucionários. De acordo com Mario Sabattini (1979), essa campanha reavaliou toda a história da China segundo a posição das figuras de destaque em relação aos polos do confucionismo (criticado) e do legalismo (valorizado), e seu caráter amplo deu a impressão, no Ocidente, de uma segunda revolução cultural. Para Dario Fo, em 1974 o maoísmo e o comunismo chinês ainda eram uma grande inspiração, como mencionamos no primeiro capítulo desta tese. Não surpreende, portanto, a presença de uma certa aderência a essa campanha de crítica a Lin Biao, ainda que de forma muito sutil, numa piada que não parece central para a peça. Inicialmente, também achamos que seria uma referência difícil de manter em português, mas, consultando novamente o acervo do jornal *Folha de São Paulo*, encontramos 47 referências ao militar chinês entre os anos de 1979 e 1981. No final de 1980, em particular, teve início o julgamento que o condenou postumamente, junto com os integrantes do "Bando dos Quatro" e a viúva de Mao Tsé-Tung, Chiang Ching – nomes importantes da Revolução Cultural –, todos acusados de traição e de orquestrar um golpe de Estado (Viúva [...], 1980). O processo foi bastante coberto pela mídia brasileira, assim como a demora para a divulgação da sentença, o que ocorreu somente no fim de janeiro de 1981 (Tribunal [...], 1981). A impressão de que seria uma referência cultural pouco acessível aos brasileiros, dada a presença midiática dessa figura em 1981, parece não se sustentar totalmente.

Houve, contudo, alguns pontos em que a escolha pela fidelidade exata ao conteúdo do texto de partida pode não ter sido tão proveitosa para a facilidade de compreensão das referências da peça ou para o seu poder cômico imediato. Por exemplo, a bem-sucedida tradução de "principessa Ranieri" por "princesa de Mônaco", que já comentamos, foi seguida pela manutenção da referência à "mulher do Pirelli" no trecho a seguir:

> GIOVANNI – É, prá ver se em vez do bebê, ela não tinha um pacote de arroz ou de macarrão. Vamos, examinem, fiquem à vontade, vocês também: apalpem prá acreditar! É só uma operária, não vai acontecer nada... tudo é permitido! Ela não é a Princesa de Mônaco, nem a mulher do Pirelli, que nelas sim, se vocês encostarem a ponta do dedinho, vocês levam um bom dum ponta-pé. Aqui não tem perigo: fiquem à vontade, uma apalpadazinha não vai fazer mal a ninguém! (Fo, 1981, p. 24)

Trata-se, muito provavelmente, de uma referência à esposa de Leopoldo Pirelli, então presidente do Grupo Pirelli, cuja empresa mais conhecida é a fabricante de pneus. Como a empresa tem sede em Milão e seus operários foram protagonistas de importantes greves entre o fim dos anos 1960 e o início da década de 1970, acreditamos que, embora não haja exatamente perda de compreensão – fica claro que Giovanni está reclamando da diferença de tratamento reservada pela polícia às esposas de homens ricos e poderosos e às esposas dos operários –, pode haver uma diminuição do poder cômico desse trecho, que parece funcionar justamente pela incorporação de referências muito próximas da realidade dos espectadores.

O mesmo acontece, de forma mais acentuada, nas duas menções a Amintore Fanfani, que reproduzimos abaixo:

> GIOVANNI – [...] não aguento mais de fome! Mais um pouquinho, e eu termino fazendo aquela sopinha de alpiste. Vai ver até que é gostosa. A água já tá no fogo, eu ponho um caldo de carne, uma cabeça de cebola... (ABRE A GELADEIRA) É, eu sabia... não tem caldo de carne, nem cabeça de cebola... Não tem outro jeito; vai ser cabeça de coelho mesmo. Mas que desgraça, eu estou parecendo uma bruxa da história da Branca de Neve, preparando uma poção venenosa... depois, eu tomo a sopinha e... Ah! Me transformo em sapo! ou então num dos 7 anões, talvez no oitavo: o Fanfanolo! [...] (Fo, 1981, p. 28)

> GIOVANNI – Bem, um Deus prá castigar os espertos, sempre tem... olha só o caso do Fanfani, como é que ele ficou. Diga-se de passagem que ali o castigo foi até meio exagerado. Mas vocês entendem o que estão fazendo esses filhos da puta desses industriais? Somem com a mercadoria dos balcões... "não tem mais, acabou..." eles dizem... e depois, tá tudo aqui... indo embora. Já não chega mandar para o estrangeiro o dinheiro que eles ganham nas nossas costas; agora até a nossa comida eles roubam! Canalhas! (Fo, 1981, p. 46-47)

No primeiro excerto, Fanfani aparece como o oitavo anão da Branca de Neve, "Fanfanolo"; no segundo, ele é exemplo de como Deus às vezes castiga os espertalhões – Giovanni interrompe o que está falando com Luigi para se dirigir a Fanfani dizendo "olha como ele te encolheu". Ambas são amostras de zombaria contra uma figura poderosa por meio de sua aparência (e de uma característica que seria considerada um defeito pelo senso comum), um expediente muito comum usado não só por Dario como por toda a tradição da derrisão popular. Ora, essas piadas só funcionam sabendo quem é Fanfani – político de eminência da Democrazia Cristiana, que ocupou o cargo de secretário nacional do partido, foi deputado, senador vitalício e primeiro-ministro da Itália por cinco mandatos – e, principalmente, sabendo que ele era particularmente baixo; funcionam melhor ainda se o espectador também sentir o desejo de vê-lo rebaixado pela força da comédia. Acreditamos que esse não era o caso no Brasil de 1981. Talvez por não terem entendido a piada – Deus teria diminuído Fanfani justamente como uma punição pelo fato de ele tentar se dar bem com a sua esperteza – a tradução nos parece, inclusive, empobrecedora. A alusão à sua altura é cortada e o exemplo de punição divina é genérico. A generalização da punição talvez deixe o trecho ainda mais difícil de entender, e tampouco ajuda na compreensão retroativa do ponto anterior, em que Fanfani havia sido transformado em um dos anões da Branca de Neve.

Em 1974, ano de escrita da peça, o político estava em evidência: era secretário da DC e foi o líder de uma campanha a favor do *sim* no referendo daquele ano sobre a revogação da lei que havia legalizado o divórcio na Itália. Ele transformou a disputa em torno do direito ao divórcio em uma batalha contra o PCI, e a derrota no referendo foi um duro baque para a DC e para o seu papel na liderança do partido (Pansa, 2004). Fanfani aparece no espetáculo, portanto, menos por quem ele é e mais como um elemento da ancoragem de **Non si paga** no contexto sociopolítico de sua época, tanto que, em versão posterior da peça (Fo, 1997), a referência passa a ser o banqueiro Michele Sindona.

Além das questões culturais pontuais, ligadas a personagens ou eventos históricos específicos, há também uma questão ligada a um hábito cultural difuso na Itália:

> AGENTE [DE CASA FUNERÁRIA] – Mas eu não sou nenhum policial.
>
> GIOVANNI – Bem, então, que papel o senhor tá fazendo agora?
>
> AGENTE – Eu sou um agente funerário!
>
> GIOVANNI E LUIZ – Mãe, meus culhões!
>
> (AO MESMO TEMPO OS DOIS PEGAM NOS TESTÍCULOS)
>
> GIOVANNI – Desculpa, mas a gente faz isso, assim, por instinto, sabe como é?
>
> AGENTE – Ora, não se preocupe... eu entendo... todo mundo faz isso quando me vê... e eu também, quando me vejo no espelho, também faço o mesmo. (Fo, 1981, p. 61-62)

Ao verem um agente funerário, Luigi e Giovanni tocam imediatamente os testículos, num gesto supersticioso bastante comum na Itália para espantar o mal, mais ou menos equivalente a bater na madeira para brasileiros. Temos a impressão de que também esse trecho pode provocar algum estranhamento e incompreensão da parte do público brasileiro. O cômico da cena nos parece preservado, pelo menos parcialmente, mas a comicidade pode parecer calcada apenas no absurdo, sem fundamento com a realidade.

Por fim, é pertinente comentar, brevemente, a tradução da maldição de Santa Eulália:

> Santa Eulália do barrigão
>
> a quem não crê no milagre
>
> faça vir a maldição;
>
> a quem não crê no oráculo
>
> faça vir o mal supremo
>
> que o transforme em cego eterno.
>
> Santa Eulália, Santa Piedosa,
>
> dá-le um golpe
>
> e assim seja. (Fo, 1981, p. 55)[22]

Acreditamos que a tradução de tal maldição – inventada por Antonia para tentar escapar da desconfiança do sargento – poderia ter sido elaborada com um maior cuidado rítmico e com o uso maior de rimas, presentes ao longo de todo o texto italiano e apenas pontualmente em português. Esses elementos ajudam a conferir um aspecto de texto mágico à

---

22   No texto de partida: "Santa Eulalia dal pancione / a chi non crede nel miracolo / fai venire la maledizione / a chi non crede nell'oracolo / Fai venire il mal bastardo / nero e buio nel suo sguardo / Santa Eulalia Santa Pia /dagli la botta / e così sia!" (Fo, 1974, p. 73-74)

maldição inventada e certamente contribuem com a comicidade da cena. O sentido do trecho não fica comprometido, mas esse é um dos poucos pontos da peça em que a inventividade linguística de Dario Fo, característica central de outros espetáculos, aparece de forma mais contundente, então achamos que uma criatividade maior na tradução seria bem-vinda.

Podemos concluir que, apesar do desejo perigoso de manter uma fidelidade radical à obra do dramaturgo italiano, a tradução de Regina Vianna e Maria Antonietta Cerri é um trabalho de fôlego impressionante e de muita qualidade. Os trechos em que a compreensão do espectador pode ficar prejudicada por causa de referências culturais muito específicas são muito pontuais e não carregam conteúdos fundamentais para o entendimento da peça. O sucesso da montagem nos ajuda a avaliar a tradução dessa forma.

Evidentemente, o fato de a tradução textual se mostrar respeitosa da poética do trabalho de Dario Fo não implica necessariamente uma montagem que o seja; tampouco o fato de o texto ter sido integralmente traduzido implica um espetáculo sem nenhum corte. De toda forma, isso parece acontecer nesse caso específico. Na nossa avaliação, a tradução brasileira de **Non si paga** não enseja uma dramaturgia substancialmente diferente daquela do autor italiano. Além disso, pelo que lemos nas críticas a **Pegue e não pague**, Gianfrancesco Guarnieri parece ter montado a peça não apenas desejoso de ser fiel a Dario Fo, como já evidenciamos anteriormente, mas também tratando o espetáculo de forma similar ao italiano. Conforme relatos de Sábato Magaldi (1981), de Carmelinda Guimarães (1981) e de um texto não assinado da *Folha de São Paulo* (Farsa [...], 1981), a peça estreou sem cortes e conseguiu cumprir o desejo de fidelidade à obra de Dario Fo, não se perdia "um pormenor da malícia de Dario Fo" (Magaldi, 1981, s. p.). A montagem inicial durava mais de três horas, mas foi sendo reduzida ao longo das apresentações, num método muito próximo ao que caracterizava o trabalho de Rame e Fo, que só chegavam a uma versão final do texto e do espetáculo após várias ocasiões de troca com o público. Magaldi, inclusive, previu essa redução:

> Creio que, no desenvolvimento da temporada, Guarnieri enxugará o espetáculo. Para o gosto europeu, a medida não ultrapassa o conveniente [...]. A sofreguidão brasileira exige, normalmente, uma montagem mais curta. Cortes bem feitos ajudarão o impacto do conjunto. (Magaldi, 1981, s. p.)

As críticas que encontramos são todas muito elogiosas à montagem de Gianfrancesco Guarnieri. Elas louvam a qualidade do trabalho dos atores (Magaldi, 1981; Del Rios, 1981) e o compromisso com a realidade brasileira de então (Guimarães, 1981). Parece-nos que foi, de fato, recriada a característica principal da dramaturgia de Dario Fo. Para Jefferson Del Rios (1981, p. 25), "o riso largo, a gargalhada total, dominam sem que a essência sócio-política da obra esteja ausente um só instante". Numa formulação mais criativa do mesmo crítico, a peça é um "pandemônio onde se misturam finalmente os dois famosos Marx: Karl e Groucho".

A ponte cultural entre os contextos de partida e de chegada parece ter sido construída pela situação de crise, comum a ambos os países, fato notado pelos três críticos que citamos nos parágrafos anteriores. Magaldi (1981, s. p.), por exemplo, afirma que "nem parece que se trata de um europeu: a história, a trama, as implicações, a verve, os problemas são eminentemente brasileiros". Mas há também outro elemento, mencionado apenas por Del Rios (1981, p. 25): apesar da manutenção dos nomes originais e apesar de a ação se passar na Itália, "O espetáculo tem uma atraente ambientação latina dada pelos cenários e figurinos de Irênio Maia, criação visual que pode sugerir Nápoles como o antigo Bexiga." Não é, portanto, apenas a coincidência do momento histórico que faz a ponte entre a crise italiana e a brasileira; este papel é igualmente desempenhado pelo cenário, e possivelmente também por outras semioses da montagem.

De toda forma, cabe considerar que havia diferença de público entre a montagem brasileira de 1981 e a italiana de 1974, assim como dos debates que faziam parte do cotidiano de cada um. Desde 1968, pelo menos, a Itália vivia um momento de grande agitação social e participação popular no debate político; o público da Comune era formado por pessoas que tinham feito uma inscrição na associação, a maior parte delas eram operários, estudantes, militantes de esquerda. Além da Comune, também existiam outros circuitos culturais de esquerda no país, em especial a ARCI, que chegou a contar com cerca de 600 mil membros. É de se imaginar que as várias referências culturais a figuras e debates da esquerda presentes na peça fizessem mais parte do cotidiano do público italiano do que do brasileiro de 1981, inclusive porque o nosso país havia atravessado mais de uma década de censura e perseguição ao pensamento, aos debates e à cultura de esquerda, o que refletia no tipo de conteúdo abordado pelas peças dos anos 1970, como afirma o próprio Guarnieri:

> Fui um dos poucos que continuaram escrevendo, naquele duro período da censura. Obviamente, passei a utilizar mais as metáforas, muita alegoria. Até 64 fazíamos a dramaturgia da resistência; depois disso veio a dramaturgia de ocasião, que forçou a gente a ser mais elaborado, dar mais importância ao aspecto formal. A dramaturgia que virá, agora, vai refletir a retomada democrática. (Lima, 1982, s. p.)

Regina Vianna (Asserj, 1986, p. 18) conta que apresentou o espetáculo para os metalúrgicos do ABC, que ela imaginava que fosse "o público mais apropriado para a peça". No entanto, segundo relata, o teatro ficou vazio e os poucos operários que compareceram saíram reclamando, sem ter entendido nada. Em Curitiba, no Guaíra lotado, os espectadores que mais riram foram os policiais. Em Brasília, vários ministros do governo militar, incluindo o chefe da censura, Ibrahim Abil-Ackel, também riram muito e gostaram do que viram. As relações entre público, espetáculo e contexto sócio-histórico e político são certamente complexas. Por um lado, pode ser que os espectadores com bagagem cultural para apreciar o trabalho de Vianna e Guarnieri fossem pessoas de mais instrução, pertencentes a classes com mais acesso à educação que os operários; pode ser que o desejo pela retomada democrática, longamente reprimido, ajudasse a superar as barreiras culturais; pode ser que a qualidade da montagem fosse mais do que suficiente para reduzir à insignificância essas diferenças e levar todos – inclusive os homólogos brasileiros dos censores que haviam perseguido Dario – inevitavelmente ao riso; pode ser que ela deixasse margem para ser vista como uma paródia dos comunistas (sem deixar claro que a crítica feita a eles estava ainda mais à esquerda); pode ser um pouco de tudo isso ou nada. Fato está que a peça alcançou grande sucesso e foi apresentada em São Paulo, Santos, Brasília, Salvador, Belo Horizonte, Cuiabá e Curitiba entre 1981 e 1982. É possível que tenha continuado mais tempo em cartaz e que tenha sido apresentada em outras cidades, mas não encontramos mais informações a esse respeito.

3.3.2. Outras montagens

De acordo com a lista que nos foi enviada por Mariateresa Pizza (2019), houve outras três montagens brasileiras de **Non si paga**: em 1984, no Teatro Vannucci, no Rio de Janeiro; em 1986, no Teatro Clara Nunes, também no Rio de Janeiro; em 2006, com produção de Alexandre Mauro Toledo. Infelizmente, os dados presentes nesse documento são escassos e às vezes apresentam inconsistências. Ele também aponta uma montagem de 1997 do Grupo Repico de Consuelo Trum em San Bernardino. Ora, Consuelo Trum é uma importante diretora teatral venezuelana e San Bernardino é um bairro de Caracas. Pode até ser que tenham se apresentado no Brasil, embora não tenhamos achado essa informação em nenhuma outra fonte, mas certamente não se trata de uma montagem brasileira. Já sobre a montagem de 2006, não achamos nenhuma informação complementar; é possível, portanto, que alguém tenha comprado os direitos com a intenção de montá-la, mas que não tenha ido adiante com o projeto.

Sobre a montagem de 1984, o único dado que encontramos está no próprio *Archivio Franca Rame-Dario Fo*: Djalma Bittencourt, superintendente da SBAT, pede os direitos da peça para uma montagem da Associação Livre de Trabalhadores Autônomos em Arte Cênica (ALTAAC) que teria Ronaldo Gonzaga e Stepan Nercessian no elenco e direção de Antônio Pedro, com apresentações justamente no Teatro Vannucci (Archivio [...], 1985). A carta é datada, no entanto, de 1985, e não foi possível encontrar outras informações sobre o espetáculo, então pode ser que o projeto tenha sido abandonado.

Em 1987, é a vez de Jacques Schwarzstein interromper o seu projeto de tradução e montagem. Ele escreve uma carta a Dario Fo solicitando os direitos da peça por dois anos, uma vez que ele já havia traduzido cerca de metade de **Non si paga** do alemão ao português e estava fazendo uma adaptação à atualidade brasileira (Archivio [...], 1987). Os direitos não lhe são cedidos porque já haviam sido solicitados previamente por outro grupo, provavelmente no ano anterior.

A montagem de 1986 tem o título de **Ninguém paga, ninguém paga!**, produção de Dina Sfat e direção do Celso Nunes; no elenco, Arlete Sales, Flávio Galvão, Clarisse Derzié, Fábio Junqueira e Edgard Gurgel Aranha. A tradução ainda é a de Maria Antonietta Cerri e Regina Vianna. O diretor é filho de operários italianos e reconhece nas memórias da própria infância as dificuldades das quais a peça trata. Ainda que de forma menos empolgada, esse novo espetáculo foi apreciado pela crítica, que também reconheceu nele um espetáculo que trata de problemas brasileiros ou, pelo menos, similares aos brasileiros (Baptista, 1986). Dessa vez, porém, as referências ao contexto sócio-histórico-político italiano são sentidas como um elemento de distanciamento, não sabemos se porque as diferenças entre Itália e Brasil se acentuaram nos cinco anos que separam esta montagem de **Pegue e não pague**; se porque a tradução precisava ser atualizada; se porque o distanciamento era uma proposta da dramaturgia do espetáculo ou se por outro motivo. Para o crítico Macksen Luiz (1986, p. 4), "o aspecto mais político fica prejudicado pelo caráter nacional das referências a situações da Itália." Ainda assim, o contexto geral parece dizer bastante respeito ao Brasil, pelo menos aos olhos da produtora, como conta Dina Sfat:

> Quando escolhi a peça de Dario Fo [...] o Plano Cruzado estava em seu auge e as pessoas me perguntavam se era oportuno montar um texto que questionava todo o sistema de maneira tão anárquica, colocando à mostra a corrupção, o roubo, a exploração das pessoas. Se estávamos esperançosos naquele momento, a única explicação que eu tinha, até mesmo para mim, era que somos um povo desmemoriado. Infelizmente, porém, a peça ficou extremamente atual em poucos meses. Está cada vez mais na hora de **Ninguém paga, ninguém paga**. (Bonfim, 1986, p. 7)

Naquele ano, ocorreram saques a supermercados e a Associação dos Supermercados do Rio de Janeiro chegou a agendar uma reunião com a polícia para tratar da peça e cobrar uma solução, porque, para os empresários, o espetáculo incentivava a expropriação. A polícia assistiu a **Ninguém paga** e chegou à conclusão de que não era o caso, inclusive porque o teatro não ficava cheio e os ingressos custavam cerca de um oitavo do salário-mínimo (ASSERJ, 1986).

Em 2014, foi a vez de Virginia Cavendish produzir *Não vamos pagar!*, montagem que teve direção de Inez Viana, tradução de José Almino e elenco da própria Virginia, Marcello Vale/Guilherme Piva, Luana Martau/Elisa Pinheiro, George Sauma/André Dale, Zéu Britto (Kuperman, 2016). É curioso como, na montagem de Virginia, acontece algo parecido ao que havia ocorrido em 1986. Cavendish já havia decidido montar **Non si paga** e já havia comprado os direitos antes das manifestações de 2013, e sempre que mostrava o texto para alguém, o sentimento era de surpresa: "Mas por que você vai montar isso? Está tudo caminhando bem" (Reis, 2014, s. p.). Quando estoura a insatisfação e os protestos têm início, seu projeto de montar a peça ganha força:

> Os movimentos tomaram as ruas porque existia uma quantidade enorme de gente insatisfeita e necessitada. E foi a soma da necessidade com a insatisfação que levou a esse "basta geral" que foi às ruas. O ponto de partida da peça é exatamente esse. (Reis, 2014, s. p.)

Na lista fornecida por Pizza (2019), a montagem de Cavendish aparece com o ano de 2019 e com o título em italiano de **Sotto paga? Non si paga!**. O ano não corresponde à data que encontramos, mas, novamente, pode ser que a atriz tenha comprado os direitos novamente e não os tenha usado. De toda forma, é importante notar que **Sotto paga** é a versão atualizada em 2008 do texto de 1974, então o texto de partida para a tradução de José Almino é diferente daquele de Regina Vianna e Maria Antonietta Cerri. Não conseguimos acesso a ele, uma vez que a cessão de direitos autorais não foi mediada pela SBAT.

Mais recentemente, a obra de Rame e Fo também foi adaptada ou serviu de inspiração para um número considerável de produções audiovisuais, que não são o objeto de estudo principal desta tese. No Brasil, houve uma adaptação da peça de Rame e Fo para o cinema, que estreou em 2020 com o título de **Não vamos pagar nada**. O longa de João Fonseca, com atuação de Samantha Schmütz e Edmilson Filho, foi produzido por A Fábrica, coproduzido pela Globo Filmes e distribuído pela H2O Films. Essa produção não foi baseada na tradução de Vianna e Cerri, mas em uma nova adaptação feita por Renato Fagundes, responsável também pelo roteiro. No artigo intitulado "A tradução para o cinema do teatro engajando: *Non si paga, non si paga*, de Franca Rame e Dario Fo, no Brasil" (Mello; Palma, 2023, p. 21), nos dedicamos a estudar essa tradução. Concluímos que,

> Por um lado, a diminuição tanto dos elementos épicos e didáticos da peça como do seu tensionamento político são parte de uma notável domesticação de **Non si paga, non si paga** à cultura política do Brasil atual. Por outro lado, essas mesmas operações fazem com que o filme se distancie dos ideais revolucionários da poética teatral de Dario Fo e se aproxime da poética da cultura hegemônica. (Mello, Palma, 2023, p. 21)

Vislumbramos a possibilidade de que o conceito de dramaturgia da tradução possa ser usado no estudo de traduções em outras mídias que não necessariamente o teatro. Ainda que timidamente, a análise de **Não vamos pagar nada** presente no artigo citado pretende iniciar a investigação dessa possibilidade.

No próximo capítulo, analisaremos as traduções de peças de Franca Rame e Dario Fo cujas montagens estrearam a partir de 1984, em um período em que a obra dos italianos já era conhecida no meio teatral brasileiro.

CAPÍTULO 4

DA *FOMANIA* NA DÉCADA DE 1980 AOS ANOS 2000

Durante a maior parte da década de 1980, a obra de Franca Rame e Dario Fo ocupou um lugar central na cena teatral brasileira. Depois do sucesso de **Morte acidental de um anarquista** e de **Pegue e não pague**, o *frisson* causado pela montagem de peças dos italianos continua quase até o fim da década. **Um orgasmo adulto escapa do zoológico** (1983) e **Brincando em cima daquilo** (1984) – das quais já tratamos em nossa dissertação (Mello, 2019) e no segundo capítulo desta tese e que, portanto, não retomaremos aqui – também são casos de sucesso absoluto de público e crítica. Ao longo da década, porém, o interesse pela obra dos italianos foi diminuindo. Além disso, a preferência – clara no período da redemocratização – pelas obras mais explicitamente políticas foi mudando de foco. Ao longo dos anos 1990 e até hoje, passam a ser privilegiadas as montagens de textos mais curtos, especialmente de monólogos ou de conjuntos de monólogos.

Por fim, cabe ressalvar, antes de passar à análise das obras, que a tradução de **Mistero buffo** não está disponível nem no acervo da SBAT nem no da Biblioteca Jenny Klabin Segall. Portanto, em que pese ser uma peça fundamental para a obra de Dario Fo e ter sido representada algumas vezes no Brasil – vale ressaltar a encenação da LaMínima em 2012, com direção de Neyde Veneziano –, não pudemos analisá-la para o escopo desta tese. Existe uma publicação em livro, com tradução da própria Veneziano, de 2015, pela SESI-SP, mas, como nosso objetivo é entender se os textos traduzidos já fazem escolhas que antecipam uma montagem e estabelecem um tipo de relação estético-ideológica com o mundo e com o público antes do trabalho de encenação e de direção, achamos que seria inadequado analisar um livro que foi publicado alguns anos depois da encenação e que, muito provavelmente, traria marcas das experiências cênicas.

4.1. "Um casal aberto... ma non troppo" – tradução de Roberto Vignati e Michele Piccoli (1984)

Coppia aperta, quasi spalancata é um ato único escrito por Franca Rame e Dario Fo em 1983. É a segunda peça, depois de **Tutta casa, letto e chiesa** (1977), em que Rame assina o texto junto com Fo. Segundo o discurso feito por ele durante o funeral laico da esposa, essa foi a peça mais representada de toda a carreira e vastíssima produção da *coppia d'arte*, tendo recebido mais de 700 montagens em todo o mundo (Fo, 2013).

De acordo com o italiano, a peça

> É uma história grotesca sobre um casamento que está em colapso. Ele, que é um Don Juan não arrependido, tenta convencê-la de que uma coisa moderna que devem fazer é construir um estoque de relacionamentos diferentes. Mas quando sua esposa o leva ao pé da letra e encontra um amante – que também é bonito e inteligente – o marido fica louco e, depois de várias brincadeiras, destrói a si mesmo e à sua casa [...]. Para mim, escrever *Casal aberto* foi um exercício de autobiografia. Embora certos diálogos fossem obviamente transformados em grotesco, eles refletiam as discussões e brigas entre mim e Franca. (Behan, 2000, p. 111, tradução nossa)

O contexto de escritura do espetáculo é o de desaceleração das lutas políticas que haviam levado, desde o fim da década de 1960 até o fim da década de 1970, Fo e Rame ao período mais radical de sua carreira. Ainda que esse texto tenha um tom menos militante, sobretudo no que diz respeito ao conteúdo anticapitalista das obras da década anterior, a peça ainda trata de um tema político: a desigualdade entre homens e mulheres mesmo no interior de um casal de esquerda e de uma relação aberta, num contexto de liberação sexual. Segundo Serena Anderlini (2000), é justamente o período de diminuição da urgência das pautas que leva à possibilidade de refletir sobre as lutas e as conquistas da década anterior.

Nesse período, Rame e Fo retornaram ao circuito comercial de teatro, inicialmente com a condição de que os ingressos tivessem preços mais baixos. O sentimento geral, como atesta Behan (2000), era de cansaço, e Rame afirma que a volta dos dois ao teatro burguês se deu porque tinham se apresentado muitas vezes em lugares perigosos ou difíceis e estavam cansados de fazer as pessoas ficarem desconfortáveis.

O refluxo das lutas e a sensação de não saber o que fazer nesse novo período também aparecem como tema da peça:

> ANTONIA [...] Eu estava dizendo, ele tentou colocar a culpa na política… Imaginem a cena… Estamos na cama… de madrugada… "Por que você não quer fazer amor comigo?" "Tenta entender... eu não consigo… estou preocupado… a Itália está desmoronando... O refluxo..."
>
> HOMEM E então? Não fui eu que inventei o refluxo, é um fato real. Porque não é verdade então que com o fracasso de tantas lutas nós nos sentimos um pouco frustrados, sem nada embaixo dos pés? Você olha em volta e vê o quê? Falta de engajamento, cinismo! (Rame; Fo, 1983, p. 10, tradução nossa)

A volta ao circuito comercial, por outro lado, também influenciou materialmente a obra, que conta com mais recursos cênicos do que o teatro da década precedente. Se, nos anos 1970, era muito comum que fizessem espetáculos sem cenário ou com apenas um ou outro móvel como elemento cênico, em **Coppia aperta** há móveis suficientes para simular o interior de um apartamento de classe média, além do caixilho de uma janela no proscênio.

O cenário revela uma tentativa de criar, no teatro, uma ilusão da realidade, característica que Szondi (2004) atribui ao teatro burguês. Portanto, não é apenas o local de apresentação que muda, a poética do trabalho de Rame e Fo também se altera nos anos 1980. A peça parece, de fato, sair do regime épico que havia sido predominante na década de 1970

(Mello, 2019), quando a maior parte dos espetáculos do casal adotava a forma do monólogo e era predominantemente narrativa, para retomar um uso da representação.

Ainda assim, não se trata de um teatro completamente ilusório, nem de um texto exclusivamente representativo ou burguês. A estrutura do teatro está à mostra e o fato de se tratar de uma peça está claro na própria fala dos personagens. A um dado momento, Antonia diz "Aqui fica o proscênio", ao que o homem responde com "Sim, mas o palco termina aqui." (Rame; Fo, 1983, p. 3, tradução nossa). Além de quebrar com a ilusão de realidade do teatro, a quarta parede também é frequentemente escancarada pelos personagens, que se dirigem muitas vezes ao público, usando a estratégia do aparte, da qual Fo (1997, p. 91, tradução nossa) fala no **Fabulazzo**: para ele, o aparte não é apenas uma ferramenta estética, mas um modo de fazer com que "o público participe do jogo cênico com a consciência da ficção constante". Ele explica que, por um lado, o teatro burguês foi se apropriando da ferramenta do aparte, que tem origem no teatro popular, mas excluindo o público, uma vez que os atores passaram a fazer os apartes conversando com outro personagem, ou saindo da pele do personagem e conversando com outro ator. Por outro lado, o teatro contemporâneo a ele se apropriou dessa estratégia para colocar os espectadores em posição de desconforto e/ ou para fazer com que reflitam sobre seus problemas particulares. Para Fo, não se trata em absoluto disso:

> Envolver significa [...] o problema de destruir uma sociedade e de construir outra, diferente... não uma condição minha, pela qual eu fico melhor com outros

> porque encontramos, juntos, uma identificação, porque isso não tem nada a ver com o maoismo, não tem nada a ver como o marxismo… essa visão cai de novo em uma posição individualista. (Fo, 1997, p. 98, tradução nossa)

A partir do momento em que destruir a quarta parede é necessário para fazer um teatro que quer destruir um mundo e construir um outro, é importante que o ator não procure se identificar completamente com o personagem, senão tentará encontrar em si as respostas para essas questões.

> Mas, ao contrário, se eu tento criar uma visão de uma comunidade, de um coro, de uma comunhão, evidentemente não me preocupo tanto de falar de mim mesmo, mas dos problemas que são coletivos. Se eu procuro problemas coletivos, o meu discurso, a minha linguagem… será diferente, e será obrigada a ser épica. (Fo, 1997, p. 98, tradução nossa)

Ora, é verdade que, em **Coppia aperta**, Fo e Rame voltam a usar estratégias que causam ilusão cênica, influenciados, inclusive, pelos ambientes onde se apresentam; também é verdade que a peça tem uma componente épica menor. No entanto, é possível perceber que, na estratégia do aparte e na quebra da quarta parede, a peça também usa estratégias épicas e continua a ser política, uma vez que trata de um tema político e tem pelo menos dois ou três trechos em que os protagonistas fazem comentários sobre a política daquele momento, tratando inclusive de seu sentimento de desorientação após o fim do período mais revolucionário.

Parece acontecer, na poética da peça, um movimento análogo ao movimento político dos anos 1980: embora grande parte da população tenha sido militante de esquerda nas décadas anteriores, as referências das lideranças políticas são colocadas em cheque (o PCI, desde o compromisso histórico, tinha perdido credibilidade e tinha se aproximado do centro, tanto a URSS quanto a China começam a entrar em crise e a receber muitas críticas pelo regime adotado). Com isso, as pessoas vão perdendo a esperança na revolução e deixando a militância de lado, ainda que continuem a seguir uma ideologia de esquerda, às vezes materializada apenas em sua vida privada (como no caso de Antonia e de seu marido, que acabam abrindo o relacionamento após um discurso dele sobre como o casamento é patriarcal). Essa mesma convivência entre um pensamento de esquerda e uma prática que já não é mais a mesma das décadas anteriores está presente na peça: se, por um lado, tem personagens mais bem construídos, acontece grande parte do tempo no presente, cria ilusão ao usar um cenário realístico etc., por outro, diversos elementos épicos continuam presentes no texto.

O mais notável deles é, justamente, a estratégia do aparte, usada principalmente por Antonia, mas eventualmente também pelo homem, o que impede que a ilusão cênica se torne permanente ao longo da peça. Antonia, aliás, fala didascalicamente, dizendo o que está fazendo ou vai fazer ao invés de fazê-lo, evidenciando o elemento artificial do teatro, como quando diz: "Estou engolindo um coquetel de pílulas variadas: Mogadon, Roipnol, Otalidon, Femidol, Veronal, Cibalgina, e dezoito supositórios de Nisidina... em pedacinhos... tudo pela boca." (Rame; Fo, 1983, p. 5, tradução nossa). Outro exemplo dessa estratégia é a primeira fala de Antonia, que apresenta os personagens. A própria rubrica orienta que a fala seja didascálica: "ANTONIA (didascálica): A doida inconsciente trancada em um cômodo, que no caso seria o banheiro, sou eu. O outro, o que está gritando e suplicando para que eu não faça besteira, é o meu marido" (Rame; Fo, 1983, p. 4, tradução nossa). Além disso, o regime de representação não é nem único, nem estável ao longo da peça, uma vez que com ele convive também o regime da narração, que é o regime épico por excelência (Szondi, 2001).

Se, em **Tutta casa, letto e chiesa**, por exemplo, os monólogos eram majoritariamente narrativos, uma vez que a protagonista falava sempre de um momento anterior da cena, contando, em geral, a própria história, em **Coppia aperta** há dois regimes que se alternam, dois ritmos, um épico e um representativo. Tal convivência de dois ritmos é notada desde a primeira cena, uma vez que o marido fala no presente e tenta incidir sobre os acontecimentos daquele momento (Antonia está trancada no banheiro, prestes a se matar), enquanto ela conta para o público a história de seu casamento e o que a levou ao ponto em que se encontra. Às vezes, a alternância entre os dois registros faz parecer que Antonia e o homem estão em lugares e tempos completamente diferentes, ainda que estejam em cena ao mesmo tempo, como se pode ver nessa sequência de falas:

> ANTONIA – Para falar a verdade, não é a primeira vez que quero morrer.
>
> HOMEM – Não engole as pílulas amarelas! É o meu remédio pra asma!
>
> ANTONIA – Teve outra vez que eu tentei me jogar pela janela... ele me segurou no ar... (A mulher corre para a janela do proscênio e sobe no parapeito) (Rame; Fo, 1983, p. 6, tradução nossa).

Não se aspira, portanto, à unicidade, característica importante do teatro burguês, erroneamente, segundo Szondi (2004), atribuída aos clássicos. De forma pontual no começo da peça e de forma cada vez mais frequente ao longo dela, a narração de Antonia é interrompida pela representação de um fato ao qual ela faz menção. A poética da peça é, pois, composta por uma tensão entre representação e narração, entre regime dramático e regime épico, que aponta para a própria tensão política daqueles anos entre a ideologia de esquerda ainda forte e a prática militante cada vez menos presente no cotidiano das massas. A essa tensão correspondem dois ritmos diferentes: quando Antonia narra para o público, os períodos são mais longos e há variação nas pausas e nas ênfases; quando ela e o homem estão representando (trata-se quase sempre de uma disputa entre os dois), as falas são mais curtas, há menos variação nas pausas, as exclamações são muito frequentes.

Parece-nos adequado, no caso dessa obra, pensar como Meschonnic (2010), que ressalta a importância do ritmo para a obra literária e, consequentemente, para sua tradução. Este não é, para o teórico francês, mero significante, mas a própria forma de organização "da subjetividade e da especificidade de um discurso: sua historicidade" (Meschonnic, 2010, p. 43). É ele, na verdade, o modo de significar dos discursos, o que implode a dicotomia entre significante e significado e obriga o tradutor a lidar com a inseparabilidade entre um e outro que caracteriza a boa obra literária.

Em **Coppia aperta**, essa tensão rítmica, sua relação com os diferentes momentos da peça e com o contexto político italiano dos anos 1980 nos parece central para compreender a poética da obra, e, portanto, para traduzi-la, recriando sua poética em português. Parece-nos importante, também, traduzir com especial atenção à pontuação, uma vez que, segundo Berman (2007), esta tem uma importância fundamental para o ritmo da obra. No caso de **Coppia aperta**, merecem destaque as reticências – que evidenciam as diferentes pausas –, as maiúsculas e os recuos de parágrafo – usados para dar ênfase.

O segundo elemento central da poética de **Coppia aperta, quasi spalancata** nos parece ser o humor, característica fulcral – que, aliás, não funciona sem ritmo – de toda a obra de Rame e Fo, sobre a qual já falamos anteriormente. Para que uma versão brasileira de **Coppia aperta, quasi spalancata** consiga traduzir, para o português, a dramaturgia do texto italiano, é fundamental, portanto, não apenas que construa um texto humorístico, que faça rir, mas também que provoque um riso crítico, que faça refletir.

Na materialidade do texto de **Coppia aperta**, há formas diversas de construir o humor. No trecho abaixo, por exemplo, é possível notar pelo menos duas delas:

> Eu andava aos tombos, que nem um bacalhau! Assim (caminha para a frente): um camelo com artrite! Depois, não sei por que eu olhava sempre para baixo... Vai saber... talvez na esperança de encontrar cem liras que me dessem sorte... Nada! Só cocô de cachorro! Mas é muito cocô que os cachorros fazem! (Rame; Fo, 1983, p. 19, tradução nossa)

Uma delas é o uso de imagens insólitas, como "andar como um bacalhau" ou "como um camelo com artrite". A segunda é o uso de ganchos: um elemento humorístico é acionado (nesse caso, "cocô de cachorro") e, em seguida, ela faz um aparte para o público, fazendo um comentário sobre esse elemento humorístico, quebrando a linearidade do discurso e fazendo com que o público seja implicado novamente no que se está dizendo.

A ambiguidade é outro elemento importante para o humor construído pelos dramaturgos italianos. Em particular, é comum que se valham da polissemia e da ambiguidade e, em particular, que usem uma palavra ao mesmo tempo com seu sentido literal e figurado, como em "'mas você está gorda, mãe, você tem que emagrecer, mãe... você tem que ficar palatável'. E eu: 'Você tá achando que eu sou o quê, uma galinha d'angola?'" (Rame; Fo, 1983, p. 19, tradução nossa).

A criação de expectativas também contribui para que o riso possa se produzir no momento em que elas são quebradas. Um exemplo está neste diálogo:

> HOMEM – Que eu ainda valho alguma coisa para você...
>
> ANTONIA – (abraçando-o apertado: com paixão) Sim, eu entendi... é uma questão de amor-próprio... de gratificação... (Enquanto Antônia fala, o homem, ficando agarrado a ela e beijando-a, agora certo da vitória, desabotoa a calça e deixa que caia até os sapatos). Sim... eu te amo! Só tenho você... você é o único! Você é o maior... imbecil! (Rame; Fo, 1985, p. 55, tradução nossa)

Antonia começa um discurso que parece levar ao elogio do homem, mas que termina com uma crítica a ele. No entanto, uma das características mais importantes do humor que constitui a obra parece ser o tratamento humorístico dado a situações que são, na verdade, violentas e trágicas. Um exemplo disso é o que acontece quando o homem está segurando Antonia, que havia tentado se matar pulando pela janela, pelo tornozelo. Ela insiste em se jogar e, para evitar que o faça, ele ameaça quebrar o seu tornozelo. A ameaça é concretizada e o grito de dor da protagonista é imediatamente seguido de um aparte, que faz com tom normal: "E ele quebrou mesmo, esse babaca!" (Rame; Fo, 1983, p. 7, tradução nossa). Em seguida, ela conta, em chave humorística, que passou um mês com a perna engessada, mas viva, tendo que fingir que tinha sofrido um acidente de esqui. Quando, no fim do texto, é ele quem ameaça se matar com um tiro, ela consegue tirar a arma de sua mão, mas ele dispara sem querer e acerta o pé dela. Quando fica sabendo disso, diz um corriqueiro "Oh, sinto muito!" (Rame; Fo, 1983, p. 61, tradução nossa) e lhe entrega uma muleta. Ela comenta com o público: "É bom que nessa casa nunca falta muleta!" (Rame; Fo, 1983, p. 62, tradução nossa). A um acontecimento profundamente violento é dado um tratamento corriqueiro e a ele segue um comentário humorístico, num tom grotesco muito semelhante ao que já havia sido usado em **Tutta casa, letto e chiesa**.

Em síntese, mais do que trechos da peça em particular, acreditamos que haja dois elementos centrais constitutivos da poética desta obra: seu ritmo duplo, que revela a tensão entre narração e representação em **Coppia aperta, quasi spalancata**, e o humor. A ambiguidade, os ganchos retomados nos apartes, a construção de expectativas seguida de sua quebra são estratégias importantes para a construção do riso nesse espetáculo, mas a mais fundamental delas é a presença do grotesco.

4.1.1. A tradução e as montagens

Um casal aberto... **ma non troppo** estreou no Rio de Janeiro, no Teatro dos Quatro, em 1984, no ano seguinte à sua estreia na Itália, e teve atuação de Malú Rocha, Herson Capri e Mario Cesar Camargo (*Jornal do Brasil*, 14 dez. 1984). A tradução usada foi feita por Vignati e por Michele Piccoli, que também haviam traduzido **Tutta casa, letto e chiesa**. No Quadro 4, apresentamos a comparação de alguns trechos do texto de chegada com o texto de partida.

Quadro 4 – Comparação da peça *Coppia aperta, quasi spalancata* em português e em italiano

	Rame, Franca; Fo, Dario. *Coppia aperta, quasi spalancata*. 1983.	Rame, Franca; Fo, Dario. *Coppia aperta, quasi spalancata*. 1983. Trad. Roberto Vignati e Michele Piccoli. 1984.
1	ANTONIA No! Io me ne sbatto, io mi butto! UOMO No! ANTONIA Sì! UOMO Piuttosto ti spezzo la caviglia! ANTONIA Lasciami! UOMO Te la spezzo! ANTONIA (urlo terribile) Ahhh! (Rivolgendosi al pubblico con tono normale) E me l'ha spezzata per davvero 'sto coglione! (Scende dalla finestra; il Marito le passa la stampella). Un mese con la gamba ingessata! Ingessata, ma viva! E tutti che mi chiedevano: «Sei stata a sciare?» Una rabbia! (p. 7)	ANTÔNIA [...] Me larga... HOMEM Não. ANTÔNIA Larga! HOMEM Olha que eu te quebro o pé! (MUTAÇÃO DE LUZ). ANTÔNIA (para o público) E sabem que ele quebrou? Quebrou! O imbecil me quebrou o pé! Fiquei mais de um mês com o pé engessado... com o pé engessado e... viva! (p. 4)
	ANTONIA [...] (Al pubblico) In principio, credevo fosse ammalato, esaurito... (Fa per passare davanti alla finestra in proscenio, il Marito la blocca). UOMO (spaventato) Attenta! C'è il vuoto! ANTONIA Sei impazzito? C'è il proscenio qui...	ANTÔNIA [...] (MUDANÇA DE LUZ. ELA FALA COM O PÚBLICO). No começo, eu pensava que êle estivesse com esgotamento, estafa... enfim, que êle estivesse doente. Mas depois, descobri qual era a doença dele. Uma vida sexual muito intensa. Fóra de casa

2	UOMO Sì, ma la scena finisce qui. (Indica la finestra). ANTONIA Io sono nella finzione, sto raccontando la mia storia... esco dal personaggio, esco dalla scena... vado dove voglio. Non mi interrompere! Sto parlando con loro. (Al pubblico) Dicevo, temevo fosse esaurito... poi ho scoperto che aveva una vita sessuale intensissima. Con altre donne naturalmente. E quando, disperata, gli chiedevo (direttamente al Marito accorata): «Perché non mi desideri più... perché non vuoi più fare l'amore con me...» (al pubblico) lui scantonava! UOMO Io scantonavo? ANTONIA Sì, tu. (Al pubblico) Una volta ha tentato persino di dare la colpa alla politica. UOMO (si siede sul davanzale con le gambe a penzoloni fuori dalla finestra) Io? ANTONIA (spaventata) Attento! C'è il vuoto! UOMO Sono nella finzione... ANTONIA No, tu no! Tu sei al quinto piano! (Il Marito scende dalla finestra. Riprende il dialogo col pubblico) Dicevo, ha tentato di dare la colpa alla politica... Immaginatevi la scena... Siamo a letto... notte fonda... «Perché non vuoi far l'amore con me?» «Cerca di capirmi... non riesco... sono preoccupato... l'Italia va a rotoli. Il riflusso...»	naturalmente. Todos os dias com mulheres diferentes, naturalmente. Desgraçado!!! E eu correndo o perigo de pegar de quebra alguma doença venérea. E quando eu procurava saber o que estava acontecendo... "será que ele não gosta mais de mim? (Perguntando prá êle com ironia) Tem trabalhado demais? Coitado. Deve ser isso. A vida está cada dia mais difícil. O salário aumenta uma porcaria e o dinheiro não dá prá mais nada" - eu pensava. E quando êle chegava abatido... (PERGUNTANDO PRÁ ÊLE COM IRÔNIA) "está cansado, querido?" E êle... logo mudava de assunto. HOMEM Eu mudava de assunto? Não, não é bem assim. A verdade é que era um assunto delicado... difícil de abordar. Eu ficava envergonhado. (MUDANÇA DE LUZ) ANTÔNIA Não muda de assunto não. Fala! O que é que você tem? Não gosta mais de mim? Se cansou, é isso? HOMEM Não... não, Antônia! Antônia, eu te amo... te quero muito... você sabe... você é a pessoa mais importante que eu tenho no mundo. Nem da minha mãe, eu gosto tanto. (p. 5-6)
3	ANTONIA (scende dalla finestra) Ed è arrivato il giorno che finalmente l'Antonia si è comportata da persona normale. (Si leva la gonna e la getta sul divano; mentre parla fa esercizi ginnici) Mi sono trasferita in questa casa. Mi sono trovata un lavoro. È importantissimo lavorare... stai in mezzo alla gente, non ti piangi addosso... sei indipendente... Via! Fuori! La mattina esci di casa, prendi il tuo bell'autobus. Ma sai la gente che conosci in autobus!... Nessuno! Ti danno spintoni, ti toccano il sedere e pure ti scippano! Ma vedere... già la mattina presto, tutta 'sta umanità incazzata... ristora. Una goduria! Non mi faceva più sentire l'unica disperata nel mondo. La sera no, la sera morivo. Televisione! Televisione! Pubblicità! E allora mi sono detta: «Basta, un colpo di vita!» Sono uscita anche alla sera. (Continua con gli esercizi). Sono andata	ANTÔNIA (PARA O PÚBLICO) Até que chegou o dia em que comecei a ser mais tranquila. Até que chegou o dia em que êle, chegando em casa, reparou que eu estava ficando uma pessoa normal. (CANTA). (p. 19)

	al comitato tossicodipendenti della zona... Non che fosse una festa... ma mi sentivo utile. Mio marito (entra in scena il Marito indossando un soprabito e una lunga sciarpa di seta bianca) che, nonostante tutti i suoi grandi amori, non aveva mai smesso di venire per casa, due volte al giorno... a mangiare... si era accorto che di giorno in giorno apparivo più distesa... «Con chi ti vedi... chi hai conosciuto?» (p. 33 - 35)	
4	ANTONIA Fai pure... Ammazzati. (L'uomo ha la pistola puntata alla tempia, ma non spara). Spara! Eh no, adesso ti ammazzi veramente. Non puoi fare questa figura davanti a tutti (indica il pubblico) hanno pagato il biglietto... tu adesso muori! Pazienza... domani sera cambierò attore... Su, sparati! (Smette di scherzare) Adesso basta! Dammi la pistola... piantala! (Cerca di disarmarlo: nella colluttazione, parte un colpo) Cretino! Hai fatto partire un colpo! UOMO Be', niente di male, è andato a vuoto... ANTONIA Mica tanto a vuoto... m'hai beccato un piede! UOMO Oh, mi dispiace! (Le passa la stampella). ANTONIA (al pubblico) Quello che c'è di buono in questa casa è che una stampella non manca mai! (Al Marito) Sei un disastro, un incapace! Non sei nemmeno in grado di suicidarti per tuo conto senza coinvolgere la moglie! (Si va a sedere e si toglie lo stivale dal piede colpito). (p. 61-62)	ANTÔNIA Não, solta, áf, está machucando o meu braço... (O REVÓLVER DISPARA) Ah! Idiota! Disparou. HOMEM Que sorte, não pegou em nada. ANTÔNIA Pegou sim... Ai... de raspão... o meu pé... HOMEM Aonde? Ah, não, sinto muito. ANTÔNIA Você é um desastrado, um incapaz. Não sabe nem se suicidar sózinho, precisa sempre envolver os outros. (p. 44)

No excerto 1, a tradução consegue construir tensão através das falas curtas e alternadas entre Antônia e o homem, usando um português oral coloquial que nos parece adequado para traduzir a oralidade de Rame e Fo, a não ser, talvez, pela construção "me quebrou o pé", que tem um uso do pronome mais típico do italiano que do português. De toda forma, esse uso não compromete a tradução. No entanto, enquanto em italiano Antonia declara em uma frase só, em tom normal (segundo apontado pela didascália) "E me l'ha spezzata per davvero 'sto coglione", em português Antônia o diz de forma mais enfática, em três frases, sem indicação de tom normal: "E sabem que ele quebrou? Quebrou! O imbecil me quebrou o pé!". Acreditamos que o tom corriqueiro da declaração da personagem ajudava, em italiano, junto com a menção à mentira do acidente de esqui, a construir a tensão do grotesco entre a tragicidade da situação, a banalidade do tom de voz e o cômico da mentira do esqui. Quando, em português, a menção à mentira é cortada e o tom de voz vira um tom de raiva, que é coerente e não mais contraditório com a situação, o grotesco perde força.

No excerto 2, novamente se vê como os cortes feitos na tradução brasileira são significativos. Por um lado, não há nenhuma menção ao refluxo, fato importante do contexto político dos anos 1980, que influencia diretamente o teatro dos dramaturgos italianos no período. Há, por outro lado, menção à crise econômica e à perda do poder de compra do salário, o que parece uma tentativa de domesticação do texto italiano, mas que não era sequer necessária, uma vez que o Brasil também passava, com a redemocratização, por um momento de diminuição da tensão política. É importante notar, também, como toda a brincadeira entre os dois atores – que entram e saem do personagem, entram e saem da ficção – é cortada na versão brasileira, talvez pelo fato de ela usar um cenário diferente, sem o recurso do caixilho da janela (em italiano, o cenário é descrito de forma mais precisa, em português consta apenas "interior de um apartamento"). Apesar da presença do aparte em português, a ausência dessas brincadeiras que interrompem o fluxo de informações da peça e mostram a estrutura física do teatro (além de revelarem a sua artificialidade) faz com que haja perda, também, dos elementos épicos que compõem a peça.

No excerto 3, há, novamente, a omissão de uma parte significativa de **Coppia aperta, quasi spalancata**, em que se vê um eco das críticas sociais feitas por Fo e Rame em espetáculos de sua fase mais revolucionária. Embora não seja um trecho exatamente anticapitalista, trata-se de um trecho que expõe o sofrimento intrínseco aos modos de vida da sociedade da época (e da atual) em chave grotesca, uma vez que a protagonista se refere em modo cômico à tragicidade da *umanità incazzata*. Mais uma vez, o texto de chegada é consideravelmente menor que o texto de partida e os cortes realizados na tradução são significativos em relação à poética do texto italiano. Em primeiro lugar, o aparte final é excluído, assim como o trecho em que ela não fala com o público diretamente, mas faz referência a ele. Também é excluída a referência à troca de ator caso o homem viesse a morrer, que, junto com o aparte e a referência ao público, contrabalanceia a estrutura dramática da cena com elementos épicos. De forma intrinsecamente relacionada à omissão dos apartes, também o grotesco se perde: primeiro, o do trecho em que a atriz parece indiferente à possível morte do homem, uma vez que a única consequência para ela seria a necessidade de trocar de ator no dia seguinte; depois, o comentário cômico que vem logo após o tiro que atingiu o pé de Antonia, que citamos anteriormente: "É bom que nessa casa nunca falta muleta!".

Através da análise desses trechos, foi possível perceber que duas das principais dominantes (Torop, 2010) da peça italiana

– a tensão entre o épico do regime narrativo e o dramático do regime representativo e o humor grotesco (que, de certa forma, também compõe o épico) – são frequentemente cortadas na tradução para o português brasileiro e chegam muito enfraquecidas aqui. Se, por um lado, o ritmo da tradução parece adequado no nível frásico, no nível textual o ritmo deixa a desejar, uma vez que não há tanta alternância entre os trechos longos e narrativos das partes épicas e os trechos mais ágeis das partes dramáticas. Se o ritmo é o modo de significar e, portanto, constitui o próprio discurso da obra, como afirma Meschonnic (2010), é possível dizer que o texto brasileiro apresenta outro discurso, que aplaina o texto de chegada em relação ao texto de partida, diminuindo o seu jogo de opostos e escondendo a contradição política que incomodava a sociedade italiana da época. Em **Casal aberto**, assim como em **Brincando em cima daquilo**, o texto resultante em português, embora conserve a fábula do texto de partida, mostra uma vinculação a outro paradigma estético-ideológico.

É verdade que Fo e Rame já tinham, em 1983, voltado para o circuito comercial e que estavam usando mais recursos chamados de burgueses em suas peças, mas é verdade também que elementos políticos formais e temáticos ainda estão presentes na peça dos italianos (em quantidade muito maior do que na dos brasileiros), o que mostra que o processo de aburguesamento não é feito de forma completa, nem sem contradições, e que permanece na obra uma tensão entre os elementos dramáticos do teatro burguês e os elementos épicos do teatro militante. Em português, os elementos dramáticos ganharam a disputa e sobrepõem-se aos elementos épicos. Este é mais um caso no qual é possível observar como os tradutores exercem um trabalho duplo, ao mesmo tempo de conversão/recriação linguística e cultural de uma peça e de maior deslocamento dessa peça para a tradição do teatro burguês. Também aqui, acreditamos ser possível afirmar que há uma dramaturgia da tradução; este caso, porém, não é necessariamente antiético (ou tão antiético) como o do monólogo "O estupro", uma vez que não carrega conteúdos estéticos ou ideológicos diametralmente opostos aos do texto de partida.

4.1.2. A recepção e outras montagens

A peça teve sucesso enorme de público e ficou um ano e meio em cartaz ininterruptamente (*Jornal do Commercio*, 1986), o que fez com que Herson Capri e Malú Rocha tivessem que adiar mais de uma vez a montagem de **Ladrão que rouba ladrão**. Eles honraram o nome do grupo – Grupo Viagem – e fizeram turnê por mais de 150 cidades do Brasil (*O pioneiro*, 1991). Capri relata ter sido bem recebido no ABC paulista e nas cidades do interior, nas quais o público ficava surpreso, inclusive, com a possibilidade de ir ao teatro sem pagar quantias exorbitantes – havia preços especiais para estudantes, comerciários e operários (Mendes, 1986). Ele afirma, ainda, que "em certas cidades [...] só as mulheres riam das críticas ao machismo, enquanto os homens permaneciam calados" (Mendes, 1986, p. 21), reação muito similar à que Franca alude no prólogo a **Tutta casa, letto e chiesa** (Rame; Fo, 1977).

Em geral, as críticas também são muito positivas, e elogiam o conteúdo feminista da peça, a leveza, a agilidade, a força da comédia, a qualidade dos atores e da música de Oswaldo Montenegro (Giobbi, 1985; O casamento [...], 1985; Guzik, 1985; Garcia, 1985). A única crítica negativa que encontramos é de Macksen Luiz, para quem o maior problema está justamente no texto dos dramaturgos italianos:

> **Casal aberto... Ma non troppo** é uma comédia de boulevard moderninha, maneirosa, repleta de trejeitos e iscas para atrair aqueles que gostam de se sentir inteligentes num teatro, ainda que para isto baste que a cena desenhe um verniz que o ajude nas conversas de salão.
>
> O diretor Roberto Vignati não fez qualquer esforço para transpor essas limitações do texto. Não deixou, é verdade, que a peça se transformasse num boulevard sem disfarces, mas não explorou o que havia de mais teatral. O que restou então? Um excessivo exercício de verborragia e proselitismo sobre as agruras do casamento e uma movimentação cansativa dos atores pelo amplo espaço do Teatro dos Quatro. E quase nada mais. (Luiz, 1984, p. 5)

Talvez pelo menos parte da responsabilidade pelo fato de **Casal aberto... Ma non troppo** ser considerada uma comédia de boulevard fútil possa ser atribuída à tradução (e não genericamente "ao texto", como diz Luiz), justamente pelo apagamento da forma épica e do incômodo causado pelo grotesco.

Coppia aperta deve ser a segunda peça de Rame e Fo mais encenada no Brasil, ficando atrás apenas dos monólogos de **Tutta casa, letto e chiesa**. Roberto Vignati dirigiu pelo menos mais duas montagens – em 1989, **Um casal do barulho**, com Cláudia Mello e Carlos Capeletti (Labaki,

1989) e **Um casal aberto**, com Andréia Garavelo, Ricardo Batista e Paulo André, em Belo Horizonte, que ficou três anos em cartaz e ganhou vários prêmios (Boghet, 1990; Três [...], s.d.). Em 2009, foi a vez de Alessandra Vannucci traduzir o texto e assinar a dramaturgia para montagem de Otávio Muller, com Adriane Galisteu e Leandro Hassum (Pizza, 2019). Em 2010, Régius Brandão dirigiu *Casamento aberto, quase escancarado*, com tradução dele e atuação dele e de Antonella Batista (Pizza, 2019). Há, muito provavelmente, outras montagens.

4.2. "Sétimo mandamento: roubarás um pouco menos" – tradução de Herson Capri e Malú Rocha (1987)

Settimo: ruba un po' meno estreou em 1964 em Milão e foi um sucesso de público. Só em Milão, antes de sair em turnê pela Itália, a peça foi representada mais de 200 vezes (Testa, 1965). Trata-se de uma farsa em dois atos que conserva algumas das características da produção de Fo no início da década de 1960, como o humor fundamentado sobre o absurdo das situações e o ritmo frenético dos quiproquós, típico dos *vaudevilles*. É a primeira peça do dramaturgo a ter como protagonista uma mulher, interpretada por Franca Rame.

Na cena de abertura, ficamos sabendo que Enea, a coveira, acredita em qualquer coisa lhe contam. Seus colegas lhe pregam uma peça dizendo que o cemitério no qual trabalham seria transferido para um local distante, fora da cidade, e que especuladores imobiliários tramaram uma forma de lucrar com isso: eles compraram as casas no entorno do cemitério e teriam seus bens valorizados porque em seu lugar seria construído um parque. Para Fabio Contu (2017, p. 172, tradução nossa), Enea é uma espécie de "versão pensativa e subversiva do *fool* elisabetano, que, se defendendo sob o disfarce do riso, descobre a face escondida do mundo." De fato, ela acaba descobrindo que o que seus colegas lhe haviam contado era verdadeiro, e o diretor do próprio cemitério estava envolvido no caso.

No segundo ato, apaixonada por um comercialista que tinha fingido a própria morte para escapar dos processos que teria de encarar por causa de uma falência na qual estava envolvido, Enea aceita ir até o escritório para recuperar os documentos que ele pretendia usar para chantagear figuras importantes. Segundo o comercialista, esses documentos seriam capazes de colocar todo o país em crise. Como o escritório ficava em um edifício onde havia também um instituto psiquiátrico dirigido por freiras, Enea se disfarça de freira para não levantar suspeitas, e todo o segundo ato é uma sequência rápida de quiproquós e tentativas de enganos que envolvem a polícia, os internos, as freiras, um juiz e uma autoridade importante não identificada, nomeada apenas como "Excelência". No final, o comercialista resolve expor tudo e entrega os documentos para a polícia. O juiz não sabe o que fazer, pois o escândalo provocaria vários outros, em um efeito dominó que derrubaria bispos, ministros, secretários de governo e várias outras figuras importantes. Ele liga para a Excelência, que diz fazer questão de ajudar, mesmo não sendo uma matéria da sua competência. Ele decide queimar todos os documentos para impedir o colapso do Estado italiano. Os panos caem enquanto os personagens cantam a música do "italiota", que vive feliz porque fez uma operação no cérebro que o impede de pensar, fazendo com que ele caminhe sempre a favor do vento e não se surpreenda nem se indigne com os escândalos de corrupção.

Embora já houvesse uma crítica incipiente à especulação imobiliária em **Chi ruba un piede è fortunato in amore**, em **Settimo: ruba un po' meno** ela ocupa um lugar de maior centralidade, assim como a crítica à corrupção. A reflexão sobre a importância dos escândalos para a democracia burguesa, que seria desenvolvida alguns anos depois em **Morte accidentale di un anarchico**, ainda é incipiente. Os temas já são aqueles que viriam a caracterizar o trabalho mais politizado que Rame e Fo desenvolveriam nos anos seguintes, mas a forma ainda é aquela com a qual tiveram sucesso no início da carreira, na qual os elementos épicos ainda não se sobressaem. Ainda não há prólogo nem apartes ou conversas diretas com o público e o regime predominante é o da representação, no qual as informações chegam para a plateia sempre através dos diálogos entre as personagens, no tempo presente.

A grande inovação estrutural talvez seja justamente a presença de uma personagem feminina como protagonista absoluta sem que suas características principais sejam a beleza e sem que o envolvimento romântico seja o centro de suas falas e ações. Para Concetta d'Angeli, esse tipo de personagem, associado à forma de interpretação de Franca, é responsável por um jogo de distanciamento e identificação com o público. Essa é a grande inovação estrutural dessa peça, e esse jogo de distanciamento e identificação de cunho épico caracterizaria toda a produção sucessiva dos dramaturgos italianos. Como explica d'Angeli,

> Em **Settimo**, Enea, desajeitada, ridícula, lenta para entender as coisas, não é uma personagem com a qual o público tem facilidade de se identificar, e a distância emotiva impede que este compartilhe a sua descoberta estupefata dos desvios alheios e, mais ainda, o consequente julgamento moral. Por outro lado, há sempre, em cada mecanismo cômico, um movimento antitético; assim, a ingenuidade e o infantilismo da garota suscitam ternura, compaixão, proximidade afetiva, e restituem credibilidade às suas palavras e força exemplar às suas condenações. De agora em diante, será esse duplo movimento – de distanciamento e de adesão – a experiência emotiva que os personagens cômicos de Rame provocarão nos espectadores. (D'Angeli, 2006, p. 26, tradução nossa)

4.2.1. A tradução brasileira

Antes de produzirem e traduzirem sua montagem de **Settimo: rubá un po' meno**, Herson Capri e Malú Rocha já tinham contato com a obra de Franca Rame e Dario Fo. O casal protagonizou **Um casal aperto... ma non tropo** e Capri atuou em **Pegue e não pague**. Os direitos de **Settimo** foram comprados em 1983, mas a montagem foi adiada mais de uma vez por causa do sucesso de **Um casal aberto**, como pode-se ver na troca de cartas entre a SBAT e o escritório da Comune

(Archivio [...], 1984; 1987). A montagem só estreou em 1987 e, ocupados como estavam com a turnê de **Um casal aberto** e os empenhos no cinema e na televisão, acreditamos que a tradução também tenha sido feita nessa data.

Infelizmente, não tivemos acesso à edição publicada pela Einaudi em 1974 na coleção **Le commedie di Dario Fo**, que parece ter sido a primeira da peça em questão. Por isso, comparamos a tradução brasileira com a versão publicada em 2020 pela Guanda e, ao contrário do que acontece com uma parte considerável das peças do casal, parece que **Settimo** não sofreu grandes alterações ao longo do tempo, pelo menos não entre a versão não identificada usada como base por Capri e Rocha e a publicação mais recente. Isso porque o texto brasileiro é majoritariamente uma tradução interlinear do italiano, e não há grandes diferenças entre um e outro que pudessem sugerir diferenças substanciais entre a publicação de 2020 e uma mais antiga.

De forma geral, predominam no texto de Capri e Rocha as características que notamos nas primeiras versões da obra de Franca Rame e Dario Fo no Brasil: o texto é traduzido de forma integral e há poucos episódios de domesticação. Os trechos que nos pareceram fundamentais para a obra são praticamente homólogos no texto de chegada e no texto de partida. O primeiro deles é o momento em que é apresentada a situação que desencadeará os outros eventos da peça, qual seja, quando os colegas de Enea inventam a história, que depois se revelaria verdadeira, de que o cemitério mudará de endereço. Nesse trecho, a ingenuidade da personagem, característica sobre a qual se apoia o jogo de identificação e estranhamento observado por D'Angeli (2006), fica bem evidente tanto na facilidade com a qual acredita na história, ainda que revestida de características surreais – como a presença de hipopótamos no parque no qual seria transformado o cemitério –, como na sua crença na boa-fé das autoridades.

O segundo momento fulcral é aquele em que a Excelência manda destruir todos os documentos que desencadeariam escândalos sem fim, com o intuito de proteger o Estado e a sociedade, o que surpreende os demais personagens. O personagem argumenta, citando Maquiavel, que um pouco de escândalo reforça o poder público, mas que muito escândalo faz com que a população perca a fé nas promessas dos governantes. Por fim, o último é aquele que precede a música de encerramento e conclui que é preciso eliminar "a mola da razão" do cérebro, porque ela é "determinante para a subversão". Sem ela, obtém-se um "cérebro perfeitamente normal" (Fo, 1987, p. 98), ou seja, que respeita absolutamente tudo o que vem das autoridades. Acreditamos que os trechos que mostram a posição ideológica tomada pelo autor na peça foram todos adequadamente traduzidos, e que o texto de chegada também não faz alterações substanciais na proposta estética de Fo.

Há, no entanto, algumas escolhas que nos parecem derivadas justamente de uma tradução demasiadamente literal e que podem dificultar a compreensão imediata do público caso sejam mantidas na montagem ou caso não haja uma compensação de alguma outra semiose. No primeiro desses trechos, Enea ajuda um ladrão a encontrar o cofre mostrando se ele está perto ou longe com variações das palavras "fogo", para quando está perto, e "água", para quando está longe:

ENEA - Fique tranquilo que não vai descobrir! Então vamos. (O LADRÃO RETROSCEDE ENVOLVIDO PELO JÔGO). Água... água... (O LADRÃO VAI TROPEÇAR NUMA CADEIRA) cadeira... água... água morna... (OUTRO TROPEÇO) cadeira de novo... foguelho... foguinho... fogo... (O LADRÃO AGORA SE ENCONTRA EM FRENTE À ESTUFA). Fogão! Foguíssimo! Oh, como queima, queima, queima... Ahiaia! LADRÃO - (INDICA A ESTUFA) É aqui? ENEA - Sim. (Fo, 1987?, p. 54, trad. Capri e Rocha)

Ora, no Brasil essa brincadeira também é comum, mas usam-se as palavras "quente" e "frio", respectivamente. Embora acreditemos que seja possível entender, graças à ação cênica, o que está acontecendo, imaginamos que essa compreensão talvez demore mais do que demoraria com o uso das palavras "quente" e "frio". Como há uma sucessão de ações e o ritmo da peça é rápido, acreditamos que esse tipo de ruído na comunicação possa prejudicar a comicidade.

Outro momento que parece ainda mais dependente de uma encenação que o ajude a fazer sentido é a fala de Enea a seguir: "Viu, crapone de um crapone... Não acreditava, êle!" (Fo, 1987?, p. 55, trad. Capri e Rocha). A palavra "crapone", usada comumente no norte da Itália com o sentido de "cabeça dura", "teimoso", não foi traduzida e não existe em português.

Também há outras frases ou expressões que podem causar estranhamento em português quando a intenção no texto italiano parecia ser a de identificação, como é o caso de "c'è del marcio in Danimarca" (Fo, 2020, p. 1974), frase que aparece um número significativo de vezes ao longo de *Settimo* e é a tradução mais famosa na Itália para a citação "Something is rotten in the state of Denmark", de Shakespeare. Na versão traduzida por Capri e Rocha, aparece frequentemente como "Tem podre na Dinamarca" (Fo, 1987?, p. 4). Em português brasileiro, essa citação normalmente é traduzida como "há algo de podre no Reino da Dinamarca". Não sabemos qual dos tradutores de Hamlet usou essa fórmula pela primeira vez, mas, em consulta à Hemeroteca Digital da Biblioteca Nacional, fica claro que nos anos 1980 essa expressão já tinha sido incorporada de forma sólida no sistema cultural brasileiro. Esperamos que essas questões tenham sido corrigidas posteriormente, quando da montagem da peça.

O material de divulgação do espetáculo de 1987 mostra que houve alterações significativas entre o texto registrado na SBAT e o texto das montagens, pelo menos no que diz respeito às letras das músicas, como podemos ver no exemplo do Quadro 5, que compara a canção final da peça em italiano, na tradução disponível no acervo e na tradução disponível no programa da peça, cuja adaptação é atribuída ao diretor Gianni Ratto.

Na proposta de Capri e Rocha, a letra é vertida de forma literal para o português; a versão de Ratto, por sua vez, mantém o tema da obediência cega às autoridades pela idiotização da população, mas introduz alguns elementos de domesticação da canção, partindo dos seus personagens, que passam de "italiotas" a "robolatinos". A referência à trepanação, palavra pouco comum na linguagem cotidiana, é substituída pela alusão à lobotomia na palavra "robotomizados" – apesar de serem procedimentos diferentes, o importante em si não é a exatidão médica, mas a menção a uma cirurgia na cabeça que tem como objetivo controlar a população, deixando-a obediente e incapaz de pensar sozinha. Também foram introduzidos na letra elementos que inscreviam a canção na época da montagem: 1987 foi o ano da instalação da Assembleia Nacional Constituinte e também da estreia do filme Robocop.

Quadro 5 – Comparação da música final de "Settimo: ruba un po' meno" em italiano, na tradução disponível na SBAT e no programa da peça

Texto de partida em italiano (Fo, 2020)	Tradução de Herson Capri e Malú Rocha (Fo, 1987?)	Adaptação de Gianni Ratto (Ladrão, 1987)
		Robolatinoidiotamente
Siam felici, siam contenti del [cervello che teniamo,	Somos felizes, estamos [contentes com o cérebro que [temos,	Estamos contentes e felizes [com o cérebro que temos,
abbiam l'elica che ci obbliga [ad andar sempre col vento.	temos a hélice que nos obriga [a andar sempre a favor do [vento.	Se alguém rouba, mata, [trapaceia, surrupia levantamos os ombros e [sorrimos.
Se ci dicon: quello ruba, [quello truffa, quello frega,	Se nos dizem: aquele rouba, [aquele trapaceia, aquele [surrupia,	Porque somos latinos [robotizados, idiotizados e [batizados.
noi alziamo la spalluccia e da [idioti sorridiam.	nós levantamos os ombros e [como idiotas sorrimos.	Robolatinoidiotamente Bip, bip, bip, bip
Perché siamo gli italioti, [razza antica indo-fenicia, siam felici, siam contenti del [cervello che teniamo.	Porque somos os italiotas, [raça antica indo-fenícia, somos felizes, estamos [contentes com o cérebro que [temos.	Sejamos todos robotomizados. Será mais belo, será mais fácil, não ter que pensar para votar,
Anche voi dovreste farlo: [trapanatevi il cervello e mettetevi anche un'elica, [per andar sempre col vento.	Vocês também deveriam [fazê-lo: perfurem o cérebro e ponham a hélice, para [andar sempre a favor do vento.	Não ter que votar para pensar nos governos que não sabem o [que fazem, e que fazem o que não sabem.
Trapaniamoci festanti, [riduciamoci il cervello	Perfuremo-nos festivos, [reduzamos o cérebro	Sejamos idiotas, sejamos [felizes

e mettetevi anche un'elica, [per andar sempre col vento.	e ponham a hélice, para [andar sempre a favor do [vento.	Robolatinoidiotamente Bip, bip, bip, bip Olhamos pro mundo com [atenção, que está chegando a Constituição.
Trapaniamoci festanti, [riduciamoci il cervello e così sarà più bello, non [avremo da pensar. Se diranno: quello ruba, [quello truffa, quello frega,	Perfuremo-nos festivos, [reduzamos o cérebro e assim será mais belo, não [teremos que pensar. Se disserem: aquele rouba, [aquele trapaceia, aquele [surrupia,	Sorrimos, sorrimos, [robolatinoidiotamente. Porque somos latinos [robotizados. E, dá pra ver, somos felizes, bem batizados e idiotizados...
gli daremo i nostri voti, tutta [quanta la fiducia	nós lhe daremos os nossos [votos, tôda a nossa [confiança	Bip, bip, bip, bip Robolatino
e sarem tutti italioti, un po' ottusi di cervello.	e seremos todos italiotas, um pouco obtusos do [cérebro.	Robolatino Robolatino
Su, sbrigatevi, curatevi, [anche voi, fate così, anche voi fate così, anche voi [fate così. (p. 4582-4594)	Vamos, apressem-se, curem-[se, também vocês, façam [assim, também vocês façam assim, também vocês façam assim. (p. 100)	Robolatinoidiotamente (p. 26)

Da tradução textual até a montagem, conforme consta no programa (Ladrão [...], 1987), as outras músicas também foram adaptadas, o título da peça passou a ser **Ladrão que rouba ladrão** e o nome da protagonista passou a ser grafado conforme a ortografia do português da época, "Enéias". Não tivemos acesso ao texto que era encenado, mas essas diferenças observadas no programa do espetáculo, somadas ao fato de a tradução de Capri e Rocha ser bastante literal, nos fazem supor que as etapas de tradução do texto e de concepção do espetáculo fossem completamente separadas, ao contrário do que parece ter acontecido no caso de **Um casal aberto... ma non troppo**. De fato, no caso de **Settimo**, as escolhas estéticas e ideológicas, assim como de uma direção para a qual orientar o espetáculo, parecem ter sido tomadas posteriormente à tradução, no processo de encenação.

4.2.2. "Ladrão que rouba ladrão" e outras montagens

O Grupo Viagem estreou **Ladrão que rouba ladrão** no Rio de Janeiro, em 23 de outubro de 1987, com Herson Capri e Malú Rocha no papel dos protagonistas e direção de Gianni Ratto, diretor italiano radicado no Brasil. Ratto era de Milão e tinha trabalhado como cenógrafo no Piccolo Teatro (e, em particular, na famosa montagem de **Arlecchino servitore di due padroni** de Strehler) e no Teatro Scala, sendo também diretor técnico deste último (Ladrão [...], 1987).

Os críticos da época sublinham o quanto as dramaturgias de Fo eram populares no Brasil. Beatriz Bonfim (1987) chega a falar em "Fomania", Macksen Luiz (1987, p. 5) afirma que "Dario Fo, 61 anos, continua a ser uma epidemia cênica que assola o panorama teatral brasileiro". Ele aponta que em muitas montagens o espírito subversivo e anárquico da obra de Fo passa a um segundo plano para favorecer os paralelismos encontrados com a realidade brasileira, e que **Ladrão que rouba ladrão** tem o mérito de não sucumbir a essa fórmula fácil:

> em que pese algumas aproximações secundárias com o estilo nacional de gatunagem, evita, prudentemente, impor características brasileiras a um texto italiano na raiz (está calcado na *commedia dell'arte* e na farsa popular)

> e universal na conjugação da fúria contra as institui-
> ções sociais com a iconoclastia política. (Luiz, 1987, p. 5)

A avaliação não é, contudo, totalmente positiva: para o crítico, o espetáculo não consegue aproveitar todo o potencial do texto e "o diretor não investe no enxugamento de algumas cenas, na aceleração do ritmo de outras e no refinamento de algumas boas ideias" (Luiz, 1987, p. 5). O espetáculo parece não ter empolgado a crítica – achamos poucos textos a seu respeito – nem o público, uma vez que ficou em cartaz apenas até fevereiro de 1988 e não saiu em turnê. Em 1987, a Fomania parecia estar no início de seu declínio.

Clarisse Abujamra parece ter comprado os direitos para encenar a peça em 2000 (Pizza, 2019), mas não encontramos registro de que essa montagem tenha existido nem mesmo no site oficial da atriz e diretora (Abujamra, online). Em 2016, **Sétimo: roube um pouco menos**, com direção de Fernando Linares, foi o espetáculo de formatura do Teatro Universitário da Universidade Federal de Minas Gerais. Para essa montagem, foi feita uma nova tradução, de Soraya Martins, cuja cessão de direitos não foi mediada pela SBAT.

4.3. "O equívoco" – tradução de Simona Gervasi Vidal (1984?)

O equívoco é o título da tradução e adaptação de **Non tutti i ladri vengono per nuocere** feita por Simona Gevasi Vidal e disponível no acervo da SBAT. O título é muito adequado, uma vez que os equívocos são o mecanismo principal dessa farsa que compunha o espetáculo **Ladri, manichini e donne nude**, que estreou em 1958, e "foi um equívoco" é uma fala muito frequente no texto. Esta é a peça que marca a volta de Franca Rame e Dario Fo para Milão e o início do reconhecimento deste último como dramaturgo de talento.

Em **Non tutti i ladri vengono per nuocere**, definida como *pochade* por Salvatore Quasimodo (1958) – que, aliás, elogiou muito a peça –, um ladrão vai roubar a casa de um político quando este viaja. A esposa do primeiro, porém, preocupada, liga mais de uma vez para lá, enquanto o marido tenta evitar relações pessoais e se portar de forma profissional no trabalho. Essa é a primeira situação cômica, às quais seguem-se muitas outras, cada vez num ritmo mais frenético e vertiginoso: o dono da casa volta mais cedo com a amante, ele atende o telefonema da esposa do ladrão e acredita que sua traição foi descoberta. A partir daí, a casa vai reunindo cada vez mais pessoas: ladrão e sua esposa, político e sua amante, esposa do político e seu amante (descobre-se, depois, que a amante do político e o amante de sua esposa são casados), todos se sentindo traídos e tentando esconder a própria traição ao mesmo tempo.

O tom da peça lembra muito o de **Quem rouba um pé tem sorte no amor**, mas reduzida ao essencial: ainda estamos distantes do que viria a ser o teatro mais célebre de Dario Fo; mas já vemos, estruturalmente, a inventividade das situações cômicas e, tematicamente, a crítica irônica às classes opressoras. De fato, o ladrão, excetuando-se o fato de roubar (mas sempre de forma muito profissional), é uma pessoa muito correta, assim como sua esposa, e eles são os únicos que não se mostram violentos ou infiéis. No trecho abaixo, por exemplo, vê-se que o bom comportamento é uma preocupação para esses personagens: a esposa do ladrão pede-lhe que fale baixo porque não está em sua casa, ainda que não haja ninguém na casa que ele pretende roubar:

> MDL [Mulher do ladrão]: Eih, não levanta a voz! Por favor, você não está na sua casa!
>
> LAD: Desculpe!
>
> MDL: Alguém poderia te escutar e acharia você um ladrão malcriado!
>
> LAD: Já pedi desculpa!
>
> MDL: E depois, eu nunca te pedi uma geladeira, quanto menos de 200 litros, não saberia nem onde pôr! Eu gostaria só de um presentinho, uma coisinha qualquer, escolha você! É você quem dá o presente! (Fo, [1984?], p. 3, trad. Vidal)

Em outro momento, o ladrão mostra-se um grande conhecedor das leis, e avisa com um tom muito formal e educado que o político não pode matá-lo.

> LAD: Como? Enterrado? Ah, não! O senhor não pode me matar assim... a senhora é testemunha que eu estou desarmado...olhe! Se o senhor me matar, o senhor vai para a cadeia... pelo artigo 121 do código penal, o senhor só pode atirar para o alto... se eu fugir, mas... visto que eu não vou fugir... o senhor não pode! Se o senhor fizer isso, vai ser homicídio premeditado!
>
> MUL [Mulher]: Aaaah! O senhor conhece bem as leis! Lógico, a lei está sempre do lado de vocês! (Fo, [1984?], p. 9, trad. Vidal)

Como não encontramos nenhuma publicação italiana de **Ladri, manichini e donne nude**, comparamos a tradução de

Simona Vidal com o roteiro disponível no *Archivio Franca Rame-Dario Fo* (Fo, 1958). De forma geral, Vidal faz cortes pontuais no texto que o resumem de uma forma que não compromete. Os diálogos são ágeis e, em mais de uma ocasião, ela insere falas curtas de outro personagem no meio de uma fala a princípio mais longa, o que achamos que funciona e pode ajudar a sustentar bem a dinamicidade da peça. Assim como os diálogos, as situações de Vidal têm vitalidade e força cômica.

Ela escolhe, porém, não traduzir os elementos mais particulares da farsa, nem quando o dono da casa e sua amante, entusiasmados por terem conhecido um profissional do crime, resolvem arguir o ladrão para testar seus conhecimentos sobre roubos italianos famosos; nem quando o político tenta explicar porque o ladrão tem duas esposas: inicialmente, o Estado teria seguido o direito civil, então o ladrão pôde se divorciar e se casar novamente, mas então o Estado teria apelado ao direito canônico, deixando de reconhecer o divórcio quando já era tarde demais e ele já tinha se casado. A presença da moralidade católica na Itália era fortíssima à época, e o trecho debocha da impossibilidade de regular a vida civil a partir do direito civil e não religioso. A lei que regulamenta o divórcio entrou em vigor, na Itália, em 1970; no Brasil, 1977. Nos anos 1980, faz sentido que esse trecho tenha perdido apelo, mas ele faz parte do conjunto de situações equívocas e ironias que critica o falso moralismo da sociedade e, em particular, das classes mais elevadas.

Outro elemento que compõe esse conjunto, talvez o mais forte deles, é o fato de o dono da casa ser vereador e, na condição de vice-prefeito, ter celebrado mais de 50 casamentos. É o medo desse escândalo – dos jornais revelando o seu caso extraconjugal enquanto relembram a sua atividade política – que faz com que ele considere a possibilidade de se matar. Sem esse contexto, na tradução de Vidal, a hipótese do suicídio parece chegar sem motivo e soa bastante despropositada mesmo para uma farsa. Parece-nos pouco feliz, inclusive, a escolha de eliminar todas as menções ao fato de que o personagem é um político – a imoralidade de um personagem que deveria ser um exemplo para a sociedade e que tem o poder de legislar contra a falta de princípios é mais grave que a de um cidadão comum. Esse fato, somado ao apagamento das outras referências à sociedade italiana, nos dá a impressão de que a tradução de Vidal se propõe menos como uma mediação cultural e mais como uma tentativa de universalizar e homogeneizar a peça de Dario Fo. Embora isso não prejudique a força cômica, prejudica o poder de crítica, de sátira social da peça.

4.3.1. As montagens de "Non tutti i ladri vengono per nuocere" no Brasil

Provavelmente, a tradução de Vidal foi feita em 1984, uma vez que, na lista de montagens brasileiras disponíveis no *Archivio Franca Rame-Dario Fo* (s. d.), seu nome consta como produtora no Brasil de **Non tutti i ladri vengono per nuocere** nos anos de 1984 e 1985. É possível, porém, que a peça nunca tenha sido realizada; que tenha circulado pouco ou que tenha sido apresentada fora do eixo formado pelas capitais Rio de Janeiro e São Paulo, uma vez que não encontramos nenhum rastro dessa montagem.

Para os anos de 1986 e 1987, os direitos foram cedidos à Dina Sfat Empreendimentos, do Rio de Janeiro, mas tampouco encontramos informações sobre a existência dessa montagem. Neste último caso, acreditamos, de fato, que a encenação nunca tenha existido. Em 1986, Dina Sfat havia acabado de chegar ao Brasil após morar em Portugal por um ano. Voltava ao país com vontade de ter uma companhia de teatro permanente, de repertório, e de se aventurar pela comédia. Em entrevista ao jornal *A Tribuna* (Dina [...], 1986), afirma ter algumas peças em mãos, mas ainda não ter se decidido por nenhuma delas. Acaba produzindo *Ninguém paga, ninguém paga!*, montagem sobre a qual falamos anteriormente, mas decide não atuar para se dedicar ao tratamento do câncer que descobriu naquele ano.

A primeira montagem brasileira de **Non tutti i ladri vengono per nuocere** cuja existência conseguimos confirmar em jornais se deu em 1989, em Curitiba. Apresentada em italiano, foi produzida pelo Grupo Teatral Ítalo-Brasileiro e dirigida por Warly Ribeiro. Em português, sabemos que a farsa foi encenada pelo Coletivo Teatral La Commune, com direção e tradução de Augusto Marin, com o título de **Nem todo ladrão vem para roubar**. A peça estreou em 2010 (Alves Jr., 2014), circulou em Portugal e no Brasil – foi apresentada em Porto Alegre, Belo Horizonte, Rio de Janeiro, Curitiba, Campinas, Santos, Caraguatatuba e Botucatu – e parece ter sido um sucesso de público (Em cena [...], 2015). A única crítica que encontramos à montagem, porém, argumenta que falta ritmo cômico aos atores, concluindo que "o que poderia ser uma comédia contundente e ácida, com uma crítica profunda à obrigação moral de todo cidadão, desmanchando o maniqueísmo vigente em nossa sociedade, não consegue escapar da própria comédia de costumes da qual tenta fugir" (Augusto, 2010, p. 35). Não tivemos acesso a essa tradução.

4.4. "Hellequin, Harlekin, Arlecchino"

Franca Rame e Dario Fo estrearam **Hellequin, Harlekin, Arlecchino** em 1985, na Bienal de Veneza, cujo Festival de Teatro teve como tema justamente a *commedia dell'arte*. Mas não foi só a apresentação que fez parte da Bienal, o espetáculo foi o resultado de um laboratório dirigido por Dario sobre a máscara do Arlequim em homenagem ao seu aniversário de 400 anos[23] e idealizado por Franco Quadri, diretor da Bienal de Teatro de Veneza. Ferruccio Marotti e Delia Gambelli, da Universidade "La Sapienza", investigaram textos de comédias antigas e assinalaram para Dario os *lazzi*[24] encontrados. Segundo relata Daniele Martino,

---

23   A data de referência é a publicação, pelo editor Didier Millot, de **Histoire plaisante des faictes et gestes de Harlequin commedien italien**, na França, em 1585, inspirada no trabalho do ator e acrobata Tristano Martinelli, que parece ter sido o primeiro a sintetizar elementos da tradição popular para criar a máscara de Arlequim.

24   Um *lazzo* é uma piada, jogo de cena ou sequência cômica da *commedia dell'arte*. Ao contrário do roteiro, o *canovaccio*, que é meramente sumário, os lazzi são fixos e bem estruturados.

> O trabalho dramatúrgico procede de forma particular: Fo reúne vários trechos, monta, testa em cena, chama Franca Rame para perto ("a improvisação eu aprendi com ela e com a sua família" – diz) entre os outros atores, ensaia, inventa, depois para, desaparece, vai escrever. Depois corrige mais uma vez, aprimora, mistura de novo. "A nossa verdadeira força é que usamos um método muito próximo àquele dos cômicos *dell'arte*, e não nos preocupamos com os roteiros literários, sem força cênica. Em relação às minhas comédias, nas quais primeiro eu escrevia e depois corrigia ensaiando, aqui o método é o oposto. (Martino, 1985, s. p., tradução nossa)

Apesar da inversão de ordem entre teste cênico e escrita em relação às comédias precedentes, permanece a importância dada às improvisações e a noção de que um espetáculo nunca está pronto, mas em contínua atualização. Tanto a crítica como o próprio Dario veem na peça, que depois foi publicada com o título mais curto de **Arlecchino**, uma continuidade natural de **Mistero buffo**, seja por ser resultado de uma pesquisa sobre episódios da tradição popular, seja por ser um texto que varia a cada representação – inclusive nos episódios que a compõem –, seja por seu caráter de inovação linguística – **Arlecchino** é representada numa alternância de italiano, dialeto e gromelô repleta de variedade de registros, do mais elevado ao mais baixo, com ecos de francês e de espanhol (como também parece que eram as apresentações de Tristano Martinelli).

Para Siro Ferrone (1985), a máscara de Arlequim foi se tornando cada vez mais conforme às normas sociais ao longo do tempo, deixando de ser grotesca e escatológica. Seja em suas versões mais argutas ou em suas versões mais ingênuas e aéreas, se consolidou principalmente pelo fascínio que causavam a sua leveza, as roupas coloridas e uma certa ideia de pureza popular. A tradição da máscara que Dario encena é, porém, anterior a essas transformações ocorridas a partir do século XVII, como explica em entrevista a Carlo Gallucco:

> Arlequim nasce como um servo de apoio, substancialmente alheio à história. As suas intervenções são despropositadas. Os outros trabalham mais ou menos, se ocupam. Arlequim, ao contrário, joga à merda toda ação que lhe é pedida. E realmente no senso mais brutal do termo: é um tipo que abaixa as calças e começa a cagar em cena. Pula nas pessoas... Resumindo, é um animal. É realmente o selvagem sem honra, um anarcoide. Pronto, podemos dizer isso: Arlequim é alguém que rejeita essa sociedade como um todo, mas não porque tem outra em mente. É simplesmente um total associal. É aquele que, frente às necessidades determinantes: comer, cagar, mijar, fazer amor, frente às necessidades fisiológicas, em suma, é inflexível. Ele vai fundo e destrói tudo: honra, dignidade, lógica, bom senso, bons modos... (Gallucco, 1985, s. p., tradução nossa)

Além de retomar esse personagem, o espetáculo também tinha o objetivo de retomar e valorizar o caráter fragmentário da *commedia dell'arte*. Para Dario,

> O objetivo é derrubar o conceito oficial segundo o qual a *commedia dell'arte* está ligada às comédias propriamente ditas, ou seja, àquelas em três ou quatro atos. As pesquisas realizadas nesses últimos anos pela Universidade de Roma mostraram que, ao contrário, a maior parte das peças dos grandes Arlequins dos séculos XVI e XVII (Martinelli e, depois, Biancolelli) eram um conjunto de farsas, situações cênicas de 10-20 minutos de duração. A

comédia era só um recipiente das diferentes farsas, dos *lazzi*. É a este Arlequim que me refiro neste espetáculo. (Parini, 1985, s. p., tradução nossa)

Hellequin, Harlekin, Arlecchino era incialmente composto pelos seguintes episódios: "Prologo, L'incontro con la Madonna" (Encontro com Nossa Senhora), "Il gatto volatile" (O gato volátil), "I due becchini" (Os dois coveiros) e "La serratura" (A fechadura). Diferentemente dos prólogos típicos de Dario Fo, este era uma verdadeira cena, representada por vários atores que encenam uma companhia em dificuldades no começo da peça: o público já está no teatro, mas a companhia não está pronta para começar a encenar. O mecanismo que fecha o pano de boca quebrou e Marcolfa, que é uma espécie de contrarregra, está limpando o chão, mas não consegue trabalhar sob os olhares da plateia. Enquanto pede a Arlequim que conserte o pano, fica sabendo que o ator principal, que ainda não chegou, está preso, e o diretor da companhia a encarrega, então, de fazer o prólogo. A contragosto, ela obedece, mas é interrompida a todo o tempo pelos outros personagens. Esse é o episódio mais longo do espetáculo, que compõe, sozinho, todo o primeiro ato. Ausente nas primeiras versões manuscritas da peça (Fo, 1985; 1986a; 1986), mas não necessariamente nas primeiras apresentações do espetáculo, o trecho de início do prólogo na publicação mais recente de **Arlecchino**, da editora Guanda (2019), é justamente uma apresentação de Fo sobre a história da máscara de Arlequim e a *commedia dell'arte*. Não tivemos acesso a edições mais antigas, então não sabemos desde quando ele começou a integrar também a publicação. Por fim, como era de se esperar em um espetáculo de Dario, parece que era também nesse primeiro ato que ele improvisava trechos e piadas sobre a crônica política da época (Bonino, 1985).

4.4.1. *Arlecchino* – tradução de Neyde Veneziano e montagem do grupo Fora do SériO (1988)

A tradução disponível no acervo da SBAT, intitulada **L'Arlecchino** e atribuída a Neyde Veneziano, compreende os seguintes episódios: "Prólogo", "Gatus Mutantis" e "Os coveiros". Não conhecemos nenhuma publicação do texto italiano feito por alguma editora antes de 1988, por isso, a peça foi comparada tanto com a transcrição da última apresentação da primeira temporada (Fo, 1986a e 1986b), disponível no *Archivio*, como com a publicação na *Alcatraz News* em 1985, no primeiro número da revista da Libera Università di Alcatraz, dirigida por Jacopo Fo. Os dois textos de Fo são muito diferentes e é possível ver, em 1986, como o espetáculo havia mudado graças às improvisações. Além de o texto ter se tornado mais longo, a mímica e a escatologia parecem ter ganhado ainda mais importância ao longo da temporada. Várias pistas indicam que Veneziano usou a versão de 1985 como referência: traduziu o **Gatto volatile**, que não faz parte da transcrição de 1986; um dos personagens do prólogo é indicado como Zanni II e não como *Capocomico*; todas as cenas que foram expandidas de um ano para o outro encontram-se, na peça brasileira, como na primeira versão.

Por isso, é o texto de 1985 que usamos como referência para a nossa comparação.

De forma geral, é uma tradução praticamente literal, em geral correta, mas com uma linguagem – mesmo comparando-a com a versão em italiano e não com a versão em dialeto – que não parece evocar sempre uma oralidade popular. Em geral, parecem, por exemplo, sobrar pronomes átonos, o que em português remete mais a um registro oral culto ou a um registro escrito. Alguns exemplos são: "ajudando a senhora a enfiar o vestido e ajudar-lhe a grudar os seios com esparadrapo pra deixá-los bem pulados" (Fo, 1988, p. 2) e "Eu lhe respondi" (Fo, 1988, p. 1). Embora este último exemplo pareça pouco relevante, por não ser uma frase que causa necessariamente estranhamento em português brasileiro, ele ganha importância quando olhamos o registro do contexto no qual está inserida: Marcolfa está limpando o chão do palco antes de a peça começar, não sabe que está sendo observada pelo público e canta uma música popular, chula, cheia de trocadilhos sobre órgãos genitais. O registro de "Eu lhe respondi" destoa completamente desse contexto. Além disso, as localidades mencionadas na canção em italiano, Porta Negra e Porta Lagna – "Il mio amore è di Porta Negra, / ha un coglione triste e l'altro allegro / Il mio amore è di Porta Lagna, / ha una chiappa morbida e l'altra stagna!" (Fo, 1985, p. 5) –, têm a única função de rimar com o verso seguinte, mas Veneziano prefere insistir nas referências aos órgãos sexuais: "O meu amor é de Ponta Grossa, / Tem um culhão triste / E outro alegre! // O meu amor é de Pau Grande / Tem uma orelha mole / E outra bem dura!" (Fo, 1988, p. 1).

Isso não é um problema em si, faz parte, inclusive, do universo do Arlequim de Dario, mas a tradução abandonou completamente o ritmo e as rimas ao longo de toda a música. Há, ainda, uma opção inusitada na tradução de *chiappa* (forma popular de dizer "nádega") por "orelha" – pela forma como foi traduzida a estrofe, não se trata de uma tentativa de deixar o texto menos baixo. É, possivelmente, um erro de tradução.

Outro momento pouco feliz da tradução, que pode criar um trecho de cena sem sentido, é a tradução de "te lo pianta per terra come se fosse un orfano" (Fo, 1985, p. 9) por "acaba de quatro como uma vaca" (Fo, 1988, p. 7). No texto de partida, Arlecchino está reclamando porque pediu que uma pessoa segurasse um poste de madeira, mas ela foi embora e deixou o poste no chão, como uma criança abandonada, o que é bem diferente do sentido do texto de chegada.

Embora Veneziano pareça querer recriar, em português, o projeto dramatúrgico de Fo, os erros de tradução – pontuais, mas significativos – podem criar problemas maiores do que o estranhamento ou uma sensação de que um determinado trecho não faz sentido ou não funciona cenicamente. Isso acontece quando o dito popular citado por Marcolfa – "Mandare in scena una commedia all'improvviso senza il prologo è come mandare a ballare una ragazza con le gonne leggere che volano e senza mutande" (Fo, 1985, p. 6) –, que fala de uma *ragazza*, ou seja, uma garota ou uma jovem, foi traduzido como "improvisar um travesti de bailarina" (Fo, 1988, p. 3), o que acrescenta uma piada transfóbica e completamente gratuita à peça. É claro que do final dos anos

1980 até hoje a noção do que era aceitável no humor mudou muito, mas em geral as piadas das peças de Rame e Fo não agridem grupos sociais marginalizados, mesmo os que eram facilmente hostilizados em sua época, e seus equívocos nesse sentido são muito pontuais.

O espetáculo **Arlecchino** do grupo Fora do sériO estreou em 1988 com direção de Neyde Veneziano e nasceu no Departamento de Artes Cênicas da Unicamp. Além dos episódios mencionados, a montagem era composta também por "A Fechadura", cuja tradução não encontramos. A peça participou de vários festivais universitários e parece ter tido muito sucesso, uma vez que "obteve 12 prêmios e várias indicações nos cinco festivais de que participou. Entre eles, prêmios para melhor ator e atriz, direção, além de figurinos, máscaras e prêmio especial de pesquisa" (De Emílio, 1989, p. 12). Os críticos (Garcia, 1988; Guzik, 1988) elogiaram praticamente todos os elementos da montagem: a preparação corporal, vocal e musical, o figurino, as máscaras, os números circenses etc.

Alberto Guzik (1988, s. p.) elogia a tradução e afirma que "A realização está baseada num estudo cuidadoso da matéria tratada pelo texto"; Clóvis Garcia (1988, s. p.), que "A pesquisa e a compreensão, tanto do texto, como da 'Commedia', permitiram criar um espetáculo fiel aos princípios norteadores da 'Commedia' numa forma atualizada". Essas indicações nos levam a supor que o texto tenha sido corrigido ao longo do processo de montagem, ou que outra tradução tenha sido usada. No site do grupo Fora do sériO, é Sara Lopes quem consta como responsável pela tradução e adaptação.

No mesmo ano, a companhia também apresenta o episódio "A chave e a fechadura" como espetáculo independente e, em 1994, estreia "O asno", numa adaptação livre do texto de Fo. Nesse caso, tanto Veneziano como Lopes são indicadas como responsáveis pela tradução (Casa [...], s. d.). Este último espetáculo foi reapresentado em 1999 e 2008.

4.4.2. "O asno" – Roberto da Silva Barbosa e Neide Carvalho de Arruda

"L'asino e il leone" é um dos episódios mais famosos de **Arlecchino**. Nele, Scaracco e Ruzzante pregam peças em Arlecchino fantasiando-se de animais. Ele cai em todas e se sente inferior por isso, ainda mais quando Franceschina, sua namorada, afirma que não vai voltar a encostar nele enquanto não provar ser valente. Decidido a mudar e imaginando que se trata de mais uma peça pregada pelos amigos, quando um leão de verdade aparece, ele ignora os perigos. Trata o leão como trataria Scaracco e Ruzzante: elogia sua fantasia, que parece de verdade; sugere aprimoramentos para o seu rugido; morde a sua orelha para que deixe cair um pedaço de salame que tinha roubado; torce os seus testículos quando se sente ameaçado; termina oferecendo um pedaço de salaminho como trégua. Acaba, de certa forma, amansando o animal, que, depois de semear o terror na cidade, volta manso para Arlecchino, pedindo que cate as suas pulgas.

A tradução disponível no acervo da SBAT creditada a Roberto da Silva Barbosa e Neide Carvalho de Arruda não está datada e também não encontramos nenhuma informação sobre alguma montagem específica desse texto, então não conseguimos imaginar nem mesmo um período no qual a tradução possa ter sido feita. Também neste caso, o texto de referência parece ter sido a publicação de 1985 na *Alcatraz News*, com o qual comparamos o trabalho de Barbosa e Arruda.

A tradução do texto é integral e, globalmente, consegue recriar em português a linguagem oral dinâmica e baixa do texto de Fo. Logo no início, podemos ver, por exemplo, como é expressiva a tradução quase literal da imprecação que abre a cena:

> RLE: – Ah, que o deus dos cães te castigue, cão cachorro, cão porco! Porco cane! Por um triz essa besta estúpida, faminta não me arrancou a mão. Mas como é que pode um cão aparecer para olhar por uma janela, como se fosse um homem ou uma mulher...? (Fo, s. d., p. 1, trad. Barbosa e Arruda)

A sequência "deus dos cães", "cão cachorro" e "cão porco" faz com que seja plenamente possível manter, inclusive, a expressão "porco cane" em italiano. Pode-se notar, em outro momento, como os tradutores conseguiram recriar, em português, um trecho ritmado e musicado, o que faz permite a sua interpretação em uma música de zombaria:

> RAZ [RAZZULLO]: – Pula, pula, é um cachorrão; Arlecchino é que é um mijão. Por culpa da brincadeira, pegou uma tremedeira. Salsicha queria comer e merda ganhou, sem querer. Pula, pula, o rabo arde, Arlecchino é um covarde. Pula daqui, pula de lá, Arlecchino é um quaquaraquá. (Fo, s. d., p. 2, trad. Barbosa e Arruda)

Esse esforço deve ser elogiado, uma vez que a recriação de ritmos musicais e de rimas não é frequente na tradução dos textos de Rame e Fo para o português.

Infelizmente, não encontramos nenhuma menção a uma possível montagem de "O asno" com essa tradução. Além do espetáculo do grupo Fora do sériO, que já mencionamos, sabemos que também houve, em 2017, uma montagem dirigida por Roberto Vignati, com atuação de Clóvis Gonçalves, intitulada **Obsceno**, que era composta por "O asno" e "A borboleta xoxotuda" (*La parpaja topola*) (Cetra, 2017). Não tivemos acesso a essas traduções, mas imaginamos que sejam assinadas por Vignati.

4.5. "Il primo miracolo" – tradução e montagem de Roberto Birindelli (1992)

"Il primo miracolo di Gesù bambino" é um dos monólogos que compõem **Storia della tigre e altre storie**, espetáculo que estreou em 1977 e que retoma a fórmula usada por Dario em **Mistero buffo**: o eixo do espetáculo é o ator, o jogral que conta histórias inspiradas na tradição popular fazendo uso da pantomima e de uma língua multifacetada, que vai do italiano dos prólogos ao gromelô, passando pelos dialetos. Os outros monólogos que compunham o espetáculo em 1977 eram "Storia della tigre, "Dedalo e Icaro" e "Il sacrifício di Isacco". Assim como já acontecia com **Mistero Buffo**, esses monólogos fazem parte do repertório de Fo, mas ele escolhia, praticamente a cada ocasião, quais textos apresentar.

A *giullarata* sobre a infância de Jesus faz parte da publicação de **Mistero Buffo** a partir daquela feita pela Einaudi em 2000, o que mostra como esses monólogos eram móveis e podiam se encaixar em diversos espetáculos.

Não surpreende, portanto, que "Il primo miracolo di Gesù bambino" tenha sido traduzido para o português e montado como um espetáculo em si, autossuficiente, como também aconteceu com vários outros monólogos do autor e de Franca Rame em todo o mundo. Esse texto se inspira nos evangelhos apócrifos, em especial no de **Pseudo-Mateus**, também conhecido como **Evangelho da Infância Segundo Mateus**, para contar parte da infância de Jesus e, em especial, o seu primeiro milagre.

Quando a sagrada família chega ao Egito, o Menino não tem amigos e as crianças não querem brincar com ele porque é estrangeiro. Resolve, então, conquistá-las com um milagre: sopra pássaros de barro, que voam instantaneamente. Assim conquista as crianças, que fazem diferentes tipos de pássaros e outros animais de barro e pedem que Jesus os faça voar, no que são prontamente atendidos. Tudo ia bem até a chegada do filho do patrão, que – embora nunca deixasse as crianças brincarem em sua casa – se ofende por ter sido excluído da brincadeira. Os seus soldados ameaçam os meninos, dizendo que o seu protegido pode fazer o que quiser porque é filho do patrão, e os expulsam da praça, fazendo com que as famílias se tranquem em casa, com medo. Jesus é o único que permanece na praça e chama Deus para intervir em seu favor. O pai se nega, mas diz que o filho pode resolver a situação como preferir. Ele transforma o menino em estátua de barro, e só desfaz o milagre depois que Maria intercede e implora para que seu filho o traga de volta à vida. Jesus obedece a contragosto e termina o monólogo explicitando a sua carga política: "Presta atenção que isso também é uma alegoria, um grande ensinamento para todos aqueles que, assustados, se esconderam atrás das janelas de tanto medo. [...] Se começarem a pensar, a raciocinar, toma cuidado, que tu vai crescer de tanto chute que vai levar" (Fo, 1992, p. 12).

Roberto Birindelli traduziu o texto para a montagem **Il primo miracolo** da Cia. do Bebê, que estreou em 1992 em Porto Alegre, também encenada e dirigida por ele. Embora na cópia datilografada ele conste também como adaptador, essa é uma das traduções de Dario que achamos mais fiéis ao espírito de sua dramaturgia. Birindelli cria um prólogo próprio, apresenta rapidamente Dario Fo e os evangelhos apócrifos; estabelece um diálogo com o público e avisa que a história é alegórica. Passa do prólogo à ação com uma fórmula que funciona muito bem em português – "Podemos começar? Então vamos lá" (Fo, 1992, p. 1) – e lembra aquela frequentemente usada por Rame e Fo: "Vado a cominciare".

Em entrevista a Melize Zanoni, Birindelli explica que conheceu o texto na tradução de Maria Betânia Amoroso publicada pela Editora Brasiliense (1986), com a qual estreou, mas que foi modificando-a ao longo do tempo. E o que se vê parece ser, de fato, o resultado de uma convivência com a obra de Dario Fo. Quando Melize pergunta se ele modifica palavras do texto, responde:

Não. Quase nada. Criei uma ou duas coisinhas. A tradução que tinha no Brasil, naquela edição da Brasiliense, era impossível. Então eu peguei de livros dele [do Dario Fo], de vê-lo ao longo dos anos. Claro, eu estreei com a tradução da Brasiliense, muito ruim [por ser literária]. Alguns anos depois, fui modificando, e hoje é uma tradução minha, uma adaptação minha, um pouco diferente do texto, mas com elementos equivalentes. (Zanoni, 2008, p. 150)

Os cortes realizados no monólogo são poucos, sutis e não incidem de forma alguma sobre os trechos essenciais do texto, que são, na nossa análise, o final já citado e o momento em que as crianças confrontam o filho do patrão dizendo que ele pode até ser rico, mas não tem acesso à brincadeira mais divertida, que é a de Jesus – praticamente uma reelaboração infantil e terrena de Mateus 19:24 – "É mais fácil um camelo entrar pelo buraco de uma agulha do que um rico entrar no Reino de Deus":

"É! Porque, filho do patrão, toda vez que nós pedimos para brincar contigo, pra dar uma volta nos teus cavalos, tu diz não! Porque toda vez que vamos à tua casa – tu tem brinquedos incríveis – teus homens nos botam para correr. Agora somos nós que temos um brinquedo incrível, o brinquedo mais incrível do mundo, mas o Palestina, que é o chefe da brincadeira, é nosso. Tu é rico mas não tem o Palestina. O Palestina é um dos nossos. Não é, Palestina? Não vai atrás dele, tá! Não banque o Judas, tá!?" (Fo, 1992, p. 10)

O texto de Birindelli também é vivo, fluido e engraçado, e ele usa estratégias interessantes para garantir um certo nível de frescor, estranheza e diversidade linguística sem trilhar os mesmos passos de Fo – o que, em português, sem o substrato dialetal que existe na Itália, seria dificílimo. Via de regra, usa uma variedade predominantemente oral e informal do português, com a presença pontual de itens lexicais – inclusive neologismos – particularmente marcados como coloquiais ou ligados a variantes interioranas e populares. Exemplos são a palavra "endemonhada" (Fo, 1992, p. 1) e "desenmalagrar", ou a alternativa "desenmilagrar" (Fo, 1992, p. 12). Quando não é possível garantir a invenção no plano lexical, é o ritmo que se adapta: no trecho a seguir, por exemplo, somem todos os sinais de pontuação – e, consequentemente, todas as pausas – que havia no texto de partida: "Tá rindo, é? (bem rápido) Aprontou esse alvoroço todo aqui em volta quebrou as estatuetas acabou com a nossa brincadeira e fica aí contente tranquilo achando que ninguém vai fazer nada contigo né?" (Fo, 1992, p. 11). A solução dada para o personagem de José, que fala portunhol, também nos parece bastante proveitosa, uma vez que – segundo o próprio tradutor explica em nota de rodapé – ele tem a função social do "estrangeiro segregado". O tradutor também explica, em nota de rodapé, a possibilidade de adaptar o falar do personagem ao local de encenação, num expediente que é, também, análogo à dramaturgia de Fo:

> São José cumpre, neste texto, a função social do estrangeiro segregado. No Brasil, a figura do segregado é o CASTELHANO. Por isso uso este sotaque. Quando apresentado na Argentina ou Uruguai, foi trabalhado para um sotaque espanhol, O GALEGO, que é a figura tradicionalmente segregada no Rio da Prata. E assim vai sendo adaptado em cada local. (Fo, 1992, p. 5)

Há uma ou outra escolha que podem ter menos sucesso, mas elas são pontuais e em nada prejudicam o conjunto da tradução. Um exemplo é o uso de "gringo" (Fo, 1992, p. 7, trad. Birindelli) por "terrone" (Fo, 1980, p. 99). Birindelli, corretamente, explica que "terrone" é pejorativo, usado para se dirigir a pessoas do sul da Itália, região que, ainda hoje, é alvo de preconceito também por ter menos sucesso econômico que o norte. Apesar do entendimento correto do texto italiano, o uso de "gringo" no lugar de "terrone" não soará adequado em todo o território brasileiro; em primeiro lugar, porque, embora pejorativo, é um termo usado principalmente para pessoas que vêm dos países mais ricos do Norte global, ou seja, que a princípio levam mais vantagem no Brasil. Mas a questão nos parece ser menos a versão de "terrone" por "gringo" e mais o fato de esta última palavra vir logo após o uso de "palestino", também usado pejorativamente: "Cai fora, Palestina! Gringo!" (Fo, 1992, p. 7). "Gringo" e "palestino", embora estrangeiros, parecem quase opostos: ao ouvir o primeiro, imagina-se alguém que se dá bem no Brasil, possivelmente branco. Nenhuma dessas características é imediatamente evocada em português pelo uso do gentílico "palestino".

Na maior parte dos casos, porém, Birindelli se mostra capaz de introduzir elementos locais e atuais sem apagar os elementos estrangeiros, o que dá ao texto um nível de domesticação suficiente para a identificação do público e a garantia do humor sem que se perca, por outro lado, a presença e o reconhecimento de uma outra cultura. É o que acontece, por exemplo, no excerto abaixo:

> Os pastores se põem em marcha em direção à choupana, levando apenas coisas de comer. Tem quem chega com queijo, cabrito, coelho, galinha, vinho, azeite, maçãs em calda, tortas de castanhas, picolé de creme, sanduíche, banana-split, chokito... E tem quem chega com polenta. Imagine dar polenta para uma criança recém-nascida! Só pode ser um babaca!!! (Fo, 1992, p. 4)

Nos presentes que os pastores levam por ocasião do nascimento de Jesus, permanecem os itens camponeses e bíblicos, assim como a polenta italiana, mas também são incluídos itens da sociedade de consumo comuns no Brasil – "picolé de creme, sanduíche, banana-split, chokito..."

De forma geral, achamos louvável o trabalho tradutório de Birindelli, que parece ter realizado também uma excelente montagem. Em uma arena, sem maquiagem, sem cenário e sem figurino elaborado, parece ter enfatizado o seu trabalho como ator através da fala e dos gestos, para os quais ele se inspirou na série "Os retirantes", de Cândido Portinari (Loures, 2013). Segundo dados da Nove Produções (2012, online) – responsável pela turnê comemorativa dos 20 anos em cartaz, para a qual foi convidado também o diretor Ernesto Piccolo –, a peça teve "500 apresentações em 120 cidades de 7 países" e foi vista por mais de 200 mil espectadores.

4.6. Monólogo da puta no manicômio

O "Monologo della puttana in manicomio", junto com "Acadde domani"; "Io, Ulrike, grido" e "Alice nel paese senza meraviglie", fazia parte desde 1977 da cópia datilografada de **Tutta casa, letto e chiesa** (Rame; Fo, 1977), e também foi publicado nas edições da Bertani (Rame; Fo, 1978) e da La Comune (Rame; Fo, 1981). Apesar disso, não fazia parte do espetáculo inicialmente concebido por Franca e Dario, e não esteve presente nos primeiros anos de turnê. Alguns trechos do monólogo, inclusive, passam, a partir da edição de 1981, a fazer parte do monólogo **Una donna sola**. É possível que tenha sido apresentado depois, mas não encontramos nenhuma informação a esse respeito.

A protagonista deste texto é uma mulher que, sentada em um equipamento de eletrochoque – que lhe parece mais uma cadeira elétrica – conta a história de como se tornou prostituta a uma médica que não fala nem aparece em cena. Como outras mulheres do espetáculo, ela foi abusada sexualmente e oprimida de diferentes formas – violentada pelo pai na infância, depois por outros homens, quando era faxineira e quando era operária. É justamente na fábrica que ela tem a primeira crise psiquiátrica e é internada. Uma vez que tinha perdido o emprego, passa a se prostituir quando recebe alta – e deixa bem claro que o faz por falta de opção. Ela não se lembra quando tem crises, mas sabe, porque lhe contam depois, que se despe, dança nua e é frequentemente estuprada e espancada por grupos de homens quando está nessas condições. A polícia a recolhe e a leva para o manicômio, dizendo que está machucada porque caiu e que não há testemunhas. Ela se lembra, porém, de quem liderou o último estupro coletivo. Quando ele contrata seus serviços, ela aproveita para roubar-lhe tudo o que pode e deixa um bilhete dizendo que pode procurá-la no manicômio para recuperar os bens. Quando ele aparece, é submetido a um julgamento organizado pelas internas, que gravam tudo e mandam para os jornais. Ele consegue impedir que as gravações sejam divulgadas. Quando a protagonista sai do manicômio, é agredida por dois homens. Só escapa da morte graças à intervenção de dois enfermeiros e, junto com as internas, organiza o que chama de "gesto político", e não de vingança: coloca fogo no edifício que abrigava o escritório do industrial. No fim, até uma médica que tentou demovê-las da ideia concorda que foi um gesto político.

Embora curto, o texto consegue fazer uma crítica contundente a diversos aspectos da sociedade: a alienação no trabalho; a violência sexual; o abuso de pessoas em situação de vulnerabilidade; o encarceramento manicomial como forma de eugenia social; a ideia de que são as atitudes da mulher que provocam o estupro; a segunda violência que as mulheres estupradas sofrem nas mãos da polícia e da justiça; a impunidade dos crimes de estupro; o desespero e a falta de alternativa que levam as mulheres a se prostituir. Como em outros monólogos de **Tutta casa, letto e chiesa**, também aqui a aliança entre as mulheres aparece como forma de enfrentar essa realidade e como catalisador da revolução. É significativo, aliás, que a médica – e não só as internas – concorde com a resposta dada pela protagonista. Também este monólogo "usa a comicidade de forma 'torta', cínica, dura, provocatória, trazendo à tona – também aqui – também a corda trágica de Franca" (Contu, 2017, p. 427, tradução nossa).

320

4.6.1. Encenações e traduções brasileiras

O **Monólogo da puta no manicômio**, em tradução de Zilda Daeier, compunha o espetáculo **Um orgasmo adulto escapa do zoológico**, de 1983, com atuação de Denise Stoklos e direção de Antonio Abujamra (Um Orgasmo [...], 1983). Como já mencionamos anteriormente, infelizmente não conseguimos encontrar a tradução usada na montagem. Sabemos que foi uma montagem de grande sucesso, que recebeu críticas positivas em todas as resenhas que encontramos, inclusive na de Sábato Magaldi (1983). Stoklos apresentou o espetáculo também em Nova Iorque (Augusto, 1984) e em Cuba (Evora, 1987). A única ressalva que encontramos nas resenhas que lemos foi em relação à velocidade do espetáculo. De acordo com Jefferson del Rios (1984, p. 39), "O diretor Antonio Abujamra não deveria acelerar tanto o que já está no limite da super-velocidade. O estilo de Dario Fo é perigosamente rápido (uma vez traduzido do italiano e sem a sua presença magnética)". Seria interessante verificar, caso o texto traduzido por Daeier venha à tona, se o ritmo já é acelerado na própria tradução.

Curiosamente, o **Monólogo da puta no manicômio** disponível tanto no acervo da SBAT como no da Biblioteca Jenny Klabin Segall foi traduzido por Roberto Vignati e Michele Piccoli, mesmos tradutores de **Brincando em cima daquilo**, porém nunca fez parte do espetáculo. Não há indicação de data nem no catálogo das instituições nem nas cópias datilografadas, então não sabemos quando a tradução foi feita. Vignati também parece nunca o ter montado, apesar de ter dirigido vários espetáculos de Dario Fo e Franca Rame.

Em geral, à exceção de **Um orgasmo adulto escapa do zoológico**, o monólogo parece ter dado vida, no Brasil, a espetáculos independentes. Ele foi representado pela primeira vez em 1990 pela atriz amadora Maria Chiesa, com direção de Ivan Salles (Teatro, 1990). Não sabemos qual foi a tradução consultada para a montagem. A primeira montagem que menciona a tradução de Vignati e Piccoli é de 1993, com atuação de Alejandra Herzberg e direção de Ramiro Silveira. Estrearam em Porto Alegre e depois se apresentaram em São Paulo, segundo Luiz Gonzaga Lopes (2014), com grande sucesso. Infelizmente, não conseguimos localizar as resenhas às quais ele se refere.

Em 2000, foi a vez de **A prostituta no manicômio**, montagem de Maria Chiesa com atuação de Nina Mancim. A peça figurou no caderno que indica a programação cultural da *Folha de São Paulo* de março a dezembro de 2000; ainda assim, parece ter recebido pouca atenção da imprensa, uma vez que em momento algum apareceram ao lado do espetáculo as estrelas que indicavam a avaliação da crítica (Teatro, 2000a e 2000b). Também não encontramos informações sobre qual foi a tradução usada no espetáculo. Outra montagem sobre a qual também não encontramos resenhas nem indicação dos tradutores se deu em 2002, no Rio de Janeiro, com direção de Fernando Lopes e atuação de Aline Guimarães (Programa, 2002).

Na lista de montagens brasileiras que nos foi enviada por Mariateresa Pizza (2019, não publicada), aparecem ainda outras montagens, sobre as quais não encontramos informações adicionais: em 2002, uma produção de uma universidade do

Rio de Janeiro (não sabemos qual); em 2003, uma produção da Companhia Ovo Teatro & Afins, de Brasília; em 2007, uma produção da Companhia Debora Cabral Lima; em 2008 e 2009, uma produção da Companhia Tosca de Teatro, de Fernando Lopes Lima, com a tradução de Vignati, para uma turnê nos circuitos universitários do Brasil e da América do Sul; em 2009, uma produção do Teatro Debora Colker [sic], com a tradução de Vignati.

O **Monologo della puttana in manicomio**, no Brasil, ocupa essa estranha posição de ser, por um lado, muito representado, inclusive como espetáculo autônomo, o que pareceria indicar o seu sucesso no nosso país; aponta para o lado oposto, porém, o fato de que essas montagens parecem ter sido quase ignoradas pela crítica. Uma outra hipótese para esse silêncio da mídia – que talvez concilie a contradição acima – é de que tenham circulado sobretudo em circuitos alternativos.

Uma exceção à falta de críticas e divulgação na imprensa é o espetáculo **Carne de mulher**, inspirado no texto de Franca Rame e Dario Fo. Ele foi dirigido por Georgette Fadel e teve atuação, concepção, adaptação e tradução de Paula Cohen (Dirigida [...], 2017). Estreou em 2016 no Festival Satyrianas, em São Paulo (Veja, 2016; Monólogo [...], 2016), depois teve temporadas em 2017, 2018 e 2019 (Barsanelli, 2017; Teatro [...], 2018, online; Teatro [...], 2019, online). É provável que Paula Cohen o tenha traduzido do espanhol, uma vez que ela menciona ter passado anos com o livro **Oito monólogos**, no qual conheceu o texto (Espetáculo [...], 2017). Não temos ciência de um livro com obras de Rame e Fo publicado em português com esse título, mas há, de fato, uma edição espanhola, intitulada **Ocho monólogos**, da Júcar, com tradução de Carla Matteini, que contém o texto **Monólogo de la puta en el manicomio**. Infelizmente, não tivemos acesso à tradução de Cohen.

4.6.2. A tradução de Michele Piccoli e Roberto Vignati

De forma geral, a tradução de Piccoli e Vignati nos pareceu bastante adequada. O **Monologo della puttana in manicomio** é um texto denso, quase todos os trechos parecem essenciais ou – retomando uma expressão de Berman (1995) que já mencionamos no capítulo anterior – necessários. Eles são mantidos de forma praticamente integral em português e, ao contrário do que se vê em outras traduções da dupla, estão presentes tanto o humor grotesco como a realidade trágica denunciada pela protagonista.

Por exemplo, Vignati e Piccoli mantiveram a parte em que a protagonista explica as zonas erógenas femininas usando como referência os cortes da carne bovina e as figuras que os representam, tipicamente exibidas em açougues. Esse é o trecho que passa a compor o monólogo **Una donna sola** a partir de 1981 e que os tradutores cortaram quando o traduziram. Será que a sua manutenção, aqui, se deve a um entendimento posterior de que o grotesco – ainda que incômodo, ou especialmente quando incômodo – é fundamental para a poética de Franca Rame e Dario Fo? Ou talvez eles tivessem a intenção de inserir o "Monólogo da puta no manicômio" em **Brincando em cima daquilo**, o que explicaria o corte do trecho em outro monólogo, uma vez que não faria sentido repetir trechos iguais em monólogos diferentes.

O humor grotesco que revela uma realidade trágica também pode ser visto quando a protagonista leva um choque e pergunta "Vocês não vão me assar viva, não é?" (Rame; Fo, s. d., p. 3), o que retoma a sua impressão, expressa logo no início da sua fala, de que está na cadeira elétrica. Embora expressa de forma sutil, cômica e sintética, a crítica à repressão e à violência de Estado – para a qual o hospício e a cadeia têm um papel parecido – é um dos pilares deste monólogo. Contu explica que,

> num nível mais profundo, sente-se também a influência das considerações de Foucault em **Vigiar e punir**, que destaca como uma série de estruturas (manicômio, prisão, hospital, quartel, escola) são pensadas por quem está no poder com o objetivo de reprimir e de educar para a ideologia do Estado. (Contu, 2017, p. 429, tradução nossa)

Outros momentos centrais também são vertidos de forma adequada para o português. A versão brasileira parece recriar a dramaturgia de Rame e Fo mesmo quando há pequenos cortes, que parecem ter a função de garantir um ritmo ágil, de conseguir recriar um texto oralmente verossímil em português, e não de eliminar conteúdos. Trechos centrais mantidos no texto brasileiro são, por exemplo: quando a personagem narra a violência sofrida e a conivência da polícia, que encobre os agressores; quando ela afirma que não gosta da profissão; quando ela mostra como se sente resumida não só a um corpo, como às partes do corpo que servem para dar prazer aos homens; quando ela descreve a violência que sofre e o fato de a violência ser um traço fundamental da masculinidade; quando as mulheres resolvem responder à violência coletivamente e chamam sua resposta de "ato político".

Não achamos, no caso dessa tradução, que exista uma dramaturgia diferente daquela de Franca Rame e Dario Fo. Mesmo assim, em algumas ocasiões, a tradução remete ao trabalho que Roberto Vignati e Michele Piccoli fizeram em outros monólogos: a construção de uma peça menos politizada. Aqui, porém, parece se tratar de detalhes que não impactam de forma significativa o conjunto da dramaturgia, especialmente porque não há apagamento do grotesco nem valorização extrema do cômico, o que faz com que a crítica política e o diálogo com a realidade trágica continuem presentes.

Há um momento, por exemplo, em que a indiferença coletiva – "Ma tanto chi se ne frega... sono una puttana, no? Una puttana che ogni tanto va in crisi, fa la matta!" (Rame; Fo, 1981, p. 120) – frente à violência sofrida pela prostituta, que mostra a desumanização que as trabalhadoras do sexo sofrem na sociedade, se transforma em indiferença individual: "Não, não precisa se incomodar, doutora, eu não me incomodo. Sou uma puta mesmo, não é? Uma puta que de vez em quando entra em crise, e dá uma de louca" (Rame; Fo, s. d., p. 3). A coletividade – dessa vez, uma coletividade positiva – é apagada em outro momento da tradução: na página 121 do texto de partida (Rame; Fo, 1981), a protagonista afirma que, embora o ambiente de trabalho fosse insalubre e o esforço fosse muito, ela gostava de trabalhar na fábrica, porque ficava junto com as mulheres: "Facevo una fatica boia, ma stavo con delle donne insieme". Em português, essa frase é cortada. Todos os outros momentos em que se mostra a força da coletividade feminina (mais importantes para a intriga, aliás, do que o trecho citado), porém, são mantidos, o que faz com que essa perda seja menos sentida pelo conjunto do monólogo. Em outro trecho (Rame; Fo, 1981), também se perde a insistência da prostituta sobre o fato de que os estupradores são, em geral, considerados "cidadãos de bem" ("uomini veri... bastardi per bene", p. 122), como também era "cidadão de bem" ("il bastardo per bene", p. 122), amigo de "cidadãos de bem" ("amici per bene, porci come lui", p. 122), o líder da violência que ela sofreu. Em português (Rame; Fo, s. d.), essa característica é associada apenas aos amigos ("Amigo de gente muito fina. Uns filhos da puta como êle.", p. 5) e, ainda assim, com o uso da expressão "gente fina", que nos parece menos clara do que a usada em italiano.

A questão que mais nos saltou aos olhos e mais lembrou as escolhas tradutórias que Vignati e Piccoli fizeram em outros monólogos está, no entanto, no primeiro excerto que comentamos brevemente. Eles mantiveram a comparação grotesca das zonas erógenas do corpo feminino com os cortes de carne bovina, apesar de terem se detido menos nas correspondências entre o corpo das vacas, com sua nomenclatura própria de açougue, de produto para ser consumido, e o corpo da mulher. Em todo esse trecho, o foco é o prazer feminino, e a protagonista está empenhada em mostrar para a doutora que conhece as zonas erógenas, que sabe tudo sobre sexualidade feminina. Ainda assim, Vignati e Piccoli escolheram acrescentar, em sua tradução, uma referência ao prazer masculino: o toque não serve mais para causar prazer à mulher e só, como no texto italiano, mas o próprio prazer feminino parece ter como finalidade o masculino: "Se um homem sabe dar um trato adequado às coxas de uma mulher, ela tem cada frêmito erótico, cada arrepio que é capaz de erguer... bem... até os aposentados" (Rame; Fo, s. d., p. 2). Eles parecem realizar, na tradução, o que Franca critica ironicamente no prólogo a **Tutta casa, letto e chiesa**: "O protagonista absoluto deste espetáculo sobre a mulher é o homem. Ou melhor, o seu sexo! Não está presente 'em carne e osso', mas está sempre aqui, entre nós, grande, enorme, que paira sobre nós… e nos esmaga!" (Mello, 2019, p. 95). Nesse caso, porém, a escolha infeliz de Vignati e Piccoli parece isolada, se limita a esse trecho e não encontra eco em outros momentos do monólogo, o que faz com que o "Monólogo da puta no manicômio", em português, também seja contundente politicamente e não reduza a força crítica para valorizar o potencial cômico.

4.7. "Johan Padan na Descoberta da América" – tradução de Herson Capri/Alessandra Vannucci (1998)

Johan Padan a la descoverta de le Americhe é uma comédia em dois atos que estreou em 1991. É um texto que podemos inserir na mesma tradição de **Mistero Buffo** e de **Arlecchino**, uma vez que, para Dario (Fo, 2020), o personagem é um Zanni – máscara que também pode aparecer sob outros nomes, como Giovan, Giani, Johan. Para narrar essa aventura de um foragido na Flórida, ele se inspirou em diversos cronistas dos séculos XV e XVI, especialmente em Michele da Cuneo, amigo de Cristóvão Colombo, que participa de uma de suas expedições. Além das histórias e das descrições das Américas, o que impressiona e inspira Dario é a língua usada por esses cronistas, que se alimenta de todas as línguas neolatinas e de todos os dialetos com os quais eles têm contato (Fo, 2020).

Para fugir da inquisição, Johan Padan foge de Veneza e vai para Sevilha. De lá, foge novamente numa expedição de Cristóvão Colombo. Ele narra a história de uma viagem sem nenhum esplendor, feita no porão, em meio aos excrementos dos animais, com detalhes escatológicos dignos da tradição mais antiga do Arlequim. Chegando na América do Norte, depois de algumas desventuras, consegue escapar da morte e conquistar a confiança de um povo indígena, graças à sua habilidade de costurar velas (que usa para dar pontos em indígenas feridos) e de perceber a chegada da chuva pela observação do céu. Acaba sendo tratado como o filho do Sol e usa seu poder para empreender uma marcha em busca de uma ocupação espanhola, onde ele tinha a esperança de conseguir um barco para poder voltar para casa. O caminho até lá, porém, é longo, e Johan passa a apreciar o lugar e as pessoas com as quais convive, com quem ele percebe o quanto a ocupação espanhola e a missão de evangelização são violentas e absurdas, sem sentido. Acaba organizando um verdadeiro exército formado por vários povos indígenas, ensinando-os a cavalgar e a fazer fogos de artifício, que expulsa a ocupação espanhola e transforma a Flórida em um território quase impossível de colonizar, considerado maldito por Carlos V. As situações cômicas estão presentes ao longo de toda a peça, e são particularmente importantes aquelas que conseguem provocar um estranhamento na cultura e na visão de mundo europeia e cristã, que deixa de funcionar como referência central e universal, que deve ser imposta a todos. Um exemplo é o trecho em que Johan decide ensinar o cristianismo aos indígenas – não para catequizá-los, mas para enganar os espanhóis –, mas, naquele mundo, nenhum dos fundamentos da religião faz sentido: se os espanhóis opressores vão para o paraíso, os indígenas querem ir para o inferno; a maçã proibida é trocada pela manga, mas não faz sentido parar de comer manga porque é uma fruta gostosa; eles não veem sentido no Espírito Santo nem na pomba como seu símbolo, então a Virgem Maria acaba ocupando o seu lugar na Trindade; acham uma pena que José não possa dormir com Maria nem Jesus com Maria Madalena; estranham, também, que todos os apóstolos sejam homens e que a humanidade tenha sido expulsa do Jardim do Éden, uma vez que a descrição do paraíso terrestre corresponde ao lugar onde vivem.

Com um olhar contemporâneo e sul-americano, a peça não parece ter uma posição anticolonialista radical, embora nela esteja presente, sim, um questionamento do discurso colonialista europeu. A polêmica que ela causou, no entanto, foi enorme, ainda mais tendo estreado às vésperas das comemorações dos 500 anos da colonização, o que mostra uma dificuldade enorme dos europeus, mesmo entre os intelectuais, de reavaliarem suas narrativas sobre esse acontecimento histórico. Fo recebeu críticas duríssimas pela peça, principalmente por ter chamado Isabel I de Castela de racista. Apesar de ela ter sido uma das maiores incentivadoras do recrudescimento da Inquisição (obrigando judeus e muçulmanos à conversão) e da catequização dos povos indígenas, muitos saíram em sua defesa por causa do seu testamento, no qual pediu que os povos indígenas fossem tratados com justiça e humanidade (Cardini, 1991). No discurso de Franco Cardini, é nítida a recusa em considerar a remota possibilidade de que os europeus possam ter sido responsáveis por alguma morte entre os povos indígenas:

> Mas a realidade é outra. Há muitos meses, a propósito da descoberta da América está crescendo, sobretudo mas não somente nos Estados Unidos, um clima de caça às bruxas contra a cultura europeia que teria sido responsável por um genocídio. É completamente inútil lembrar que o colapso demográfico dos índios se deveu prevalentemente ao choque microbiano. [...]
>
> E é uma desleal bestialidade tentar confundir as pistas e transformar Colombo e até os conquistadores em bodes expiatórios. (Cardini, 1992, s. p., tradução nossa)

Esse tipo de discurso, que não era isolado, nos mostra a importância que tinha a peça de Dario Fo na disputa ideológica daquela comemoração, da qual ele parecia consciente. Em entrevista a Silvana Zanovello, diz que não poderia, de fato, participar da Exposição Universal de 1992 em Sevilha – organizada em comemoração aos 500 anos de "descoberta" das Américas – "com este espetáculo que é um chute na cara da elegia do expansionismo colonial" (Zanovello, 1992, s. p.).

A tradução disponível na SBAT, com o título de **Johan Padan na Descoberta da América**, está datada de 1998 e aponta Herson

Capri como tradutor, assim como o material de divulgação da montagem que ele dirigiu e na qual atuou em 2000, intitulada **La Barca d'América** (Fioratti, 2000). Alessandra Vannucci, porém, reivindica a autoria da tradução para si, dizendo que foi encomendada por Capri, que deixou de citá-la (Mello, 2021).

Comparamos o texto brasileiro à edição de 1992 publicada pela editora Giunti. A tradução é integral e muito bem-sucedida, pois consegue criar uma linguagem baixa, informal, veloz, adequada a um Zanni, embora não se aventure em recriar o nível de inventividade linguística da versão em dialeto de Fo. Não só o vocabulário é muito bem escolhido, cheio de palavras chulas e palavrões, mas também a sintaxe parece calcada na oralidade. Essa linguagem dá conta de um texto que, em português, parece criar as bases para uma corporificação cênica fascinante e absurda. No trecho abaixo, podemos observar um desses momentos em que a lógica cristã europeia é subvertida pelo contato com os povos indígenas: considerar o canibalismo um absurdo, mas matar e deixar a carne dos mortos apodrecer é, no mínimo, contraditório:

> "Não tem problema – disse o cacique – à noite vamos comer dois dos nossos prisioneiros." "Ah, lá vem você de novo com essa mania selvagem de comer carne humana!" "Por que – me respondeu o cacique – vocês, por acaso, são mais civilizados que nós? Logo vocês, que matam os inimigos e os deixam apodrecer no campo de batalha? Vocês, que desperdiçam carne fresca e depois comem ratos empesteados? E nós é que somos selvagens?" "Quem te falou isso?" "Um cristão que comemos há dois meses atrás." (Fo, 1998, p. 13)

O diálogo rápido e fluido ajuda a evidenciar essa contradição. A tradutora também faz bom uso de estratégias, em geral pontuais, que potencializam o efeito cômico. Um exemplo é o excerto abaixo:

> Já estava me vendo ali degolado, com a garganta toda rasgada, e o meu sangue escoando numa bacia, gota a gota, e jatos... Flop! Porque esses índios separam o sangue. Prá fazer bolinhos fritos. E também o molho pardo, a cabidela. E o sarapatel. (Fo, 1998, p. 8)

No texto de Dario, serão preparados apenas bolinhos fritos – "Ci fanno le frittelle" (Fo, 1992, p. 43). No de Capri/Vannucci, os bolinhos dão início a uma lista que é completada pelo molho pardo, pela cabidela e pelo sarapatel. O interessante dessa estratégia, para além da possibilidade de jogo cênico, é que ela flerta com a domesticação, mas sem encerrar um vínculo com um lugar específico, uma vez que os pratos são típicos de diferentes culturas.

Há poucos momentos em que a tradução não nos pareceu particularmente viva e eficaz. Um deles é a primeira canção presente na peça, em cuja tradução parece não ter havido preocupação com o ritmo ou a rima, como já vimos em outras traduções de trechos cantados da obra de Rame e Fo. Outro é o excerto no qual se diz que a técnica bergamasca para domar cavalos bravos transforma um "stallone", um garanhão, em um "stallino", um cavalo manso criado em uma estala ou em um lugar fechado (Fo, 1992, p. 77). A tradução para o português, embora muito funcional sonora e ritmicamente, ganha contornos homofóbicos ausentes no texto original quando verte "stallino" com "viadinho': "Depois de duas ou três tentativas o garanhão fica parecendo um viadinho... começa a caminhar com passinhos curtos, parece até um bailarino" (Fo, 1992, p. 15).

Além da já mencionada montagem de Herson Capri, sobre a qual não encontramos nenhuma crítica, o **Johan Padan** de Dario Fo deu origem ao espetáculo **A Descoberta das Américas**, que está em cartaz desde 2005, com atuação de Júlio Adrião, direção de Alessandra Vannucci e tradução/adaptação dos dois. Esse é, sem dúvida, o espetáculo de Dario Fo de maior sucesso no Brasil nos últimos vinte anos. Por esse trabalho, Adrião ganhou o prêmio Shell de melhor ator, e críticas muito positivas. Bárbara Heliodora (Canal [...], 2014, online), por exemplo, disse que "O trabalho de Júlio Adrião é de primeira ordem, uma obra de ourivesaria em detalhe que preserva a ilusão de improvisação, o fluxo da narrativa dando sempre a ideia de que foi falar de um detalhe que provocou a lembrança do seguinte". Em 2014, já tinha sido apresentada 500 vezes, para mais de 150 mil pessoas, em 100 cidades do Brasil e 15 no exterior (Canal [...], 2014, online). Júlio conta, em entrevista a Raíssa Palma de Souza Silva (2021, online), o processo de estabelecimento do texto traduzido: depois de passarem por mais de quatro versões escritas da tradução e continuarem insatisfeitos por não conseguirem o tratamento desejado da oralidade, Vannucci pediu a Júlio que contasse a história da peça. O texto foi sendo estabelecido, portanto, nos ensaios e nas representações, e só foi transcrito em 2016, para que fosse traduzido para o espanhol. Adrião explica, ainda, que só consegue fazer o texto em movimento, porque é a ação física que traz a memória da fala (Silva, 2021, online).

CONSIDERAÇÕES FINAIS

No prólogo a **Una vita all'improvvisa**, Dario Fo (2007, ebook, tradução nossa) diz, dirigindo-se a Franca Rame: "Vivemos juntos, aqui, por tanto tempo, uma quantidade de histórias que não podem ser lembradas em dez livros." No processo de pesquisa e escrita desta tese, surpreendeu a intensidade da vida e a força da obra dos teatrólogos italianos, cuja presença no mundo é multiplicada por uma quantidade extraordinária de traduções e montagens.

À primeira vista, em 2016, quando começamos a investigar a recepção e a tradução da obra de Dario e Franca no Brasil, a sua presença em nosso país não nos parecia tão significativa quanto se revelou à medida que investigamos as traduções e as montagens brasileiras de suas peças em acervos e hemerotecas. Essa falsa impressão se deve, provavelmente – para além da efemeridade do próprio teatro – ao fato de que há poucas publicações sobre os dramaturgos em português e, à parte os trabalhos já citados na introdução deste livro, a maior parte das informações a seu respeito precisa ser procurada em livros e textos em língua estrangeira e em jornais antigos. Por isso, ainda que o foco da nossa investigação sejam as traduções para o português brasileiro de suas peças, nos dedicamos a fazer, no primeiro capítulo, uma síntese de sua biografia.

Depois de termos investigado, em nossa dissertação de mestrado (Mello, 2019), as versões brasileiras de **Tutta casa, letto e chiesa**, e de termos nos deparado com uma operação de diminuição da força política do texto de Rame e Fo, passamos a indagar, por um lado, se essa era uma constante nas traduções da *coppia d'arte* feitas no Brasil; por outro lado, se poderíamos pensar na própria tradução como um ato de dramaturgia, uma vez que os monólogos traduzidos por Roberto Vignati e Michele Piccoli em **Brincando em cima daquilo** parecem deslocar o paradigma ideológico de **Tutta casa, letto e chiesa** e aproximar a peça mais da tradição de um teatro burguês, ainda que em crise, do que da tradição de um teatro popular, épico e didático. Por isso, no segundo capítulo, discutimos algumas questões relativas à tradução e, mais especificamente, à tradução de teatro e à sua relação com a dramaturgia, propusemos o conceito de dramaturgia da tradução e analisamos, sob esse prisma, a tradução do monólogo "Lo stupro".

Nos capítulos 3 e 4, nos dedicamos a analisar todas as traduções da obra de Rame e Fo disponíveis no acervo da Sociedade Brasileira de Autores Teatrais e a traçar um panorama da primeira montagem brasileira de cada uma dessas peças. Tínhamos, no início da pesquisa, um desejo – que agora não nos parece factível, dada a multiplicidade da recepção brasileira, mas também a dificuldade de acesso às informações – de dar conta de todas as traduções para a cena feitas no Brasil e de conseguir, pelo menos, a ficha técnica da maior parte das montagens brasileiras de textos do casal italiano. Foi possível analisar todas as traduções disponíveis no acervo da SBAT, que, por ter a função de órgão regulador de direitos autorais especializado em montagens teatrais no Brasil, se mostra particularmente proveitoso para a nossa investigação: os textos aos quais tivemos acesso são traduções pensadas para a cena e, além disso, devem ser submetidos antes da estreia das montagens, o que faz com que seja possível investigar se os próprios tradutores já fazem escolhas relativas à dramaturgia antes do processo de encenação ou não.

Por outro lado, a tradução mais recente da obra de Rame e Fo registrada na SBAT é de 1998 e não tivemos acesso às traduções feitas nas últimas duas décadas, cuja cessão de direitos autorais não parece ter sido mediada pela Sociedade Brasileira de Autores Teatrais. Pelo menos desde 1987, havia um desconforto do escritório responsável pela obra do casal na Itália com a SBAT, como podemos ler em carta enviada por Piero Sciotto, colaborador dos dramaturgos, a Giuseppe d'Angelo, do Istituto Italiano di Cultura do Rio de Janeiro. Na correspondência, ele pede indicação de um agente teatral e literário para o Brasil ou para a América Latina, dizendo que o trabalho com a SBAT tem complicações relativas à demora dos correios e ao fato de não ser fácil "acompanhar detalhadamente as iniciativas". Explica a complexidade da função, que demandaria alguém que fosse profissional do ramo e, ao mesmo tempo, "sensível às condições sociais da realidade na qual as obras são representadas ou os textos publicados" (Sciotto, 1987, s. p., tradução nossa). No mesmo ano, Sciotto escreveu à SBAT afirmando que nunca tinha recebido informações sobre a situação da obra de Fo e Rame no Brasil – dados sobre os teatros e as companhias, assim como material publicitário das montagens – e reiterando a previsão em cláusula contratual dessa comunicação.

No fim dos anos 1980 e ao longo de toda a década de 1990 há, de fato, uma diminuição no número de traduções arquivadas na SBAT, e é possível que houvesse, nesse período, outro agente em atividade concomitante com a primeira instituição. Trata-se, provavelmente, de Luca Baldovino, da Falecido Alves dos Reis Produções Artísticas, que aparece como agente brasileiro em três cartas disponíveis no *Archivio Franca Rame-Dario Fo*, duas de 1991 e uma de 1995 (Archivio [...], 1991a; 1991b; 1995). Desde 1997, porém, a Agenzia Danesi Tolnay (2022, online) é a responsável pela proteção dos direitos autorais relativos às peças de teatro de Dario Fo e Franca Rame. Ela não mantém uma lista pública das traduções disponíveis, apenas das peças tuteladas.[25] Analisar as traduções mais recentes da obra de Fo e Rame para o público brasileiro seria, certamente, um trabalho relevante.

Cabe ressaltar, ainda, que a dificuldade de encontrar informações a respeito das montagens também aumenta à medida que o tempo avança. Da década de 1990 em diante,

---

25　Tentamos contato com a agência para saber se seria possível ter acesso às traduções brasileiras arquivadas por ela, mas ainda não obtivemos resposta.

não encontramos nenhuma carta ou contrato relativo às atividades no Brasil no *Archivio Franca Rame-Dario Fo*; também encontramos menos resenhas críticas das montagens seja na Hemeroteca Digital da Biblioteca Nacional, seja no Acervo Digital dos jornais *Folha de São Paulo* ou *Estado de São Paulo*. Ao longo dos anos 1990, também diminuem os recortes de jornal relativos à obra de Rame e Fo disponíveis na Biblioteca Jenny Klabin Segall, sendo que o último é de 2002. É certo que o teatro perdeu popularidade nas últimas décadas e, junto com ele, os críticos teatrais; mas parece que há outros fatores que influenciam essa situação – talvez o advento da internet e a propagação absurda de informação tenha levado a uma preocupação menor com o arquivamento e a organização dessas informações.

Nas traduções que analisamos, vimos que a obra de Franca Rame e Dario Fo faz parte da história recente do teatro brasileiro e que teve particular importância na década de 1980, em especial durante a redemocratização, quando dramaturgos, diretores e atores em atividade no Brasil buscaram inspiração nas farsas de caráter mais eminentemente político dos italianos, em especial **Morte accidentale di un anarchico** e **Non si paga, non si paga**. Passado esse momento de transição política, o interesse pelas peças dos dramaturgos parece se deslocar para dois polos, o dos monólogos feministas e o dos textos em que a figura do Zanni é central, como **Mistero buffo**, **Arlecchino**, **Johan Padan a la descoverta de le Americhe** e **Il primo miracolo di Gesù bambino**.

De forma geral, predomina, nas versões ao português brasileiro das obras de Rame e Fo, um trabalho de tradução de dramaturgia, no qual os modelos estéticos e ideológicos do texto de partida e do texto de chegada são semelhantes e os tradutores não parecem antecipar encenações que estabeleçam uma relação com o mundo e com o público diferentes daquelas antecipadas pelo texto de partida. Não foram poucas as peças, inclusive, que passaram por um processo de ajuste semelhante àquele de Rame e Fo, cujos textos iniciais não eram definitivos, mas propostas para serem testadas em cena, em contato com o público, e constantemente atualizadas.

Ainda assim, cabe ressaltar que, globalmente, dois elementos centrais para a poética de Fo e Rame passam sistematicamente longe das traduções brasileiras: os prólogos e a inventividade linguística. Esta última, em particular, parece ter sido deixada de lado pelos próprios autores em seu projeto de internacionalização, uma vez que as versões enviadas pela Companhia Teatrale La Comune para traduções e montagens estrangeiras estavam sempre em italiano (Dumont-Lewi, 2017). Ainda assim, há casos em que a busca por uma oralidade muito coloquial, com elementos chulos e neologismos, parece funcionar bem, como em **Johan Padan** e **Il primo miracolo**. Surpreende, porém, o quanto as rimas e o ritmo das músicas foram subestimados nas traduções brasileiras. Esperamos que essas questões tenham sido ajustadas no processo de encenação, como parece ter sido o caso na montagem dirigida por Gianni Ratto de **Ladrão que rouba ladrão**.

Quanto aos prólogos, na publicação mais recente de **Arlecchino**, Fo explica:

> O prólogo era importantíssimo na época da *commedia dell'arte*, importante também por causa de um detalhe. Em muitos casos, não sempre, só depois do prólogo o ingresso era rasgado, então, se as pessoas gostassem do prólogo, ficavam e pagavam, se não, diziam: "Até a próxima". Tinha gente que saía à noite para ver todos os prólogos e depois voltava para casa dizendo: "Não gostei de ir ao teatro". (Fo; Rame, 2019, p. 166-169, tradução nossa)

É no prólogo, então, que os atores despertam o interesse do espectador, estabelecem com ele uma relação colaborativa e ganham sua atenção. Em um teatro que se pretende didático, a importância desse momento não deve ser subestimada. Muitas vezes, os prólogos de Dario e de Franca contêm aulas de história, análises sociológicas e manifestos políticos e poéticos valiosos.

Ainda que algumas montagens tenham publicado o prólogo de Fo no programa da peça, acreditamos que ele seja importante também como elemento relacional e não apenas de conteúdo, por isso a publicação por escrito não nos parece a melhor solução. Para além de **Il primo Miracolo – O primeiro milagre do Menino Jesus**, não sabemos se houve outra montagem que criou um prólogo próprio, estratégia que achamos notável.

Surpreendeu-nos, também, a manutenção da maior parte das referências à situação sociopolítica italiana, assim como o recurso esporádico a estratégias de domesticação mesmo para a tradução dos trechos de maior carga cômica, o que parece em contraste com as traduções internacionais da obra de Rame e Fo, pelo menos segundo o que apontam Tortoriello (2001), Edo (2008), Randaccio (2016) e Dumont-Lewi (2020).

Em relação a essas questões, acreditamos que possa ter havido mudanças no texto no processo de montagem ou durante as temporadas ou que outros signos tenham sido usados para garantir a comicidade, uma vez que quase todas as peças receberam críticas positivas pelo menos quanto ao quesito humor. Ainda que a criação, nas traduções, de piadas preconceituosas e, em particular, LGBTfóbicas, sejam muito pontuais, elas precisam ser criticadas. O projeto de teatro – e de sociedade – de Franca Rame e Dario Fo é um projeto emancipatório, que zomba dos poderosos e dos opressores, não daqueles que são marginalizados pela sociedade.

Identificamos apenas dois casos de dramaturgia da tradução, nos quais os tradutores sobrepõem seu projeto de dramaturgia ao projeto do texto de partida, efetuando escolhas na transposição das peças do italiano ao português brasileiro que antecipam um determinado tipo de encenação e uma determinada relação com o mundo e com os espectadores. Tanto em **Brincando em cima daquilo** quanto em **Casal aberto... ma non troppo** há um nítido privilégio, já no corpo do texto traduzido, dos aspectos cômicos em detrimento dos aspectos críticos e dos trechos que pretendem provocar a reflexão. Os trechos narrativos são particularmente negligenciados por Vignati e Piccoli em **Casal aberto**; em **Brincando em cima daquilo**, é a vez de o grotesco ser quase abandonado pelos tradutores. Mais do que fazer um teatro cômico que pretende refletir sobre o mundo para transformá-lo, Vignati e Piccoli parecem inscrever suas traduções numa tradição teatral cujo principal compromisso é com a risada, ainda que sobre temas delicados. É absurda, em "O estupro", a inserção da fala

342

"Uma amiga minha sempre brinca dizendo: 'Quando o estupro é inevitável, relaxa e goza!'" (Fo, 1984, p. 3) na boca de uma personagem que está sofrendo um estupro.

Em Mello (2019), ao analisar os outros monólogos que compõem **Brincando em cima daquilo**, tínhamos ventilado a hipótese de que a tradução de Vignati e Piccoli, mesmo negligenciando o aspecto político, ainda pudesse ter uma carga reflexiva importante, uma vez que ela foi feita enquanto o país ainda estava em processo de redemocratização, saindo de um longo período em que a liberdade de opinião era muito reduzida. Após a análise de "O estupro", acreditamos que essa hipótese não se sustenta, inclusive porque as montagens de **Morte acidental de um anarquista** e **Pegue e não pague**, que estrearam alguns anos antes de **Brincando em cima daquilo**, eram muito mais radicais politicamente, o que demonstra que, no início da década de 1980, havia liberdade de expressão suficiente para montar peças críticas de esquerda, e também um clima favorável à recepção de obras com essas características. Achamos particularmente sintomático que o aspecto contestador seja negligenciado justamente nas peças que tratam da condição feminina e pretendem denunciar a opressão sofrida pelas mulheres.

De forma análoga, no artigo (Mello; Palma, 2023) que publicamos sobre o filme **Não vamos pagar nada**, que estreou em 2020, já sob o governo Bolsonaro, achamos igualmente sintomático que a obra troque a análise estrutural da inflação como um problema do capitalismo pela culpabilização individual do dono de um supermercado pelo aumento dos preços, e que abra mão de discutir o poder de organização e mobilização do povo em favor de uma justiça *ex machina* que concilia as classes. Tanto as traduções de Vignati e Piccoli quanto o roteiro de Renato Fagundes parecem um grande projeto de docilização da obra de Rame e Fo e de cooptação de seus textos para a cultura política hegemônica.

Dada a escassez de publicações da obra dos dramaturgos italianos no Brasil, os textos disponíveis no acervo da SBAT se tornam uma espécie de textos de referência, o que amplifica o problema: decisões tradutórias que foram tomadas visando uma montagem própria (ou o contrário, visando o simples arquivamento burocrático de uma tradução textual para que se pudesse dedicar ao texto cênico) acabam sendo endossadas – e não sabemos se por escolha consciente ou por falta de outra referência – por quase todos os encenadores seguintes. Por isso, acreditamos que tanto o campo do Teatro como o da Literatura teriam muito a ganhar com a publicação de edições críticas das principais obras de Franca Rame e Dario Fo, que ajudassem a entender o seu projeto de teatro e a sua relação com os eventos históricos e sociais de sua época. Achamos que uma iniciativa do tipo daria mais liberdade aos encenadores.

De forma geral, achamos que o presente trabalho cumpriu os objetivos propostos, mas que também se deparou com questões que merecem ser abordadas com mais profundidade. Uma delas é o uso do conceito de dramaturgia da tradução para pensar a tradução de outras mídias, e não só aquela de textos teatrais. Esse nos parece um caminho possível, por exemplo, se retomamos a ideia de Dort (1986, p. 2) segundo a qual a dramaturgia é a "prática de uma escolha responsável" ou a formulação de Pavis (2008b, p. 114) de que fazer dramaturgia é "decidir de que forma interpretar o texto", com particular atenção para que tipo de relação se quer criar com o público (de denúncia, instrução ou entretenimento, entre outros).

Além disso, também achamos que seria importante, para o aprofundamento dos estudos da recepção da obra de Rame e Fo no Brasil, estabelecer um diálogo com as companhias, os atores e os tradutores responsáveis pela translação de sua obra em nosso país e comparar as traduções publicadas com aquelas feitas para a cena. Por fim, também pode ser pertinente investigar a questão dos direitos autorais e sua relação com a tradução de teatro no Brasil, tanto na obra dos dramaturgos italianos como de outros autores teatrais.

REFERÊNCIAS

ABUJAMRA, Clarisse. Trabalhos. Disponível em: https://clarisseabujamra.ato.br/. Acesso em: 18 jul. 2022.

ACERVO Folha. Fedayn. **Folha de S.Paulo**, online. Disponível em: https://acervo.folha.com.br/busca.do?keyword=fedayn&periododesc=01%2F01%2F1979+-+31%2F12%2F1981&por=Por+Per%C3%ADodo&startDate=01%2F01%2F1979&endDate=31%2F12%2F1981&days=&month=&year=&jornais=. Acesso em: 3 jul. 2022.

ACERVO Folha. Lin Piao. **Folha de S.Paulo**, online. Disponível em: https://acervo.folha.com.br/busca.do?keyword=%22lin+piao%22&periododesc=01%2F01%2F1979+-+31%2F12%2F1981&por=Por+Per%C3%ADodo&startDate=01%2F01%2F1979&endDate=31%2F12%2F1981&days=&month=&year=&jornais=. Acesso em: 4 jul. 2022.

AGÊNCIA Estado. Débora Bloch estréia Brincando em Cima Daquilo em São Paulo. **Portal A Tarde**, 1 out. 2008. Disponível em: https://atarde.com.br/cultura/debora-bloch-estreia-brincando-em-cima-daquilo-em-sp-102725. Acesso em: 9 jun. 2022.

AGÊNCIA Estado. Peça encena humor e política no universo feminino. **Estado de São Paulo**, 20 maio 2004. Disponível em: https://cultura.estadao.com.br/noticias/geral,peca-encena-humor-e-politica-no-universo-feminino,20040520p6172. Acesso em: 9 jun. 2022.

AGENZIA Danesi Tolnay. Disponível em: http://www.tolnayagency.it/gli-autori-e-le-opere-pagina-futura/. Acesso em: 22 jul. 2022.

ALMARZA, Ana María Lara. **La traducción del teatro de Dario Fo**. Reflexiones sobre la traducción al español de "Morte Accidentale di un Anarchico" y nuevas propostas. Tese (Doutorado em Estudos Literários) – Universidad

Complutense de Madrid, Madri, 2019.

ALMEIDA, Jéssica Tamietti de. **Dario Fo, o jogral contemporâneo em Mistero Buffo**: uma proposta de tradução teatral. Dissertação (Mestrado em Estudos Literários) – Faculdade de Letras, Universidade Federal de Minas Gerais, Belo Horizonte, 2017. 146 p.

ALVES JR., Dirceu. "Morte acidental de um anarquista" ganha nova protagonista. **Veja São Paulo**, 13 jun. 2018. Disponível em: https://vejasp.abril.com.br/coluna/na-plateia/morte-acidental-de-um-anarquista-dan-stulbach-marcelo-laham-protagonista/. Acesso em: 13 jul. 2022.

ALVES JR., Dirceu. Nem todo ladrão vem pra roubar. **Veja São Paulo**, 12 dez. 2014. https://vejasp.abril.com.br/atracao/nem-todo-ladrao-vem-para-roubar/. Acesso em: 20 jul. 2022.

ALVES, Cláudia Tavares. Um poema em periódicos: Pasolini e a publicação de "O PCI aos jovens!!". **Revista Terceira Margem**, v. 25, n. 47, set./dez. 2021, p. 89-106.

ANDERLINI, Serena. From the Lady Is to Be Disposed of to An Open Couple: Franca Rame and Dario Fo's Theater Partnership. In: VALERI, Walter (Ed.). **Franca Rame**: a Woman on Stage. West Lafayette: Bordighera, 2000. p. 183-204.

ARCHIVIO Nazionale Cinema Impresa. Carosello – Dario Fo e Franca Rame – Agip – Punti di vista. YouTube, 11 dez. 2013. Disponível em: https://www.youtube.com/watch?v=uyuDkndP6cQ. Acesso em: 19 abr. 2024.

ASCARELLI, Roberta. FO, Dario. In: **Treccani**. Enciclopedia Italiana. Disponível em: https://www.treccani.it/enciclopedia/dario-fo_res-7346c69d-87e9-11dc-8e9d-0016357eee51_%28Enciclopedia-Italiana%29/. Acesso em: 16 jun. 2022.

ASSERJ admite que peça incita. **Jornal do Brasil**, Rio de Janeiro, 7 dez. 1986, p. 18. Disponível em: http://memoria.bn.br/DocReader/030015_10/186292. Acesso em: 5 jul. 222.

AUGUSTO, Antônio. "Orgasmo" de Denise nos EUA. **O Globo**, 6 jan. 1984, 2º cad., p. 3.

AUGUSTO, César. Nem todo Dario Fo vem para agradar. **O Estado de São Paulo**, 19 jul. 2010, p. 35. Disponível em: https://acervo.estadao.com.br/pagina/#!/20100719-42643-nac-35-cd2-d7-not. Acesso em: 20 jul. 2022.

AUGUSTO, Luiz. Os artistas & o futuro governo. **Tribuna da Imprensa**, Rio de Janeiro, 19 jan. 1983. Disponível em: http://memoria.bn.br/DocReader/154083_04/11195. Acesso em: 10 jul. 2022.

BANDETTINI, Anna. Il ritorno di Fo & Rame: "Insieme per Ambrogio santo sì, ma comunista". **La Repubblica**, 30 set. 2009, p. 62. Disponível em: http://www.archivio.francarame.it/scheda.aspx?IDScheda=27896&IDOpera=1. Acesso em: 12 mar. 2022.

BAPTISTA, Martha. Saque humorado. Política e risadas em Ninguém Paga. **Veja**, 12 nov. 1986, p. 161.

BARBOSA, Tereza Virgínia Ribeiro. Apresentação. In: SÓFOCLES. **Icneutas**, os sátiros rastreadores. Tradução de Tereza Virgínia Ribeiro Barbosa. Belo Horizonte: Editora UFMG, 2012. p. 13-15.

BARBOSA, Tereza Virgínia Ribeiro. **Feita no Brasil**: A sabedoria vulgar da tragédia ática para o povo tupiniquim-catrumano. Belo Horizonte: Relicário, 2018.

BARBOSA, Tereza Virgínia Ribeiro. O tradutor de teatro e seu papel. **Itinerários**, Araraquara, n. 38, p. 27-46, 2014.

BARSANELLI, Maria Luísa. Dramáticas. **Folha de S.Paulo**, Ilustrada, 16 jun. 2017, p. 2. Disponível em: https://acervo.folha.com.br/compartilhar.do?numero=47867&anchor=6055865&pd=d975ffec7dfa15f88d818358dd5ef532. Acesso em: 19 jun. 2022.

BASSNETT, Susan. **Estudos de Tradução**: Fundamentos de uma disciplina. Trad. Vivina de Campos Figueiredo. Lisboa: Fundação Calouste Gulbenkian, 2003.

BERGERON, Serge. L'adaptation de Mistero Buffo de Dario Fo par Michel Tremblay: un agent de mutation culturelle. **L'annuaire théâtral: revue québécoise d'études théâtrales**, n. 23, 1998, p. 146-159.

BERGSON, Henri. **O riso**: ensaio sobre a significação da comicidade. Tradução Ivone Castilho Benedetti. São Paulo: Martins Fontes, 2004.

BERMAN, Antoine. **A tradução e a letra, ou o albergue do longínquo**. Trad. Marie-Hélène Catherine Torres; Mauri Furlan; Andréia Guerini. Rio de Janeiro: 7Letras/PGET, 2007.

BERMAN, Antoine. **Pour une critique des traductions**: John Donne. Paris: Gallimard, 1995.

BOGHET, Arnold. "Um casal aberto" volta com crítica às relações. **Estado de Minas**, 12 jan. 1990, s. p. Disponível em: https://www.facebook.com/canastrarealproducoes/photos/pcb.3772724102744394/3772704219413049. Acesso em: 21 jul. 2022.

BONFIM, Beatriz. A comédia da classe operária. **Jornal do Brasil**, Rio de Janeiro, 30 out. 1986, p. 7. Disponível em: http://memoria.bn.br/DocReader/030015_10/182231. Acesso em: 5 jul. 2022.

BONFIM, Beatriz. Farsa italiana das coincidências. **Jornal do Brasil**, Rio de Janeiro, 23 out. 1987, p. 8. http://memoria.bn.br/DocReader/030015_10/214045. Acesso em: 17 jul. 2022.

BONINO, Guido Davico. Dario Fo, un istrione tra Arlecchino e Craxi. **La Stampa**, 29 dez. 1985. Disponível em: http://www.archivio.francarame.it/scheda.aspx?IDScheda=15820&IDOpera=7. Acesso em: 19 jul. 2022.

BOZZI, Ida. I nuovi misteri di Fo: a palazzo reale presenta il libro scritto con Giuseppina Manin. **Corriere della Sera**, Milano, 18 abr. 2012, p. 83. Disponível em: http://www.archivio.francarame.it/scheda.aspx?IDScheda=31094&IDOpera=112. Acesso em: 12 mar. 2022.

BRANDÃO, Tânia. O mistério no teatro & o teatro no mistério. **Ensaio-Teatro**, n. 2, Rio de Janeiro, p. 66-79, 1980.

CALVINI, Angela. Fo: sì, qui altri livelli ma la "morale" è il lavoro. **Avvenire**, 29 out. 2015, p. 11. Disponível em: http://www.archivio.francarame.it/Scheda.aspx?IDScheda=54428&IDOpera=217. Acesso em: 12 mar. 2022.

CAMBARA, Isa. Em "Mistério Bufo", a graça da liberdade. **Folha de S.Paulo**, São Paulo, 7 set. 1979, p. 37. Disponível em: https://acervo.folha.com.br/leitor.do?numero=7061&keyword=%22misterio+bufo%22&anchor=4261544&origem=busca&originURL=&pd=d53dd62be617529a18b872cba4b998dc. Acesso em: 14 jul. 2022.

CANAL Aberto. Termina no dia 30 de março a temporada do premiado ator Julio Adrião no espetáculo A Descoberta das Américas. 2014. Disponível em:: http://www.canalaberto.com.br/index.php?r=clientes/181-teatro-a-descoberta-das-americas-faz-ultimas-apresentacoes-em-sao-paulo. Acesso em: 21 jul. 2022.

CANNONE, Natalia. Chiacchiere su Tangentopoli. Dal 9 ottobre allo Smeraldo torna il duo Fo-Rame. **La cronaca di Cremona Crema e Casalmaggiore**, 6 out. 2002. Disponível em: http://www.archivio.francarame.it/scheda.aspx?IDScheda=24283&IDOpera=171. Acesso em: 6 mar. 2022.

CAPUANO, Mauretta. Fo racconta la vicenda di Cristiano VII di Danimarca. **La Provincia**, Cremona, 10 fev. 2015, online. Disponível em: https://www.laprovinciacr.it/scheda/109466/Fo-racconta-la-vicenda-di-Cristiano.html. Acesso em: 12 mar. 2022.

CARDINI, Franco. Colombo rischia grosso: saccheggio, stupro, genocidio. I giullari dei Due Mondi - da Dario Fo a Jane Fonda - processano l'Europa che scoprì l'America. **Il Giornale**, 1992, s. p. Disponível em: http://www.archivio.francarame.it/scheda.aspx?IDScheda=11059&IDOpera=83.

Acesso em: 21 jul. 2022.

CARDINI, Franco. Ma che fai, caro Fo? **Il Sabato**, Roma, 21 dez. 1991, s. p. Disponível em: http://www.archivio.franca-rame.it/scheda.aspx?IDScheda=10668&IDOpera=83. Acesso em: 21 jul. 2022…

CARRÉ, Alice; MÉTAIS-CHASTANIER, Barbara. Où commence la dramaturgie? Dramaturgie et traduction - compte rendu de rencontres organisées par le Laboratoire Agôn-dramaturgies des arts de la scène. **Traduire – une autre perspective sur la traduction**. n. 223, s. p., 2010.

CASA da Arte. Teatro. s. d. Disponível em: https://www.casadaartemultimeios.com/teatro. Acesso em: 20 jul. 2022.

CASTELLI, Barbara Delli. Tradução teatral e códigos expressivos. Tradução de Maria Fernanda Gárbero de Aragão. **Cadernos de Tradução**, Florianópolis, v. 40, n. 3, p. 300-319, set.-dez. 2020.

CASTELLINI, E. **Il giornale della Calabria**, 29 mar. 1991, s. p…

CEDERNA, Camilla. **Pinelli**: una finestra sulla strage. Milano: il Saggiatore, 2009.

CETRA, José. Roberto Vignati está de volta… e o palco paulistano agradece. **Palco paulistano**, 16 out. 2017. Disponível em: http://palcopaulistano.blogspot.com/2017/10/obsceno.html. Acesso em: 20 jul. 2022.

CHINZARI, Stefania. Franca Rame vietata a Bolzano e nelle sale dell'Eti: Un parroco nega il teatro al nuovo spettacolo dell'attrice. "E dopo cinque anni l'ente pubblico ci esclude dal circuito". **L'unità**, 9 dez. 1991. Disponível em: https://archivio.unita.news/assets/main/1991/12/09/page_017.pdf. Acesso em: 8 mar. 2022.

COMPANHIA Nydia Licia-Sergio Cardoso. In: ENCICLOPÉDIA Itaú Cultural de Arte e Cultura Brasileira. São Paulo: Itaú Cultural, 2022. Disponível em: http://enciclopedia.itaucultural.org.br/grupo399380/companhia-nydia-licia-sergio--cardoso. Acesso em: 15 jun. 2022. Verbete da Enciclopédia.

CONSULICH, Callisto. La verità sul caso Fo. **ABC**, Milão, 9 dez. 1962. Disponível em: http://www.archivio.francarame.it/scheda.aspx?IDScheda=7992&IDOpera=28. Acesso em: 13 mar. 2022.

CONTU, Fabio. **Zona Franca (Rame)**. Tese (Doutorado em Filologia Italiana) – Universidade de Sevilha, Sevilha, 2017. 673p..

CONVINCE la regia lirica di Dario Fo: Ha messo in scena a Genova "Il viaggio a Reims" di Rossini tra gli applausi con un paio di contestazioni. **Gazzeta del Sud**, 12 out. 2003, s. p…

CRAINZ, Guido. **Il paese reale**: dall'assassinio di Moro all'Italia di oggi. Roma: Donzelli Editore, 2012.

CURRÁS-MÓSTOLES-, Rosa; CANDEL-MORA-, Miguel Ángel. La traducción de la especificidad del texto teatral: la simbología em A man for all seasons. **Entreculturas**, n. 3, 2011, p. 37-58.

DALVAI, Marion. Who's afraid of Dario Fo? Paratextual commentary in English-language versions of Accidental Death of an Anarchist. s. d. Disponível em: https://yorkspace.library.yorku.ca/xmlui/bitstream/handle/10315/26592/YS%20AEV1%20Dalvai.pdf?sequence=1&isAllowed=y. Acesso em: 26 mar. 2022.

DANAN, Joseph. **Qu'est-ce que la dramaturgie?** Paris: Acte Sud, 2010.orci enim, a fringilla turpis pharetra pharetra.

D'ANGELI, Concetta. Proprio una figlia d'arte. In: D'ANGELI, Concetta; Soriani, Simone (Orgs.). **Coppia d'arte Dario Fo e Franca Rame**. Con dipinti, testimonianze e dichiarazioni inedite. Pisa: Edizioni Plus, 2006. p. 19-44.

D'ANGELI, Concetta; Soriani, Simone (Orgs.). **Coppia d'arte Dario Fo e Franca Rame**. Con dipinti, testimonianze e dichiarazioni inedite. Pisa: Pisa University Press, 2006.

D'ARCANGELI, Luciana. Abbiamo tutte la stessa storia: Franca Rame e la violenza sulle donne. In: CERRATO, Daniele (Org.). **Franca, pensaci tu**. Studi critici su Franca Rame. Canterano: Aracne editrice, 2016. p. 31-49.

DARIO Fo e Franca Rame. **I libri di Dario Fo**. s.d. Disponível em: https://www.ilibrididariofo.it/dario-fo/. Acesso em: 16 fev. 2022.

DE EMÍLIO Santiago à comédia 'Arlecchino', opções variadas. **A Tribuna**, São Paulo, 21 abr. 1989, p. 12. Disponível em: http://memoria.bn.br/DocReader/153931_03/116056. Acesso em: 20 jul. 2022.

DE LEO, Gaetano. Appunti di psciosociologia della devianza e della criminalità. Roma: Bulzoni, 1989. v. 1. p. 128. In: SALES, Sheila Jorge Selim de. Contribuição ao Estudo do Direito Penal Socialista. **Revista Brasileira de Estudos Políticos**, Belo Horizonte, n. 113, p. 597-654, jul./dez. 2016.

DE VINCENZO, Alessandra. Romanzo postumo di Dario Fo: "Quasi per caso una donna – Cristina di Svezia". **Dailynews 24**, 18 dez. 2016, online. Disponível em: https://www.daily-news24.it/romanzo-postumo-dario-fo-quasi-caso-donna--cristina-svezia/. Acesso em: 12 mar. 2022.

DEL RIOS, Jefferson. Atrizes superam montagem tímida de 'Essas Mulheres'. **O Estado de São Paulo**, São Paulo, 27 jun. 1992. Disponível em: http://nyrcelevin.com.br/essas-mulheres/. Acesso em: 9 jun. 2022.

DEL RIOS, Jefferson. Loucura com toda a seriedade. **Folha de S.Paulo**, 10 set. 1982, p. 33.

DEL RIOS, Jefferson. O risonho e quente espetáculo das ruas. **Folha de S.Paulo**, São Paulo, 31 out. 1981, p. 25. Disponível em: https://acervo.folha.com.br/compartilhar.do?numero=7846&anchor=4209803&pd=2ce0f0bc11c43bafac7cf-140fedee501. Acesso em: 26 jun. 2022…

DEL RIOS, Jefferson. Zoológico absurdo, mas real. **Folha de S.Paulo**, São Paulo, 27 jan. 1984, p. 34.

DINA Sfat, tudo bem: um pé na terra, outro no ar. **A Tribuna**, São Paulo, 20 abr. 1986, p. 8. Disponível em: http://memoria.bn.br/DocReader/153931_03/74077. Acesso em: 20 jul. 2022.

DIRIGIDA por Georgette Fadel, Paula Cohen estreia monólogo Carne de Mulher no Teatro de Arena. **Jornal Metrópole**, 23 jun. 2017. Disponível em: https://www.jornalmetropole.com.br/tag/teatro/page/8/. Acesso em: 19 jun. 2022.

DONDI, Mirco. **L'eco del boato**. Storia della strategia della tensione 1965-1974. Bari: Laterza, 2015.

DORT, Bernard. Estado de espírito dramatúrgico. **Théâtre/public**, n. 67, jan.-fév. 1986. Tradução Luís Varela. Disponível em: https://pt.scribd.com/document/483680193/Dort-Bernard-O-estado-de-espirito-dramaturgico-b21268719dc39d-da91331c51704f305d-pdf. Acesso em: 5 jun. 2022.

DRAMATURGO italiano em peça carioca. **Estado de São Paulo**, 17 set. 1980, p. 17.

DUMONT-LEWI, Laetitia. Alla ricerca del grammelot perduto. Tradurre in francese le invenzioni giullaresche di Dario Fo. In: LOZANO MIRALLES, Helena; PRENZ, Ana Cecilia; QUAZZOLO, Paolo; RANDACCIO, Monica (Eds.). **Traduzione aperta, quasi spalancata**: tradurre Dario Fo. Trieste: Edizioni Università di Trieste, 2016.

DUMONT-LEWI, Laetitia. Dario Fo: Politique et rigolade. In: **Actes des trente-sixièmes assises de la traduction littéraire**. Arles: Atlas, 2020. p. 27-38.

DUMONT-LEWI, Laetitia. Dis-moi gros gras grand grommelot. **Chroniques italiennes web**, n. 22, 2012/1, p. 1-22.

DUMONT-LEWI, Laetitia. Traduction, droits d'auteur, mise en scène: l'affaire Dario Fo. In: MANNING, Céline Frigau; KARSKY, Marie Nadia (Orgs.). **Traduire le théâtre, une communauté d'expérience**. Saint-Denis: Presses Universitaires de Vincennes, 2017.

DUNNETT, Jane. **Sociocultural pertinence in translation**: Dario Fo's « Mistero buffo » and its Quebecois transfiguration, sous la direction d'Annie Brisset, Master of Arts, University of Ottawa, 1996.

EDO, Miquel. "Apologia dell'addomesticamento nella traduzione di teatro politico: Sotto paga! Non si paga! di Dario Fo". **Enthymema**, 1.28, (2018): 30-40. Milano University Press.

'EM CENA para todos' apresenta 'Nem todo ladrão vem para roubar', no Teatro Glauce Rocha. **Jornal do Brasil**, Rio de Janeiro, 20 nov. 2015. Disponível em: https://www.jb.com.br/cultura/noticias/2015/11/18/em-cena-para-todos-apresenta-nem-todo-ladrao-vem-para-roubar-no-teatro-glauce-rocha.html. Acesso em: 20 jul. 2022.

ENI Video Channel. Dario Fo e Franca Rame: Dramma coniugale – Carosello. YouTube, 7 mar. 2012. Disponível em: https://www.youtube.com/watch?v=6LaqKURe5v0&ab_channel=enivideochannel. Acesso em: 12 mar. 2022.

ESPETÁCULO sobre feminicídio estreia em São Paulo. **Globo Teatro**, 30 jun. 2017. Disponível em: https://redeglobo.globo.com/globoteatro/noticia/espetaculo-sobre-feminicidio-estreia-em-sao-paulo.ghtml. Acesso em: 19 jul. 2022.

EVORA, José Antonio. Hasta la última gota de su cuerpo. **Juventud Rebelde – Diario de la juventud cubana**, 3 jun. 1987, s. p.

FARINA, Franco. La bionda signora sulla scena che scotta: I drammi della droga e della solitudine. **Quotidiano di Puglia**, 6 fev. 1992. Disponível em: http://www.archivio.francarame.it/scheda.aspx?IDScheda=11139&IDOpera=127. Acesso em: 8 mar. 2022.

FARRELL, Joseph. **Dario e Franca**: la biografia della coppia Fo-Rame attraverso la storia italiana. Trad. Carlo Milani. Milão: Ledizioni, 2014.

FARRELL, Joseph. **Franca Rame**: non è tempo di nostalgia. Florença: Della Porta Editori, 2013.

FARRELL, Joseph. Variations on a Theme: Respecting Dario Fo. **Modern Drama 41**, n. 1, 1998, p. 19-29.

FARSA política, a estréia de hoje no Taib. **Folha de S.Paulo**, São Paulo, 16 out. 1981, p. 35. Disponível em: https://acervo.folha.

com.br/compartilhar.do?numero=7831&anchor=4205528&p-d=6840d5716eafc50f1ee1c73d9a993cd6. Acesso em: 26 jun. 2022.

FAUSTINO, Emílio. Wilson de Santos vive três mulheres diferentes em "Brincando em cima daquilo". **Observatório G**, 2017. Disponível em: https://observatoriog.bol.uol.com.br/noticias/wilson-de-santos-vive-tres-mulheres-diferentes--em-brincando-em-cima-daquilo. Acesso em: 9 jun. 2022.

FEDAYIN. In: **Treccani**. Dizionario di Storia. S. d. Disponível em: https://www.treccani.it/enciclopedia/fedayin_%28Dizionario-di-Storia%29/. Acesso em: 3 jul. 2022.

FERRAZ, Buza; O Grupo Jaz-O-Coração. **Mistério Bufo**. Rio de Janeiro: 1979. Texto datilografado. 75 p. Disponível no Acervo da Sociedade Brasileira de Autores Teatrais.

FERRONE, Siro. Quando Arlecchino era un mascalzone. **L'Unità**, 10 out. 1985. Disponível em: http://bpfe.eclap.eu/eclap/axmedis/d/daa/00000-daaee454-91c3-48f9-8304-30dfdada-c051/2/~saved-on-db-daaee454-91c3-48f9-8304-30dfdadac051.pdf. Acesso em: 19 jul. 2022.

FIORATTI, Gustavo. Capri leva "La Barca" nas costas. Guia da Folha, **Folha de S.Paulo**, São Paulo, 18-24 ago. 2000, p. 43. Disponível em: https://acervo.folha.com.br/leitor.do?numero=14711&keyword=%22herson+capri%22&anchor=5589244&origem=busca&originURL=&pd=2aa5838c-c3495f91c3acd3189f173dc1. Acesso em: 21 jul. 2022.

FO, Dario. **Chi ruba un piede è fortunato in amore**. In: Archivio Franca Rame-Dario Fo. 1961. Disponível em: http://www.archivio.francarame.it/Scheda.aspx?IDScheda=1642&IDOpera=50. Acesso em: 18 jun. 2022.

FO, Dario. Chi ruba un piede è fortunato in amore. In: FO, Dario. **Le commedie di Dario Fo e Franca Rame**. Milano: Guanda, 2019. V. 1.

FO, Dario. **Fabulazzo**: Il teatro, la cultura, la politica, la società, i sentimenti: articoli, interviste, testi teatrali, fogli sparsi, 1960-1991. Milano: Kaos Edizioni, 1997.

FO, Dario. **Hellequin, Harlekin, Arlecchino**. Trascrizione della registrazione dell'opera presentata il 2 marzo 1986 al Teatro Ciak di Milano. 1986a. Disponível em: http://www.archivio.francarame.it/scheda.aspx?IDScheda=4215&IDOpera=7. Acesso em: 19 jul. 2022.

FO, Dario. **Hellequin, Harlekin, Arlecchino**. Trascrizione della registrazione al Teatro Ciak a Milano. Versione in dialetto. 1986b. Disponível em: http://www.archivio.francarame.it/scheda.aspx?IDScheda=2756&IDOpera=7. Acesso em: 19 jul. 2022.

FO, Dario. Il primo miracolo di Gesù bambino. In: FO, Dario. **Storia di una tigre e altre storie**. Milano: F.R. La Comune, 1980. Disponível em: http://www.archivio.francarame.it/scheda.aspx?IDScheda=2742&IDImmagine=7&IDOpera=177. Acesso em: 14 jul. 2022.

FO, Dario. **Il primo mirácolo**: O primeiro milagre do Menino Jesus. Tradução e adaptação Roberto Birindelli. Rio de Janeiro: 1992. 12 p. Texto datilografado. Disponível no Acervo da Sociedade Brasileira de Autores Teatrais.

FO, Dario. **Johan Padan a la Descoverta de le Americhe**. Cura e traduzione di Franca Rame. Firenze: Giunti, 1997.

FO, Dario. **Johan Padan na Descoberta da América**. Trad. Herson Capri. 1998. Texto datilografado. 25 p. Disponível no Acervo da Sociedade Brasileira de Autores Teatrais. [A autoria da tradução é reivindicada por Alessandra Vannucci.

FO, Dario. L'Arlecchino. **Alcatraz News**, n. 1, 1985, s. p. Il testo e i disegni dell'Arlecchino di Dario Fo. Disponível em: http://www.archivio.francarame.it/scheda.aspx?IDScheda=3145&IDImmagine=1&IDOpera=7. Acesso em: 19 jul. 2022.

FO, Dario. **L'arlecchino**. Trad. Neyde Veneziano. 1988. 33 p. Texto datilografado. Disponível no Acervo da Sociedade

Brasileira de Autores Teatrais.

FO, Dario. **Mistero buffo**. Verona: Bertani, 1973. Disponível em: http://www.archivio.francarame.it/scheda.aspx?IDScheda=20531&IDImmagine=2&IDOpera=106. Acesso em: 14 jul. 2022.

FO, Dario. **Mort accidentelle d'un anarchiste; Faut pas payer!**. Prefácio de Hubert Gignoux. Tradução de Valeria Tasca e Toni Cecchinato. Posfácio de Bernard Dort. Montreuil: Arché, 1997. Coleção Dario Fo. Volume I.

FO, Dario. Morte accidentale di un anarchico. In: Collettivo Teatrale La Comune. **Compagni senza censura**. Milano: Gabriele Mazzotta, 1973. p. 137-233.

FO, Dario. **Morte accidentale di un anarchico**. Verona: Bertani, 1972. Disponível em: http://www.archivio.francarame.it/galleria.aspx?IDOpera=109&IDTipologia=30&IDPagina=1. Acesso em: 6 jul. 2022.

FO, Dario. **Não se paga, não se paga**. Trad. Maria Antonietta Cerri e Regina Vianna. São Paulo: 1981. Cópia datilografada. 77 p. Disponível no Acervo da Sociedade Brasileira de Autores Teatrais.

FO, Dario. **Não Vamos Pagar Nada**. Dir. João Fonseca. Rot. Renato Fagundes. Com Samantha Schmütz. A Fábrica e Globo Filmes, 2020. Filme. 15/06/2021. Disponível em: https://www.youtube.com/watch?v=sfd1mnLoN30&ab_channel=D%27filmes. Acesso em: 15 jun. 2021.

FO, Dario. **Non si paga non si paga!** Milano: Collettivo Teatrale "La Comune": 1974. Disponível em: http://www.archivio.francarame.it/scheda.aspx?IDScheda=1356&IDImmagine=2&IDOpera=117. Acesso em: 23 jun. 2022.

FO, Dario. Non tutti i ladri vengono per nuocere. In: FO, Dario. Copione di "Ladri, manichini e donne nude", commedia in due tempi e quattro atti unici di Dario Fo, presentato alla Presidenza del Consiglio dei Ministri Direzione Centrale dello Spettacolo per il visto di censura. 1958. Disponível em: http://www.archivio.francarame.it/scheda.aspx?IDScheda=1631&IDOpera=96. Acesso em: 21 jul. 2022.

FO, Dario. **Non tutti i ladri vengono per nuocere**. Stuttgart: Ernst Klett Verlag, 1991. Disponível em: http://www.archivio.francarame.it/scheda.aspx?IDScheda=9933&IDImmagine=2&IDOpera=96. Acesso em: 21 jul. 2022.

FO, Dario. **O Equívoco**. Non tutti i ladri vengono per nuocere… Trad. E adaptação Simona Gervasi Vidal. [1984?]. Cópia datilografada. 18 p. Disponível no Acervo da Sociedade Brasileira de Autores Teatrais.

FO, Dario. **Quem rouba um pé tem sorte no amor**. Comédia em três atos de Dario Fo. Apresentação: Companhia Nydia Licia. Trad. Nydia Licia. São Paulo: 1963. Cópia datilografada. 77 p. Disponível no Acervo da Sociedade Brasileira de Autores Teatrais.

FO, Dario. **Sétimo mandamento: roubarás um pouco menos**. Trad. Herson Capri Freire e Malú Rocha. Rio de Janeiro: 1987. Disponível no Acervo da Sociedade Brasileira de Autores Teatrais.

FO, Dario. Settimo: ruba un po' meno. In: FO, Dario; RAME, Franca. **Le Commedie di Dario Fo** e **Franca Rame**. Milano: Guanda, 2020. Ebook.

FO, Dario; RAME, Franca. **Arlecchino**. Milano: Guanda, 2019. Ebook.

FO, Dario; RAME, Franca. **Johan Padan a la Descoverta de le Americhe**. Milano: Guanda, 2020. Ebook.

FO, Dario; RAME, Franca. **Teatro**. Torino: Einaudi, 2000.

FOSCHI, Giulia. "Con pupazzi e pennelli spiego Darwin ai più giovani": a Cesenatico le opere di Dario Fo sul padre dell'evoluzionismo. **La Repubblica**, 4 ago. 2016. Disponível em: http://www.archivio.francarame.it/scheda.aspx?IDScheda=65678&IDOpera=238. Acesso em: 6 mar. 2022.

FOSCHINI, Paolo. Dario Fo: sono un ateo di dio: Il premio Nobel si confronta con il sacro in un libro scritto con Giuseppina Manin. **Corriere della Sera**, 12 mar. 2016, p. 48. Disponível em: http://www.archivio.francarame.it/scheda.aspx?IDScheda=64855&IDOpera=237. Acesso em: 13 mar. 2022.

GALLUCCO, Carlo. Anarchico Arlecchino. **L'Espresso**, 18 ago. 1985, p. 74-79. Disponível em: http://www.archivio.francarame.it/scheda.aspx?IDScheda=15255&IDOpera=7. Acesso em: 19 jul. 2022.

GAMA, Aliny. No CE, professor diz em aula que 'se estupro é inevitável, relaxa e goza'. **Universa**, Uol, 30 set. 2020. Disponível em: https://www.uol.com.br/universa/noticias/redacao/2020/09/30/no-ce-professor-diz-em-aula-que-se-estupro-e-inevitavel-relaxa-e-goza.htm. Acesso em: 13 jun. 2022.

GARCIA, Clóvis. Arlecchino. **O Estado de São Paulo**, 1988. s.p. https://www.casadaartemultimeios.com/copia-fora-do-serio. Acesso em: 20 jul. 2022.

GARCIA, Clóvis. O riso permanente junto com a reflexão, em Fo. **O Estado de São Paulo**, 21 ago. 1985, p. 17.

GIANNINI, Giorgio. 100 anni fa la strana morte dell'anarchico Andrea Salsedo a New York. **L'incontro**, 17 jun. 2020. Disponível em: https://www.lincontro.news/100-anni-fa-la-strana-morte-dellanarchico-andrea-salsedo-a-new-york/. Acesso em: 11 jul. 2022.

GIOBBI, César. Dario Fó e a versão feminina do casamento. *Jornal da Tarde*, 5 jul. 1985, p. 5.

GLYNN, Dominic. Theatre Translation Research Methodologies. **International Journal of Qualitative Methods**, v. 19, 2020. Disponível em: https://journals-sagepub-com.ez27.periodicos.capes.gov.br/doi/pdf/10.1177/1609406920937146. Acesso em: 26 mar. 2022.

GODARD, Colette. Molière à l'italienne: Dario Fo monte deux farces de Molière à la Comédie-Française: un régal. **Le**

Monde, 20 jun. 1990. Disponível em: http://www.archivio. francarame.it/scheda.aspx?IDScheda=3175&IDOpera=105. Acesso em: 25 fev. 2022.

GREGORI, Maria Grazia. Come ti Fo Albertazzi. **L'Unità**, 2004, s. p. Disponível em: http://www.archivio.francarame. it/scheda.aspx?IDScheda=24883&IDOpera=173. Acesso em: 11 mar. 2022.

GUIMARÃES, Carmelinda. A condição feminina vista com muito humor e talento. **A Tribuna**, São Paulo, 2 out. 1985, p. 19. Disponível em: http://memoria.bn.br/DocReader/153931_03/66672. Acesso em: 18 jun. 2022.

GUIMARÃES, Carmelinda. O humor na crise. **A Tribuna**, São Paulo, 22 nov. 1981, p. 29. Disponível em: http://memoria. bn.br/DocReader/153931_03/17390. Acesso em: 26 jun. 2022.

GUINSBURG, Jacó; FARIA, João Roberto; LIMA, Mariangela Alves de. **Dicionário do Teatro Brasileiro**: temas, formas e conceitos (Orgs.). São Paulo: Perspectiva; SESC-SP, 2006.

GUZIK, Alberto. Arlecchino. **Jornal da Tarde**, 1988, s. p. O Estado de São Paulo, 1988. s. p. Disponível em: https://www.casadaartemultimeios.com/copia-fora-do-serio. Acesso em: 20 jul. 2022.

GUZIK, Alberto. O humor negro e dilacerado na farsa. Irresistível. **Jornal da Tarde**, 13 jul. 1985.

HIRST, David. **Dario Fo and Franca Rame**. New York: St. Martin's Press, 1989.

HUMOR simples e política, a mistura que dá certo. **Folha de S.Paulo**, 22 ago. 1982, p. 53.

I 50 ANNI dei Fedayn Roma: festa al Quadraro. **Roma Today**, 12 mar. 2022. Disponível em: https://www.romatoday.it/sport/fedayn-50-anni.html. Acesso em: 3 jul. 2022.

IL MIRACOLO economico italiano. In: **Treccani**. Enciclopedia italiana. s. d. Disponível em: https://www.treccani.it/enciclopedia/il-miracolo-economico-italiano_%28Il-Contributo-italiano-alla-storia-del-Pensiero:-Tecnica%29/. Acesso em: 13 fev. 2022.

IL NOBEL per i disabili. Relazione al 15 dicembre 2000 sulle attività del comitato Il Nobel per i disabili. Disponível em: http://www.archivio.francarame.it/scheda.aspx?IDScheda=25276&IDOpera=18. Acesso em: 9 mar. 2022.

IOVANE, Giorgia. Francesco Lu Santo Jullare, 22 giugno 2014: Dario Fo regala la 'volgare' poesia di un'agiografia apocrifa. **TvBlog**, 22 jun. 2014. Disponível em: https://www.tvblog.it/post/604741/francesco-lu-santo-jullare-22-giugno-2014-diretta-dario-fo-rai1. Acesso em: 12 mar. 2022.

Jornal do Brasil, Rio de Janeiro, Caderno B, p. 5, 14 dez. 1984. Disponível em: http://memoria.bn.br/DocReader/030015_10/90171. Acesso em: 4 jul. 2019.

Jornal do Commercio, Manaus, p. 23, 13 mai. 1986. Disponível em: http://memoria.bn.br/DocReader/170054_02/17904. Acesso em: 4 jul. 20219.

JUNQUEIRA, Christine. Biografia de Nydia Licia. In: FUNARTE. Brasil, **Memória das artes**. Disponível em: https://portais.funarte.gov.br/brasilmemoriadasartes/acervo/atores-do-brasil/biografia-de-nydia-licia/#:~:text=Nydia%20Licia%20Quincas%20Pincherle%20Cardoso,avan%C3%A7o%20do%20fascismo%20na%20Europa. Acesso em: 14 jun. 2022.

KOPUŠAR, Ana Cecilia Prenz. Dario Fo: el diablo en Argentina. Alcune traduzioni e messe in scena nel paese latinoamericano. In: LOZANO MIRALLES, Helena; PRENZ, Ana Cecilia; QUAZZOLO, Paolo; RANDACCIO, Monica (Eds.). **Traduzione aperta, quasi spalancata**: tradurre Dario Fo. Trieste: Edizioni Università di Trieste, 2016. p. 137-150.

KUPERMAN, Karina. Exclusivo! Atriz e produtora no espetáculo "Não vamos pagar!", Virgínia Cavendish traça um paralelo entre a trama e o momento político brasileiro atual. **Helisa Tolipan**, 19 mar. 2016. Disponível em: https://heloisatolipan.

com.br/teatro/exclusivo-atriz-e-produtora-no-espetaculo-nao-vamos-pagar-virginia-cavendish-traca-um-paralelo-entre-a-trama-e-o-momento-politico-brasileiro-atual/. Acesso em: 5 jul. 2022.

LA COMUNE. Comunicato. Bologna, 12 mar. 1975. Disponível em: http://www.archivio.francarame.it/scheda.aspx?IDScheda=364&IDOpera=117. Acesso em: 24 jun. 2022.

LABAKI, Almar. Atriz salva "Um casal do Barulho". **O Estado de São Paulo**, São Paulo, 13 maio 1989, Caderno 2, p. 3.

LADRÃO que rouba ladrão. Programa teatral. Rio de Janeiro: Grupo Viagem, 1987. 32 p. Disponível na Biblioteca Jenny Klabin Segall.

LIMA, Irlam Rocha. Guarnieri e seu mundo engajado. **Correio Braziliense**, Brasília, 14 maio 1982, s. p.: Disponível em: http://memoria.bn.br/DocReader/028274_03/29998. Acesso em: 26 jun. 2022.

LO CENSURAI, e lo farei ancora. **Il tempo**, 7 mar. 1999, s. p. Disponível em: http://www.archivio.francarame.it/scheda.aspx?IDScheda=14828&IDOpera=28. Acesso em: 13 mar. 2022.

LOPES, Luiz Gonzaga. **Deborah Finocchiaro**: a arte transformadora. Porto Alegre: 2014.

LOPES, Maria Amélia Rocha. Um ano em cartaz. E o TBC continua lotado, rindo com Fagundes. Um sucesso bem raro. 1983. Recorte de jornal disponível na Biblioteca Jenny Klabin Segall.

LOURES, Marisa. Em cena a arte do performer. **Tribuna de Minas**, 7 mar. 2013. Disponível em: https://tribunademinas.com.br/noticias/cultura/07-03-2013/em-cena-a-arte-do-performer.html. Acesso em: 15 jul. 2022.

LUIZ, Macksen. A farsa da desonestidade. **Jornal do Brasil**, Rio de Janeiro, 27 out. 1987, p. 5. Disponível em: http://memoria.bn.br/DocReader/030015_10/214475… Acesso em: 17 jul. 2022…

LUIZ, Macksen. Os modismos de uma comédia de "boulevard". **Jornal do Brasil**, Rio de Janeiro, Caderno B, p. 5, 19 dez. 1984. Disponível em: http://memoria.bn.br/DocReader/030015_10/9052... Acesso em: 4 jul. 2019.

LUIZ, Macksen. Vale Tudo. **Jornal do Brasil**, Rio de Janeiro, 1 nov. 1986, p. 4. Disponível em: http://memoria.bn.br/DocReader/030015_10/182386. Acesso em: 5 jul. 2022.

MAGALDI, Sábato. A loucura impondo a justiça, numa farsa impagável. **Jornal da Tarde**, São Paulo, 27 ago. 1982, p. 22.

MAGALDI, Sábato. Mais Dario Fo, em outro ótimo espetáculo. **Jornal da Tarde**, São Paulo, 22 dez. 1983, p. 18.

MAGALDI, Sábato. O reino da grande farsa, da sadia comicidade. **Jornal da Tarde**, São Paulo, 24 out. 1981.

MAGNANI, Alberto. Strange di Piazza Fontana, cosa è sucecesso a Milano il 12 dicembre 1969. **Il Sole 24 ore**, 11 dez. 2019. Disponível em: https://www.ilsole24.com/art/strage-piazza-fontana-cosa-e-successo-milano-12-dicembre-1969-ACQuq72. Acesso em: 11 jul. 2011.

MALICIOSA comédia de Nydia Licia. **Diário da noite**, São Paulo, 13 abr. 1963. Disponível em: http://memoria.bn.br/DocReader/221961_04/19801. Acesso em: 22 jul. 2022.

MANIN, Giuseppina. Fo: "Ecco Bibbia 2, la vendetta": Ho riscritto il Vecchio Testamento. Per dare soddisfazione ai poveracci. **Corriere della Sera**, Milano, 25 jul. 1996, s. p. Disponível em: http://www.archivio.francarame.it/scheda.aspx?IDScheda=14405&IDOpera=20. Acesso em: 12 mar. 2022.

MANIN, Giuseppina. Fo: "Studiate con me l'antica scienza dello scurrile poetico". "Shakespeare? Grande e porcaccione". **Corriere della Sera**, 23 nov. 2010, p. 27. Disponível em: http://www.archivio.francarame.it/scheda.aspx?IDScheda=28239&IDOpera=122. Acesso em: 12 mar. 2022.

MANIN, Giuseppina. I desideri di Eloisa e l'eretica Mainfreda: Dario Fo narratore con "L'amore e lo sghignazzo". **Corriere**

della Sera, 17 dez. 2007, p. 37. Disponível em: http://www.archivio.francarame.it/Scheda.aspx?IDScheda=28143&IDOpera=87. Acesso em: 12 mar. 2022.

MARIN, José Augusto Lima. **Arlequim na dramaturgia performativa de Dario Fo**. Dissertação (Mestrado em Artes) – Escola de Artes, Universidade de São Paulo, São Paulo, 2002. 278 p.

MARINO, Massimo. Ecco l'America mai raccontata. **Corriere di Bologna**, 29 jan. 2016, p. 19. Disponível em: http://www.archivio.francarame.it/scheda.aspx?IDScheda=64635&IDOpera=234. Acesso em: 12 mar. 2022.

MARTINO, Daniele. E Dario Fo resuscita la Commedia dell'Arte. **L'Unità**, 10 out. 1985. Disponível em: http://bpfe.eclap.eu/eclap/axmedis/d/daa/00000-daaee454-91c3-48f9-8304-30d-fdadac051/2/~saved-on-db-daaee454-91c3-48f9-8304-30d-fdadac051.pdf. Acesso em: 19 jul. 2022.

MARZANO, Arturo. Il mito della Palestina nell'immaginario della sinistra extraparlamentare degli anni settanta. **Italia contemporanea**, n. 280, abr. 2016.

MATE, Alexandre. **O teatro adulto na cidade de São Paulo na década de 1980**. São Paulo: Editora Unesp, 2011.

MATTEUCCI, Piera. Morte Dario Fo, il figlio Jacopo: "È stato un gran finale". Saviano: "Smisurata riconoscenza". **La Repubblica**, 13 out. 2016. Disponível em: https://www.repubblica.it/cultura/2016/10/13/news/addio_dario_fo_giullare_fino_all_ultimo_se_mi_dovesse_capitare_qualcosa_dite_che_ho_fatto_di_tutto_per_campare_-149665735/. Acesso em: 12 mar. 2022.

MELLO, Amanda Bruno de. **Bela, depravada e do lar**: como traduzir(am) "Tutta casa, letto e chiesa", de Franca Rame e Dario Fo, no Brasil. 2019. Dissertação (Mestrado em Letras: Estudos Literários) – Faculdade de Letras, Universidade Federal de Minas Gerais, Belo Horizonte.

MELLO, Amanda Bruno de. Entrevista com Alessandra Vannucci: Traduzindo Dario Fo. 2021. Texto não publicado.

MELLO, Amanda Bruno de. Os desafios de traduzir o humor político para o português: escolhas tradutórias para "Tutta Casa, Letto e Chiesa", de Franca Rame e Dario Fo. **Tradterm**, v. 38, p. 81-90, 2021.

MELLO, Amanda Bruno de. O teatro político de Franca Rame e Dario Fo pelo olhar brasileiro: prólogos, paratextos editoriais e teatrais. In: SANTURBANO, Andrea; FRANGIOTTI, Graziele; MARSAL, Meritxell H.; PETERLE, Patricia (Orgs.). **Desarquivando o literário**: percursos entre línguas. Rio de Janeiro: Viveiros de Castro, 2024. p. 209-223.

MELLO, Amanda Bruno de; PALMA, Anna. A tradução para o cinema do teatro engajado: "Non si paga, non si paga", de Franca Rame e Dario Fo, no Brasil. **Cadernos de Tradução**, v. 43, n. 1, p. 1–23, 2023.

MENDES, Antônio José. Um casal na periferia. **Jornal do Brasil**, Rio de Janeiro, 1986, p. 21. Disponível em: http://memoria.bn.br/DocReader/030015_10/163724. Acesso em: 21 jul. 2022.

MENDES, Cleise Furtado. **A gargalhada de Ulisses**: a catarse na comédia. São Paulo: Perspectiva, 2008.

MERLI, Chiara. Premessa. In: MERLI, Chiara. **Il teatro ad iniziativa pubblica in Italia**. Milão: LED Edizioni Universitarie, 2007. p. 7-15.

MESCHONNIC, Henri. **Poética do traduzir**. Trad. Jerusa Pires Ferreira; Suely Fenerich. São Paulo: Perspectiva, 2010.

MICHALSKI, Yan. Milão, entre São Paulo e Barbacena. **Jornal do Brasil**, Rio de Janeiro, 19 set. 1980, p. 2. Disponível em: http://memoria.bn.br/docreader/030015_10/17256. Acesso em: 13 jul. 2022.

MILLARCH, Aramis. Um teatro italiano para divertir. **Estado do Paraná**, 22 set. 1989, p. 3. Disponível em: https://www.millarch.org/artigo/um-teatro-em-italiano-para-divertir-todos. Acesso em: 20 jul. 2022.

MONÓLOGO da puta no manicômio. **Antropositivo**, 12 nov. 2016. Disponível em: https://www.antropositivo.com.br/

single-post/2016/11/13/satyrianas-2016-2. Acesso em: 19 jun. 2022.

MORTE acidental de um anarquista. São Paulo: 1982. Programa teatral. 42 p. Disponível na Biblioteca Jenny Klabin Segall.

NÃO VAMOS pagar nada. **Academia Brasileira de Cinema**. Disponível em: https://gp2021.academiabrasileiradecinema.com.br/cinema/nao-vamos-pagar-nada/. Acesso em: 8 abr. 2022.

NICOLETE, Adélia. O que é a dramaturgia? VI Reunião Científica da Abrace. Porto Alegre, 2011. **Anais**... v. 12, n. 1, p. 1-6, 2011. Disponível em: https://www.publionline.iar.unicamp.br/index.php/abrace/article/view/2864/3001. Acesso em: 2 jun. 2022.

NIDIA Licia estréia hoje uma novidade no TBV. **Folha de S.Paulo**, São Paulo, 6 abr. 1963, p. 5. Disponível em: https://acervo.folha.com.br/compartilhar.do?numero=1080&anchor=4422370&pd=1e739fcd1b0e1587e5f553796131a444. Acesso em: 17 maio 2022.

NISSIRIO, Patrizio. Fo "inglese contro la guerra". Basato sulle lettere della leader pacifista Usa. **Gazzeta del Sud**, 2005. s. p. Disponível em: http://www.archivio.francarame.it/scheda.aspx?IDScheda=25541&IDOpera=130. Acesso em: 11 mar. 2022.

NOVE Produções. **Il Primo Mirácolo**. 2012. Disponível em: https://www.youtube.com/watch?v=Bh1hWU5NJgE&ab_channel=NOVEPRODU%C3%87%C3%95ES. Acesso em: 15 jul. 2022.

O CASAMENTO, com o humor de Dario Fo. **O Estado de São Paulo**, 5 jul. 1985, p. 14.

O HUMOR solitário de Vaneau. **Folha de S.Paulo**, Ilustrada, 10 mar. 1985, p. 72. Disponível em: https://acervo.folha.com.br/leitor.do?numero=9072&keyword=%22a+tigresa%22&anchor=4109682&origem=busca&originURL=&pd=c90b-456faea974b8d67d3eb4f99f63be. Acesso em: 18 jul. 2022.

O pioneiro, Caxias do Sul, s. p., 14 e 15 dez. 1991. Disponível em: http://memoria.bn.br/DocReader/885959/156384.

Acesso em: 4 jul. 2019.

ORSINI, Elizabeth. Antônio Fagundes em cena. **Jornal do Brasil**, Rio de Janeiro, 6 nov. 1984, p. 7.

OS FRUTOS da Revolução. **Correio Braziliense**, Brasília, 15 jul. 1980, p. 32. Disponível em: http://memoria.bn.br/DocReader/028274_03/7696. Acesso em: 13 jul. 2022.

PACHECO, Mattos. Teatro. **Diário da noite**, São Paulo, 5 abr. 1963a, p. 3. Disponível em: http://memoria.bn.br/DocReader/221961_04/19670. Acesso em: 17 maio 2022.

PACHECO, Mattos. Teatro. **Diário da noite**, São Paulo, 15 abr. 1963b, p. 7. Disponível em: http://memoria.bn.br/DocReader/221961_04/19670. Acesso em: 17 maio 2022.

PACHECO, Mattos. Teatro. **Diário da noite**, São Paulo, 19 abr. 1963c, p. 3. Disponível em: http://memoria.bn.br/DocReader/221961_04/19931. Acesso em: 17 maio 2022.

PANSA, Giampaolo. La caduta di Fanfani. **La Repubblica**, 8 maio 2004. Disponível em: http://ricerca.repubblica.it/repubblica/archivio/repubblica/2004/05/08/la-caduta-di-fanfani.html. 3 jul. 2022.

PARINI, Sergio. Intervista a Dario Fo. **Alcatraz News**, n. 1, 1985, s. p. Il testo e i disegni dell'Arlecchino di Dario Fo. Disponível em: http://www.archivio.francarame.it/scheda.aspx?IDScheda=3145&IDImmagine=1&IDOpera=7. Acesso em: 19 jul. 2022.

PATRIOTA, Rosangela. Diálogos políticos e estéticos entre Brasil e Itália: a Morte acidental de um anarquista (Dario Fo, 1970) nos palcos brasileiros pela Companhia Estável de Repertório de Antonio Fagundes (1982). **Fênix**: revista de história e estudos culturais, v. 11, n. 2, 2014.

PAVIS, Patrice. **O teatro no cruzamento de culturas**. Tradução de Nanci Fernandes. São Paulo: Perspectiva, 2008a.

PAVIS, Patrice. **Dicionário de teatro**. Tradução sob direção de J. Guinsburg e Maria Lúcia Pereira. São Paulo: Perspectiva,

2008b.

PEGUE e Não Pague, peça de Dario Fo, no Taib. **Jornal da Tarde**, São Paulo, 16 out. 1981, p. 20.

PEGUE e não pague. São Paulo: 1981. Programa teatral. 16p. Disponível na Biblioteca Jenny Klabin Segall.

PENSOTTI, Anita. Finalmente commando io. **Oggi**, 1980, p. 102-104. Disponível em: http://www.archivio.francarame.it/scheda.aspx?IDScheda=9605&IDOpera=24. Acesso em: 21 fev. 2022.

PEREA, Rocío Vigara Álvarez de. Chi ruba un piede è fortunato in amore: La traducción de la obra cómica de Dario Fo en el ámbito hispano. **Sendebar**, n. 27, 2016, p. 211-233. Disponível em: https://revistaseug.ugr.es/index.php/sendebar/article/view/3702. Acesso em: 26 mar. 2022.

PIRANDELLO, Luigi. **Saggio sull'umorismo**. 1908. Disponível em: https://is.muni.cz/el/1421/podzim2009/IJ0B605/PIRANDELLO_SAGGIO_SULL_UMORISMO_-_Copia.pdf. Acesso em: 1 ago. 2022.

PIZZA, Mariateresa. **Brasile produzioni**. 2019. Arquivo Excel. Não publicado.

PLACK, Iris. Al confine dell'intraducibile: varietà linguistiche e pastiche linguistico nella traduzione di Dario Fo. In: LOZANO MIRALLES, Helena; PRENZ, Ana Cecilia; QUAZZOLO, Paolo; RANDACCIO, Monica (Eds.). **Traduzione aperta, quasi spalancata**: tradurre Dario Fo. Trieste: Edizioni Università di Trieste, 2016. p. 79-89.

POMBENI, Paolo. Il Sistema dei Partiti dalla Prima alla Seconda Repubblica. In: **L'Italia nell'era della Globalizzazione**. Disponível em: https://www.sissco.it/download/attivita/POMBENI.pdf. Acesso em: 6 mar. 2022.

PRETURA DI MILANO. Decreto di citazione. 26 abr. 1976. Disponível em: http://www.archivio.francarame.it/Scheda.

aspx?IDScheda=26942&IDOpera=117. Acesso em: 24 jun. 2022.

PROGRAMA. **Jornal do Brasil**, Rio de Janeiro, 9 jun. 2002, cad. B, p. 6.

QUASIMODO, Salvatore. Tre farse di Dario Fo. **Tempo**, n. 25, 1958. Disponível em: http://www.archivio.francarame.it/scheda.aspx?IDScheda=24496&IDOpera=96. Acesso em: 21 jul. 2022.

QUEM Rouba Pé Tem Sorte no Amor. In: ENCICLOPÉDIA Itaú Cultural de Arte e Cultura Brasileira. São Paulo: Itaú Cultural, 2022. Disponível em: http://enciclopedia.itau-cultural.org.br/evento404328/quem-rouba-pe-tem-sorte--no-amor. Verbete da Enciclopédia. Acesso em: 16 maio 2022.

QUINTO, Vanessa. A Pesaro nascerà un museo intitolato a Dario Fo e Franca Rame. **Rai News**, 11 fev. 2022. Disponível em: https://www.rainews.it/articoli/2022/02/a-pesaro-nas-cer-museo-dario-fo-e-franca-rame-816222bf-61a0-45d5-8c-f1-c6d3679eae0e.html. Acesso em: 13 jun. 2022.

RAME, Franca. Lo stupro. In: RAME, Franca; FO, Dario. **Tutta casa, letto e chiesa**. Bozza per la Casa Editrice Einaudi. 1979. Disponível em: http://archivio.francarame.it/scheda.aspx?IDScheda=21712&IDOpera=182. Acesso em: 2 ago. 2022.

RAME, Franca. Lo stupro. In: GACCIONE, Angelo. **Stupro**: ostaggi a teatro. Milano: Edizioni Nuove Scritture, 1991. p. 5-9. Disponível em: http://www.archivio.francarame.it/scheda.aspx?IDScheda=22422&IDImmagine=3&IDOpera=170. Acesso em: 9 jun. 2022.

RAME, Franca. **O estupro**. Trad. Michele Piccoli e Roberto Vignati. 1983. Cópia datilografada. 8p. Disponível no Acervo da Sociedade Brasileira de Autores Teatrais.

RAME, Franca; FO, Dario. **Casal aberto... ma non troppo**.

1983. Trad. Roberto Vignati e Michele Piccoli. Cópia datilografada. 55p. Disponível no Acervo da Sociedade Brasileira de Autores Teatrais.

RAME, Franca; FO, Dario. **Coppia aperta, quasi spalancata**. 1983. Disponível em: http://bpfe.eclap.eu/eclap/axmedis/b/b6b/00000-b6ba45ad-ffc0-4ba9-ae75-28bbfeba29b2/2/~-saved-on-db-b6ba45ad-ffc0-4ba9-ae75-28bbfeba29b2.pdf. Acesso em: 20 jun. 2019.

RAME, Franca; FO, Dario. **Monólogo da puta no manicômio**. Trad. Michele Piccoli e Roberto Vignati. s. d. Cópia datilografada. 8p. Disponível no Acervo da Sociedade Brasileira de Autores Teatrais.

RAME, Franca; FO, Dario. **Tutta casa letto e chiesa**. 1977. Cópia datilografada. Disponível em: http://www.archivio.francarame.it/scheda.aspx?IDScheda=25355&IDOpera=182. Acesso em: 19 jun. 2022.

RAME, Franca; FO, Dario. **Tutta casa letto e chiesa**. Milano: La Comune, 1981.

RAME, Franca; FO, Dario. **Tutta casa letto e chiesa**. Verona: Bertani, 1978. Disponível em: http://www.archivio.francarame.it/galleria.aspx?IDOpera=182&IDTipologia=30&IDPagina=1. Acesso em: 19 jun. 2022.

RAME, Franca; FO, Dario. **Tutta casa, letto e chiesa**. Milão: Fabbri editori, 2006.

RAME, Franca; FO, Dario. **Una vita all'improvvisa**. Milão: Guanda, 2009. e-book.

RAME, Franca; FO, Dario; FO, Jacopo. Tutta casa, letto e chiesa e altre storie. **Venticinque monologhi per una donna**. Disponível em: http://bpfe.eclap.eu/eclap/axmedis/8/862/00000-86275dc6-fa63-4350-9efe-4067c2f5836d/2/~saved-on-db-86275dc6-fa63-4350-9efe-4067c2f5836d.pdf. Acesso em: 11 jun. 2022.

RANDACCIO, Monica. "Performabilità, interculturalità,

'performatività'. L'esempio di Non si paga! Non si paga!". In: LOZANO MIRALLES, Helena; PRENZ, Ana Cecilia; QUAZZOLO, Paolo; RANDACCIO, Monica (Eds.). **Traduzione aperta, quasi spalancata**: tradurre Dario Fo. Trieste: Edizioni Università di Trieste, 2016. p. 47-61.

RASTELLI, Alessia. Ucciso nel lager, narrato da Dario Fo: Il pugile sinti sul ring del nazismo. **Corriere della Sera**, 13 jan. 2016, p. 41. Disponível em: http://www.archivio.francarame.it/scheda.aspx?IDScheda=61349&IDOpera=231. Acesso em: 12 mar. 2022.

REIS, Luiz Felipe. Ficção de Dario Fo e a realidade do Brasil se misturam na peça "Não vamos pagar!" **O Globo**, 7 nov. 2014. Disponível em: https://oglobo.globo.com/cultura/teatro/ficcao-de-dario-fo-a-realidade-do-brasil-se-misturam-na-peca-nao-vamos-pagar-14491044. Acesso em: 5 jul. 2022.

ROSAS, Marta. Por uma teoria da tradução do humor. **D.E.L.T.A.**, n. 19, p. 133-161, 2003.

ROSENFELD, Anatol. **O teatro épico**. São Paulo: Perspectiva, 1985.

SABATTINI, Mario. La mistificazione "legalista": note di un recente dibattito politico-storiografico. **Cina**, n. 15, p. 75-105, 1979. Disponível em: https://www.jstor.org/stable/40855543. Acesso em: 3 jul. 2022.

SANTOS, Barbara Cristina Mafra dos. **O texto teatral de Dario Fo no Brasil**: epitextos públicos. Dissertação (Mestrado em Literatura) – Universidade Federal de Santa Catarina, Florianópolis, 2019. 97p.

SANTOS, Wilson de. **Brincando em cima daquilo com Wilson de Santos**. 2017. 6 min., son., color. Disponível em: https://www.youtube.com/watch?v=xm6Fh6-pTkg&ab_channel=WilsonDeSantos.. Acesso em: 11 jul. 202.

SARRAZAC, Jean-Pierre. **Poética do drama moderno**: de Ibsen a Koltés. Trad. Newton Cunha, J. Guinsburg, Sonia Azevedo. São Paulo: Perspectiva, 2017. Coleção estudos, n. 348.

SCANLAN, Robert. **Principles of dramaturgy**. Abingdon; New York: Routledge, 2020.

SCIOTTO, Antonio. Ciulla, falsario e giullare contro i politici e i banchieri. **Il Manifesto**, 2015, s. p. Disponível em: http://www.archivio.francarame.it/scheda.aspx?IDScheda=61322&IDOpera=230. Acesso em: 12 mar. 2022.

SCIOTTO, Piero. **Corrispondenza tra la Società degli autori brasiliana e Piero Sciotto**: la traduttrice Neide de Castro Veneziano Monteiro chiede i diritti di traduzione e di rappresentazione della commedia "Hellequin, Harlekin, Arlecchino" di Dario Fo. 1987. Disponível em: http://www.archivio.francarame.it/scheda.aspx?IDScheda=21214&IDOpera=7. Acesso em: 22 jul. 2022.

SCIOTTO, Piero. **Lettera a Giuseppe d'Angelo, dell'Istituto Italiano di Cultura di Rio de Janeiro, riguardante la rappresentazione di "Settimo: ruba un po` meno" da parte del Grupo Viagem al Teatro Glauce Rocha di Rio**. 1987. Disponível em: http://www.archivio.francarame.it/scheda.aspx?IDScheda=20626&IDOpera=161. Acesso em: 22 jul. 2022.

SETTE, Lara Azevedo. **A reforma de 1993 do Sistema Político Italiano**: uma reflexão para o caso brasileiro. Trabalho de Conclusão de Curso (Bacharelado em Ciência Política) – Instituto de Ciência Política, Universidade de Brasília, Brasília, 2017.

SILVA, Raíssa Palma de Souza. Júlio Adrião sobre tradução e montagem da peça de Dario Fo: "A descoberta das Américas". In: Canal GTT – Grupo de Tradução de Teatro. **YouTube**, 22 mar. 2021. Disponível em: https://www.youtube.com/watch?v=TTBsp_ClEfM&ab_channel=GTTTradu%-C3%A7%C3%A3odeteatro. Acesso em: 21 jul. 2022.

SOFRI, Antonio. **La notte che Pinelli**. Palermo: Sellerio,

2009.

SORIANI, Simone. Cronologia essenziale della vita e delle opere di Dario Fo e Franca Rame. In: D'ANGELI, Concetta; Soriani, Simone (Orgs.). **Coppia d'arte Dario Fo e Franca Rame**. Con dipinti, testimonianze e dichiarazioni inedite. Pisa: Pisa University Press, 2006.

STRAPAZZO. In: **Treccani**. Vocabolario Online. Disponível em: https://www.treccani.it/vocabolario/strapazzo/. Acesso em: 2 jul. 2020.

SZONDI, Peter. **Teoria do drama burguês** (século XVIII). Trad. Luiz Sérgio Repa. São Paulo: Cosac Naify, 2004.

SZONDI, Peter. **Teoria do drama moderno** (1880-1950). Trad. Luiz Sérgio Repa. São Paulo: Cosac Naify, 2001.

TASCA, Valeria. Dario Fo from one language to another. In: Pavis, Patrice (ed.). **The Intercultural Performance Reader**. Nova York: Routledge, 1996. p. 114-120.

TEATRO e dança. **Guia Folha**, 24 a 30 ago. 2018, p. 64. Disponível em: https://acervo.folha.com.br/compartilhar.do?numero=48423&anchor=6097173&pd=f10770ab8730d7c023d-c8a0a44a04a67. Acesso em: 19 jun. 2022

TEATRO e dança. **Guia Folha**, 23 a 29 ago. 2019. p. 46. Disponível em: https://acervo.folha.com.br/comparti-lhar.do?numero=48859&anchor=6127094&pd=ae1378b-209578100837120d42d0f2346. Acesso em: 19 jun. 2022.

TEATRO. **Correio Paulistano**, 10 abr. 1963, p. 9. Disponível em: http://memoria.bn.br/DocReader/090972_11/15366. Acesso em: 17 maio 2022.

TEATRO. **Folha de S.Paulo**, 17 mar. 2000a, p. 35. Disponível em: https://acervo.folha.com.br/compartilhar.do?nume-ro=14557&anchor=5586854&pd=3ef1c955d909f148d1c0a-d34063edaba. Acesso em: 19 jun. 2022.

TEATRO. **Folha de S.Paulo**, 15 dez. 2000b, p. 38. Disponível em: https://acervo.folha.com.br/compartilhar.do?numero=14830&anchor=5591063&pd=ca5affaa4205c266ca-51f6107dd96044. Acesso em: 19 jun. 2022.

TEATRO. **O Estado de São Paulo**, São Paulo, 5 jul. 1990. p. 72. Disponível em: https://acervo.estadao.com.br/pagina/#!/19900705-35394-nac-0072-cd2-8-not/busca/Maria+Chiesa. Acesso em: 21 jul. 2022.

TESTA, Alberto. Non si può polemizzare sul settimo comandamento. **Sardegna oggi**, 12 maio 1965. Disponível em: http://www.archivio.francarame.it/scheda.aspx?IDScheda=17353&IDOpera=161. Acesso em: 17 jul. 2022.

THE NOBEL Prize in Literature 1997. **NobelPrize.org**. Disponível em: https://www.nobelprize.org/prizes/literature/1997/summary/. Acesso em: 27 fev. 2022.

TOROP, Peeter. **La traduzione totale**: tipi di processo traduttivo nella cultura. Edizione italiana a cura di Bruno Osimo. Milão: Hoepli, 2010.

TORTORIELLO, Adriana. Dario Fo in inglese: il teatro politico si può tradurre?. Disponível em: https://www.openstarts.units.it/bitstream/10077/8103/1/Tortoriello_miscellanea_speciale_2001.pdf. Acesso em: 26 mar.2 022.

TRÊS anos de sucesso de um casal especial. **Estado de Minas**, s. d., s. p. Disponível em: https://www.facebook.com/canastrarealproducoes/photos/pcb.3772724102744394/3772704106079727. Acesso em: 21 jul. 2022.

TRIBUNAL anuncia hoje a pena da viúva de Mao. **Folha de S.Paulo**, 25 jan. 1981, p. 16. Disponível em: https://acervo.folha.com.br/compartilhar.do?numero=7567&anchor=4305099&pd=08fec57a0a43d9d61b77455ecaa89e3a. Acesso em: 4 jul. 2022.

TRUFFA al Nobel, chiusa l'inchiesta: ex commercialista di Fo & Rame accusato di esserci intascato 400 mila euro. **Il**

Giorno. 21 abr. 2006. Disponível em: http://www.archivio. francarame.it/scheda.aspx?IDScheda=26350&IDOpera=18. Acesso em: 9 mar. 2022.

ÚLTIMA vez anarquista. **O Estado de São Paulo**, 6 jan. 1988, caderno 2, p. 7.

UM ORGASMO adulto escapa do zoológico. 1983. Programa teatral. Disponível na Biblioteca Jenny Klabin Segall.

VALENTINI, Chiara. Quel Brecht lo sistemo io. **Corriere della Sera**, 1980, s. p. Disponível em: http://www.archivio.francarame.it/scheda.aspx?IDScheda=10380&IDOpera=162. Acesso em: 22 fev. 2022.

VEJA programação do festival Satyrianas na **SP Escola de Teatro**. SP Escola de Teatro, 12 nov. 2016. Disponível em: https://www.spescoladeteatro.org.br/noticia/veja-programacao-do-festival-satyrianas-na-sp-escola-de-teatro. Acesso em: 19 jun. 2022.

VENUTI, Lawrence. **The Translator's Invisibility**. A history of translation. London; New York: Routledge, 1995.

VILLANI, Gianni. La Callas Mancata: Dario Fo racconta e dipinge la Divina, come doveva interpretarla all'Arena di Verona Franca Rame ma la moglie del Nobel morì prima dello spettacolo. **L'Arena**, 2014, s. p. Disponível em: http://www.archivio.francarame.it/scheda.aspx?IDScheda=61337&IDOpera=224. Acesso em: 12 mar. 2022.

VIÚVA de Mao desafia os juízes. **Folha de S.Paulo**, 30 dez. 1980, p. 7. Disponível em: https://acervo.folha.com.br/compartilhar.do?numero=7541&anchor=4334293&pd=-2079f5a4c486b224d5b7f4050586cfc6. Acesso em: 4 jul. 2022.

WOLFF, Fausto. De circos, Sorocabas, pés, SNT, Jaguar etc. **Revista da Tribuna**, Rio de Janeiro, ed. 03014, 4 abr. 1963a, p. 8. Disponível em: http://memoria.bn.br/DocReader/154083_02/12879. Acesso em: 17 maio 2022.

WOLFF, Fausto. Um elefante na loja de cristal. **Tribuna da imprensa**, Rio de Janeiro, 24 abr. 1963b, p. 8. Disponível em: http://memoria.bn.br/DocReader/154083_02/13067. Acesso em: 17 maio 2022.

ZANCARINI, Jean-Claude. *Morte accidentale di un anarchico* et ses deux (ou trois?) fins. Une lecture politique. **UMR Triangle**. Action, discours, pensée politique et économique. Disponível em: https://www.academia.edu/6937666/_Morte_accidentale_di_un_anarchico_et_ses_deux_ou_trois_fins._Une_lecture_politique_2012_. Acesso em: 12 jul. 2022.

ZANGARINI, Laura. Dario Fo e l'accusa al Vaticano: non vuole lo spettacolo di Franca: "Autorizzazione negata a Roma". La Santa Sede: non sappiamo nulla. **Corriere della Sera**, 1 nov. 2013, s. p. Disponível em: http://www.archivio.francarame.it/scheda.aspx?IDScheda=66854&IDOpera=223. Acesso em: 12 mar. 2022.

ZANONI, Melize. **Dario Fo no Brasil**: a relação gestualidade-palavra nas cenas de A descoberta das Américas de Julio Adrião e Il primo miracolo de Roberto Birindelli. Dissertação (Mestrado em Teatro) – Universidade do Estado de Santa Catarina, Florianópolis, 2008.

ZANOTELLI, Betty. Fo e Rame, lo sberleffo al potere: "L'anomalo bicefalo" ha due grandi protagonisti ma qualche nota è stonata. **Corriere del Veneto**, Padova, 18 dez. 2003. Disponível em: http://www.archivio.francarame.it/scheda.aspx?IDScheda=24878&IDOpera=3. Acesso em: 6 mar. 2022.

ZANOVELLO, Silvana. Fo: "Siviglia non mi vedrà". 1992. s. p. Disponível em: http://www.archivio.francarame.it/scheda.aspx?IDScheda=11055&IDOpera=83. Acesso em: 21 jul. 2022.

ZATLIN, Phyllis. **Theatrical Translation and Film Adaptation**: A Practitioner's View. Clevedon: Multilingual Matters, 2005.

ZURBACH, Christine Mathilde Thérèse. The theatre translator as a cultural agent. In: MILTON, John; BANDIA, Paul (Eds.). **Agents of translation**. Amsterdam: John Benjamins, 2009. p. 279-299.

FONTES SEM AUTORIA EXPLICITADA DO ARCHIVIO FRANCA RAME-DARIO FO

Franca Rame e Dario Fo Biografia Completa. s. d. Disponível em: http://www.archivio.francarame.it/francaedario.aspx. Acesso em: 12 mar. 2022.

Canzonissima – 1962. Trasmissione televisiva RAI 1. s. d. Disponível em: http://www.archivio.francarame.it/scheda.aspx? IDOpera=28&IDSchedaLocandina=1559. Acesso em: 27 fev. 2024.

Caroselli, sketches, pubblicità. Documenti dal 1959. s. d. Disponível em: http://www.archivio.francarame.it/scheda.aspx?IDScheda=20341&IDOpera=31. Acesso em: 27 fev. 2024.

Chi ruba un piede e' fortunato in amore. Divertimento in 3 atti di Dario Fo. Musiche di Fiorenzo Carpi. s. d. Disponível em: http://www.archivio.francarame.it/Scheda.aspx?IDScheda=1642&IDOpera=50. Acesso em: 25 maio 2022.

Corrispondenza tra la SBAT (Società degli autori brasiliana) e la C.T. "La Comune": l`Associazione libera Trabalhadores Autonomos em Arte Cenica chiede i diritti di rappresentazione di "Non si paga, non si paga" di Dario Fo. 1985. Disponível em: http://www.archivio.francarame.it/scheda.aspx?IDScheda=20661&IDOpera=117. Acesso em: 5 jul. 2022.

Corrispondenza tra la SBAT e La Comune riguardante la richiesta, da parte del traduttore Herson Capri, della proroga dei diritti di rappresentazione di "Settimo: ruba un po' meno". Brasile. 1987. Disponível em: http://www.archivio.

francarame.it/scheda.aspx?IDScheda=20677&IDOpera=161. Acesso em: 18 jul. 2022.

Corrispondenza tra la Sociedade Brasiliera de Autores Teatrais e la Comune: la sig. Maria N. Freire chiede, tramite la SBAT, i diritti di traduzione e di rappresentazione di "Settimo ruba un po' meno". 1983. Disponível em: http://www.archivio.francarame.it/scheda.aspx?IDScheda=20617&IDOpera=161. Acesso em: 18 jul. 2022.

Corrispondenza tra la Sociedade Brasiliera de Autores Teatrais e la Comune: il sig. Herson Capri chiede, tramite la SBAT, i diritti di traduzione e di rappresentazione di "Settimo ruba un po' meno". 1984. Disponível em: http://www.archivio.francarame.it/scheda.aspx?IDScheda=20620&IDOpera=161. Acesso em: 18 jul. 2022.

Gli spettacoli di Dario Fo e Franca Rame nel mondo. Brasile. s. d. Disponível em: http://www.archivio.francarame.it/RappEstero.aspx?Nazione=BRASILE. Acesso em: 20 jul. 2022.

Lettera a Dario Fo dal regista brasiliano Antonio A. riguardante il successo dello spettacolo "Morte accidentale di un anarchico" a San Paulo. 1983. Disponível em: http://www.archivio.francarame.it/scheda.aspx?IDScheda=3925&IDOpera=109. Acesso em: 13 jul. 2022.

Lettera dell'attrice portoghese Maria Chiesa all`agente Luca Baldovino, per la richiesta di autorizzazione alla rappresentazione di "Monologo di una puttana in manicomio" di Franca Rame e Dario Fo da Tutta casa. 1991a. Disponível em: http://www.archivio.francarame.it/scheda.aspx?IDScheda=23776&IDOpera=182. Acesso em: 1 ago. 2022.

Lettera del traduttore brasiliano Jacques Schwarstein per Dario Fo riguardante la traduzione in portoghese e la richiesta dei diritti di rappresentazione della sua opera "Non

si paga, non si paga". 1987. Disponível em: http://www.archivio.francarame.it/scheda.aspx?IDScheda=20582&IDOpera=117. Acesso em: 5 jul. 2022.

Lettera di Daniela De Angelis (C.T.F.R.) per l'agente per il Brasile Luca Baldovino: Christiane Lopes e Carlos Maria Alsina chiedono la proroga dei diritti di rappresentazione in Brasile di "Coppia aperta" di Franca Rame e Dario Fo. 1995. Disponível em: http://www.archivio.francarame.it/scheda.aspx?IDScheda=21264&IDOpera=47. Acesso em: 1 ago. 2022.

Lettera per la SBAT (Società degli autori brasiliana) dell'agente Luca Baldovino riguardante la richiesta degli indirizzi dei produttori di "Coppia aperta" e di altre opere di Dario Fo e Franca Rame. 1991b. http://www.archivio.francarame.it/scheda.aspx?IDScheda=21363&IDOpera=47. Acesso em: 1 ago. 2022.

© *Copyright*, 2024 - Nova Alexandria
Todos os direitos reservados.

Editora Nova Alexandria
Rua Engenheiro Sampaio Coelho, 113
04261-080 - São Paulo - SP
Fone/fax: (11) 2215-6252
Site: www.novaalexandria.com.br
E-mail: vendas@novaalexandria.com.br

Coordenação editorial: Francisco Degani
Capa: R. Degani
Editoração eletrônica: Bruna Kogima

Dados Internacionais de Catalogação na Publicação (CIP)
Tuxped Serviços Editoriais (São Paulo, SP)
Pedro Anizio Gomes - CRB-8 8846

M527d Mello, Amanda Bruno de.

Dramaturgia da Tradução / Amanda Bruno de Mello. – 1. ed. - São Paulo, SP : Editora Nova Alexandria, 2024.
384 p.; 14 x 21 cm. (Série Teses e Dissertações).

ISBN 978-85-7492-506-6.

1. Dramaturgia. 2. Literatura Italiana. 3. Teatro. 4. Tese. I. Título. II. Assunto. III. Autora.

CDD 852
CDU 82-2 (450)

Índices para catálogo sistemático
1.   Literatura italiana; teatro.
2.   Literatura; teatro (Itália).

Todos os direitos reservados. Nenhuma parte deste livro pode ser reproduzida sem a expressa autorização da editora.

COLEÇÃO ESTUDOS ITALIANOS

Série Ensaios

Não incentivem o romance e outros ensaios
Alfonso Berardinelli

Escrever também é outra coisa: Ensaios sobre Italo Calvino
Adriana Iozzi Klein e Maria Elisa Rodrigues Moreira (orgs.)

A poética da reescritura em As cidades invisíveis de Italo Calvino
Adriana Iozzi Klein

Série Teses e Dissertações

Pirandello "novellaro": da forma à dissolução
Francisco Degani

A cozinha futurista
E. T. Marinetti e Fillìa
Introdução, adaptação e notas de Maria Lucia Mancinelli

O maravilhoso no relato de Marco Polo
Marcia Busanello

Machado de Assis: presença italiana na obra de um escritor brasileiro
Francesca Barraco

Pirandello e a máscara animal
Francisco Degani

Antonio Tabucchi contista: entre a incerteza do sentido e os equívocos da experiência
Erica Salatini

História, Mentira e Apocalipse: a ficção de Umberto Eco
Maria Gloria Vinci

Pasolini crítico militante. De Passione e ideologia a Empirismo eretico.
Gesualdo Maffia

Pasolini em polêmica: interlocuções de um intelectual corsário
Cláudia Tavares Alves

Ignazio Silone e a solitária continuação de uma luta
Doris Nátia Cavallari

Série Didática

Giocando s'impara
Paola G. Baccin

O uso de materiais autênticos nas aulas de italiano como língua estrangeira: teorias e práticas
Daniela Vieira

Como ensinar Pragmática: Um estudo sobre o pedido de desculpas em italiano
Luciane do Nascimento Spadotto

Impressão e Acabamento | Gráfica Viena
Todo papel desta obra possui certificação FSC® do fabricante.
Produzido conforme melhores práticas de gestão ambiental (ISO 14001)
www.graficaviena.com.br